PREMIERS LUNDIS

I

CALMANN LÉVY, ÉDITEUR

OUVRAGES
DE
C.-A. SAINTE-BEUVE

Format grand in-18

CHATEAUBRIAND ET SON GROUPE LITTÉRAIRE SOUS L'EMPIRE.	2 vol.
CHRONIQUES PARISIENNES	1 —
LE CLOU D'OR. — La Pendule, avec une préface de M. Jules Troubat.	1 —
CORRESPONDANCE.	2 —
ÉTUDE SUR VIRGILE, suivie d'une étude sur Quintus de Smyrne.	1 —
LE GÉNÉRAL JOMINI.	1 —
LETTRES A LA PRINCESSE	1 —
MADAME DESBORDES-VALMORE	1 —
MONSIEUR DE TALLEYRAND	1 —
NOUVEAUX LUNDIS.	13 —
NOUVELLE CORRESPONDANCE	1 —
PORTRAITS CONTEMPORAINS.	5 —
PREMIERS LUNDIS	3 —
P.-J. PROUDHON, SA VIE ET SA CORRESPONDANCE.	1 —
SOUVENIRS ET INDISCRÉTIONS. — Le Diner du Vendredi-saint	1 —
A PROPOS DES BIBLIOTHÈQUES POPULAIRES.	Broch.
DE LA LIBERTÉ DE L'ENSEIGNEMENT SUPÉRIEUR	—
DE LA LOI SUR LA PRESSE	—

POÉSIES COMPLÈTES

NOUVELLE ÉDITION REVUE ET TRÈS AUGMENTÉE

Deux beaux volumes in-8°

Paris. — Typ. Ch. UNSINGER, 83, rue du Bac.

PREMIERS LUNDIS

PAR

C.-A. SAINTE-BEUVE

TOME PREMIER

PARIS
CALMANN LÉVY, ÉDITEUR
ANCIENNE MAISON MICHEL LÉVY FRÈRES
3, RUE AUBER, 3

1886

Droits de reproduction et de traduction réservés.

En réunissant en volumes les plus anciens articles de M. Sainte-Beuve, insérés dans *le Globe* à partir de l'année 1824, nous ne faisons que réaliser un projet exprimé par lui dans la dernière édition des *Portraits Contemporains*, peu de mois avant sa mort (1869) :

« Je me propose pourtant, dit-il, si je vis, de donne dans un volume à part la suite de mes articles au *Globe*; on me dit que ce ne serait pas sans intérêt, et je me suis laissé persuader [1]. »

Mais nous ne nous sommes pas borné seulement aux articles du *Globe*, qui sont le point de départ et comme la préface de cette publication, et nous avons recherché dans d'autres recueils postérieurs tout ce qui, à notre connaissance, était encore épars de l'œuvre du maître. Le *National*, dès l'année 1832, la *Revue des Deux Mondes*, le *Temps* de

---

1. Tome II, page 495, en note. (Édition Michel Lévy.)

1835 et celui de 1869, le *Moniteur Universel*, la *Revue Contemporaine*, des ouvrages pour lesquels M. Sainte-Beuve avait écrit des Introductions ou des Préfaces, ont contribué à la formation de cette nouvelle galerie de *Lundis* [1], qui prend la carrière littéraire de l'illustre critique à ses débuts, et l'embrasse tout entière. Nous avons tâché de rendre cette collection aussi complète et définitive que possible. Il se peut néanmoins que quelque morceau important nous ait échappé [2]; et dans ce cas nous serions reconnaissant au lecteur qui voudrait bien nous indiquer des lacunes de ce genre : elles disparaîtraient dans un dernier volume de Mélanges. Mais partout où nous avons acquis la preuve matérielle qu'un article, un bulletin littéraire, une chronique étaient de M. Sainte-Beuve, — et cette preuve nous a été fournie tantôt par les initiales caractéristiques S.-B., tantôt par les *Pensées et Fragments*, donnés par lui à la fin du tome II des *Portraits Contemporains*, — nous n'avons pas hésité à glaner les pages qu'il avait laissées après lui.

Il faut prévoir les objections et les critiques que font naître

---

1. A ceux qui seraient tentés de nous chicaner sur ce titre de *Lundis*, donné à ces volumes, nous répondrons que M. Sainte-Beuve n'a pas toujours eu égard lui-même au jour de la semaine où avait paru un de ses articles, pour le faire entrer dans les *Causeries du Lundi*, ou dans les *Nouveaux Lundis*. Ce mot de *Lundis* est même devenu le terme traditionnel et consacré pour désigner ses œuvres : il en est en quelque sorte le synonyme.

2. Afin de ne pas être accusé de deux omissions apparentes pour qui connaît bien l'œuvre de M. Sainte-Beuve, signalons nous-même deux articles qui auraient leur place marquée ici et que nous n'avons pu y insérer parce qu'ils n'étaient plus notre propriété ; quelqu'un, dont le concours bienveillant et actif a considérablement favorisé et facilité nos recherches, nous recommandait longtemps à l'avance de ne pas les oublier : il s'agit d'une dernière étude sur *Madame Tastu*, composée en 1869 pour la *Galerie des Femmes célèbres*; et de *Jugements et Témoignages sur Le Sage et sur Gil Blas*, dictés en 1863 pour une édition de *Gil Blas*.

toujours des publications comme celle-ci : on ne manquera pas de trouver que nous en avons « trop mis », que nous ne nous sommes pas assez souvenu de l'esprit général de cet Avertissement, auquel nous avons pris en commençant une note justificative. M. Sainte-Beuve y disait en effet, bien antérieurement à la note invoquée par nous, et comme en prévision du présent recueil :

« Je sauve ce que je puis du bagage avarié : je voudrais que ce que j'en rejette pérît tout à fait et ne laissât pas trace. Par malheur, il n'en est point absolument ainsi ; ce qu'on recueille dans de gros volumes n'est pas sauvé par là même, et ce qui reste dans des feuilles éparses n'est pas tellement perdu que cela ne pèse encore après vous pour surcharger au besoin votre démarche littéraire, et, plus tard, votre mémoire (si mémoire il y a), de mille réminiscences traînantes et confuses... Il convient donc de ne répondre littérairement que de ce qu'on a admis, et, sans avoir à désavouer le reste, de le rejeter au fond. En un mot, quand on a souci de l'avenir, quand, sans avoir la vanité de croire à rien de glorieux, on se sent du moins le désir permis d'être en un rang quelconque un témoin honorable de son temps, on a toutes les précautions à prendre : on ne saurait trop faire *navire* et clore les flancs, pour traverser, sans sombrer, les détroits funestes. »

Et comme pour mieux détourner dans l'avenir du dessein de rechercher ses anciens articles, le critique disait encore :

« Après le *Globe* saint-simonien, que je n'avais pourtant pas tout aussitôt déserté, je suis entré au *National* par suite d'obligeantes ouvertures de Carrel. J'y ai donné d'assez rares articles littéraires, dont quelques-uns se trouvent recueillis dans les précédents volumes ; quelques autres que je pourrais regretter sont empreints d'une personnalité assez vive pour que je les y laisse... »

Ce n'était plus son avis quand il est mort. Nous sommes déjà tout justifié en ce qui est des articles du *Globe* que nous avons réimprimés; quant à ceux du *National*, nous pouvons répondre aux lecteurs qui nous opposeraient le passage ci-dessus, que M. Sainte-Beuve avait également commencé à nous les faire rechercher, et qu'il nous en désignait particulièrement quelques-uns, — les deux entre autres sur *Jefferson*, qu'on trouvera à leur date dans ces volumes. Un article du même temps sur M. *Louis de Carné*, qu'il avait oublié, a même été repris par lui, au passage, dans le *National*, dès qu'il lui a été signalé, et fait partie, depuis 1869, des *Portraits Contemporains* (tome II). Comme on le voit, et comme on le savait déjà, M. Sainte-Beuve élargissait, à la fin de sa vie, le cadre sévère de sa seconde jeunesse. Nous n'avons eu d'autre effort à faire que de nous remettre au point de vue et dans la voie où l'habitude journalière de vivre et de penser littérairement avec lui nous avait laissé à sa dernière heure.

Rien n'est plus difficile d'ailleurs que de faire un choix dans des œuvres posthumes; et, en l'absence de l'auteur, nous ne nous sommes pas cru le droit de substituer notre goût à celui du public, d'élaguer la matière à notre gré. Une autre considération qui nous a déterminé aussi à ne rien omettre de ce qui portait la marque infaillible de l'écrivain jusque dans de simples notices bibliographiques, c'est que nous avons obtenu la certitude que nous allions rendre service à des travailleurs spéciaux : cette conviction nous est venue, à mesure que nous retrouvions quelques-unes de ces pages oubliées, en les signalant à des savants pour lesquels elles devaient être un motif d'intérêt. La meilleure manière pour eux de nous en remercier a été d'utiliser, quand ils l'ont pu, le résultat de notre recherche.

AVANT-PROPOS.

Nous ne voulions pas d'autre encouragement. A ne prendre même au surplus ces notices, — ces esquisses, — que comme de purs *témoins* d'une époque, elles ont encore leur importance, en ce sens qu'elles ravivent, dans le monde de la littérature et du théâtre, certains épisodes autrefois bruyants, et qui n'ont pas cessé d'être piquants. Ce sont des éphémérides de la critique : elles doivent une double valeur littéraire à la Revue [1] d'où elles sont extraites et à la plume qui les a écrites.

Nous n'avons que peu de chose à ajouter pour l'explication de la pensée qui a présidé à la composition de ces volumes.

M. Sainte-Beuve a plus activement collaboré au *Globe*, après la révolution de juillet 1830, ainsi qu'il l'a dit lui-même dans *Ma Biographie* [2], que ne pourrait le faire sup-

---

1. « La *Revue des Deux Mondes*, ma patrie depuis déjà longtemps, » dit encore M. Sainte-Beuve dans l'Avertissement cité et discuté ci-dessus, qui est de 1841.

2. En tête du tome XIII des *Nouveaux Lundis* et dans *Souvenirs et Indiscrétions*. — M. Sainte-Beuve y raconte succinctement, mais avec précision, ses relations avec la nouvelle rédaction du *Globe*, jusqu'au moment où le journal devint saint-simonien. « Je ne le quittai point pour cela, dit-il, et j'y mis encore quelques articles. » Mais, à partir de l'année 1831, il est tellement impossible de s'y reconnaître, à cause du manque de signatures, que nous avons cru prudent de nous abstenir tout à fait, à défaut d'indications suffisantes sur les véritables auteurs d'articles qui ne laissaient pas d'être très-tentants sur *Mérimée, Balzac, Eugène Sue, Charles Nodier, M. Paul Foucher*, etc. — Au dernier moment, le hasard nous en a pourtant fait retrouver deux de M. Sainte-Beuve, dont nous avions le signalement, et qui n'en avaient pas moins failli nous échapper : l'un est sur *Saint-Simon*, le patron du nouveau *Globe*; l'autre, sur les débuts poétiques de M. *X. Marmier*. — Quant à l'ancien *Globe*, celui d'avant la révolution de Juillet, et à l'influence considérable qu'il a eue dans l'histoire des lettres et de la philosophie au xixe siècle, on peut s'en faire une idée en lisant les deux tableaux que M. Sainte-Beuve en a tracés, à deux époques

poser le petit nombre d'articles, que l'on a réunis à cette date. Mais comme ils ne sont plus signés, pas même de simples initiales, nous n'avons dû admettre que ceux qu'il avait désignés d'avance ou auxquels il renvoie dans des œuvres postérieures. Sa collaboration devient d'autant plus difficile à saisir, qu'elle s'est fondue quelquefois dans des articles écrits avec Pierre Leroux, de telle sorte qu'on sent par moments les idées de l'un, le style de l'autre. Comme nous lui en faisions un jour l'observation, il nous répondit par l'explication que nous venons de donner, et qui du reste n'était pas un mystère. Des entrefilets politiques portent également sa marque — une empreinte vive et brûlante (comme on en écrivait dans ces mois où la lave fumait encore) — mais il n'a pas eu le temps d'avouer ou de rejeter la paternité de chacun d'eux, et nous devons nous borner à celui que nous avons déjà donné dans *Ma Biographie* [1].

Quoique M. Sainte-Beuve ait dit encore dans cette courte notice sur lui-même que ses premiers articles un peu importants dans le *Globe* furent ceux qu'il commença à écrire sur *M. Thiers* et sur *M. Mignet* (à partir de janvier 1826), nous avons maintenu dans ce volume, à leur date, les ar-

---

éloignées, dans son étude de 1833 sur *Jouffroy* (*Portraits littéraires*, tome I, à partir des pages 297 et 314); et dans son article de 1868, sur *J.-J. Ampère* (*Nouveaux Lundis*, tome XIII, p. 203 et suiv.). — Que de morceaux précieux sont encore enfouis dans le *Globe* à cette heure, et qu'il serait utile d'en faire sortir! Pour J.-J. Ampère, par exemple, le travail serait facile, et M. Sainte-Beuve en a posé le premier jalon dans l'Étude à laquelle nous venons de renvoyer le lecteur (pages 200 et 201). Mérimée aussi y « donna quelque chose d'abord, mais ne continua pas sa collaboration. » Malheureusement les indications sont de celles qui manquent le plus, pour ce dernier.

1. Article sur la cérémonie expiatoire en mémoire des *Quatre Sergents de la Rochelle* (20 septembre 1830). (En note, *Nouveaux Lundis*, tome XIII, page 10, et *Souvenirs et Indiscrétions*, page 40.)

ticles qui précèdent, et qu'il avait fait copier. Mais, pas plus que lui, nous n'avons cru devoir conserver des *premiers-Paris* sur les îles de *Chio, Lesbos ou Mitylène, Candie*, au bas de l'un desquels apparaissent pour la première fois les initiales S.-B., le 4 novembre 1824. Ils sont certainement pleins de chaleur et de lumière, et tout à fait inspirés du sujet qui faisait alors la préoccupation des plus grands poëtes et artistes : la guerre de l'indépendance grecque. Mais leur intérêt était surtout dans leur actualité. C'est par ces essais que M. Dubois, l'un des fondateurs du *Globe* et qui avait été professeur de rhétorique à Charlemagne, initiait son ancien élève au métier d'écrire [1].

JULES TROUBAT.

6 avril 1874.

---

[1]. La publication, que nous préparons après celle-ci, sera la Correspondance générale : deux appels précédents ont été entendus, et nous ont valu de précieux témoignages de confiance. Nous nous adressons cependant encore une fois à tous les Correspondants de M. Sainte-Beuve, et, en remerciant de nouveau ici ceux qui ont bien voulu déjà nous répondre, nous prions instamment les autres de nous seconder dans notre œuvre.

PREMIERS LUNDIS

11 novembre 1824.

MÉMOIRES
DE MADEMOISELLE BERTIN

SUR LA REINE MARIE-ANTOINETTE.

Que les hommes qui vivent dans une révolution, et qui en sont ou spectateurs éclairés ou acteurs principaux, lèguent à la postérité le dépôt fidèle de leurs souvenirs, c'est un devoir que nous réclamons d'eux; que ceux mêmes qui, dans une situation secondaire, n'ont vu qu'un coin du vaste tableau et n'en ont observé que quelques scènes, nous apportent leur petit tribut de révélations, il sera encore reçu avec bienveillance; et si surtout l'auteur nous peint l'intérieur d'une cour dans un temps où les affaires publiques n'étaient guère que des affaires privées, s'il nous montre au naturel d'augustes personnages dans cette transition cruelle de l'extrême fortune à l'extrême misère, notre curiosité avide pardonnera, agrandira les moindres détails ; impunément l'auteur nous entretiendra de lui, pourvu qu'il nous parle des autres ; à la faveur d'un mot heureux, on passera à madame Campan tous les riens de l'antichambre et du boudoir : mais que s'en vienne à nous d'un pas délibéré, force rubans et papiers à la main, mademoiselle Rose Bertin, modiste de la reine, enseigne du *Trait galant*, adressant ses *Mémoires aux siècles à venir,* la gravité du lecteur n'y tiendra pas ; et, pour mon compte, je suis tenté d'abord de demander le *montant du mémoire.*

Ce livre est pauvre de faits : malgré son assiduité à la toilette, l'auteur n'y paraît que peu instruite des affaires de cour ; elle nous transmet çà et là des mots échappés à sa maîtresse ; elle la justifie d'avoir surnommé la duchesse de Noailles *madame de l'étiquette,* et d'avoir appelé des *médailles* les femmes qui avaient atteint leur cinquième lustre. Une fois seulement mademoiselle Rose nous apprend que l'espèce de brouillerie qui divisait la reine et les tantes du roi se rattachait à la politique : madame Adélaïde tenait pour M. de Maurepas, et la reine pour M. de Choiseul : *indè iræ ;* on sent qu'un pareil temps est déjà loin de nous. L'affaire du collier fait la partie principale du livre ; l'auteur était instruite de quelques particularités qui peuvent donner du poids à son témoignage : aussi par moments le ton y devient comme solennel, et c'est là que se trouve l'invocation aux *siècles à venir*. On doit pourtant y louer un attachement honorable au malheur et le soin d'y venger la mémoire d'une reine calomniée. Quoi qu'il en soit de tant d'opinions diverses, et sur cette affaire en particulier, et sur la vie entière de Marie-Antoinette, on ne pourra du moins refuser des vertus à cette princesse qui montra tant d'affabilité sur le trône et de dignité dans le malheur. Tel était l'ascendant de sa beauté et de ses manières, qu'elle subjugua tous ceux qui l'entourèrent et la connurent : pour ses femmes de chambre, ses fournisseurs, et les hommes de cour, il n'y a rien que de simple ; mais le charme s'étendit plus loin : l'altier Mirabeau fut peut-être autant amolli par ses douces paroles que par cet or impur qui pèse sur sa mémoire ; quelques heures de conversation au retour de Varennes lui conquirent à jamais Barnave ; un mot de sa bouche fit tomber à ses pieds Dumouriez en pleurs ; les femmes du 20 juin elles-mêmes furent émues quand elles la virent.

Pour revenir à mademoiselle Bertin, elle n'est pas toujours heureuse dans ses justifications. Par exemple, le comte de Charolais s'amusait, comme on sait, par manière de passe-temps, à tirer sur les couvreurs pour les précipiter des toits : ce n'était là, selon elle, qu'un *effet du sang qui fermentait avec violence ; ces moments passés, personne n'était d'une probité plus intacte.* Elle est plus sévère contre le duc de Chartres, depuis le *monstre* Égalité; aussi elle lui refusa ses faveurs, bien que cette confidence n'importe guère à l'histoire du dix-huitième siècle. Il y a aussi peu d'importance, quoique plus de grâce, dans son récit de la Bohémienne. Cette femme lui avait prédit à Amiens, dans son enfance, qu'elle deviendrait une grande dame et qu'on lui *porterait la robe à la cour*. Un jour que mademoiselle Bertin allait présenter des modes à la reine, elle remarqua qu'elle était l'objet d'une attention malicieuse : étonnée, elle se retourne, et voit son rustaud de valet qui lui *portait la robe;* il avait cru bien faire en imitant les laquais de cour.

Une autre fois qu'elle allait aussi chez la reine, c'était dans des jours moins heureux, la princesse lui dit : « J'ai rêvé de vous cette nuit, ma chère Rose; il me semblait que vous m'apportiez une quantité de rubans de toutes couleurs, et que j'en choisissais plusieurs; mais, dès qu'ils se trouvaient dans mes mains, ils devenaient noirs... »

L'éditeur a compris qu'il n'y avait pas là de quoi faire un volume : il a donc grossi le sien de notes sur le comte de Charolais, le duc d'Orléans, MM. de Choiseul et de Maurepas, qui ne se rattachent aucunement au texte; ils sont à peine nommés dans l'ouvrage, et voilà qu'on nous donne en notes toute leur vie privée et publique. Les pièces officielles n'y manquent pas, les décrets du Comité de salut public, l'interrogatoire et l'inventaire de la Dubarry, les arrêtés du parlement, que sais-je? Le tout en bonne et juridique forme. On a trouvé moyen d'y insérer un écrit de M. Garat sur la prétendue conspiration d'Orléans, tout loin qu'il y ait de là au livre de mademoiselle Rose. Cet abus de notes et d'éclaircissements est devenu trop commun pour ne pas le signaler. Le seizième siècle eut la docte manie des commentaires; on se pique aujourd'hui d'en rire : serait-ce pour faire grâce à une prétention moderne qui n'a pas du moins pour elle le désintéressement ?

18 décembre 1824.

FERDINAND DENIS

SCÈNES DE LA NATURE SOUS LES TROPIQUES DE LEUR INFLUENCE SUR LA POÉSIE, SUIVIES DE CAMOËNS ET DE JOSÉ INDIO.

En même temps que des chroniques et des mémoires sans nombre jettent chaque jour des clartés nouvelles sur notre histoire passée ou contemporaine, notre curiosité, dont les besoins s'accroissent, se transporte au delà des mers vers des nations encore mal connues, et s'enquiert aux voyageurs de ces grandes contrées du monde, réclamant d'eux du vrai et du nouveau, et accueillant avidement leurs récits. Mais c'est surtout aux détails de mœurs, à l'influence des lieux sur les habitudes et la littérature des peuples, que nous attachons du prix. Nous ne voulons pas qu'on nous promène par le monde, comme des enfants, pour le simple plaisir des yeux ; en peu d'années l'Europe a grandement vieilli ; sa tardive expérience cherche aujourd'hui partout une instruction sérieuse. M. Ferdinand Denis a compris cette vérité. C'est particulièrement sous ce point de vue qu'il a étudié les pays dont il parle. De retour dans sa patrie, il est revenu sur ses souvenirs : dans un temps où quiconque a vu est si empressé de dire, à un âge où l'on résiste si peu à l'épanchement d'une première impression, il a su longtemps contenir sa pensée, et l'a mûrie par de grands et consciencieux travaux. Il a consulté tous les voyageurs et jusqu'aux poëtes qui ont parlé des lieux dont il avait à parler lui-même : non pas qu'un étalage pédantesque d'érudition atteste l'étendue de ses recherches ; rien n'est plus modeste que sa manière ; ses citations sont presque toujours des hommages, et ce n'est qu'avec l'accent de la reconnaissance qu'il salue les noms des voyageurs qui l'ont précédé.

L'idée qui a présidé à l'ouvrage est celle-ci : La poésie tire son premier charme des images qu'elle emprunte à la nature; dans nos tièdes contrées, au sein d'une civilisation toute-puissante, cette nature a peine à se faire jour et n'est pas à l'aise pour se déployer : là seulement où un climat de feu la féconde sans relâche, et où le voisinage de l'homme ne la met point à la gêne, pleine de vie et de jeunesse, elle éclate dans toute sa solennité. C'est donc rendre service aux poëtes, c'est ouvrir de nouvelles sources à leurs inspirations, que de leur mettre sous les yeux quelques scènes des tropiques envisagées sous cet aspect, et de leur montrer en même temps comme exemple la couleur particulière qu'elles répandent sur la poésie des indigènes.

Cette idée est parfaitement juste : il faut au poëte l'observation réfléchie de la nature ; son génie y gagne en étendue et en vérité. Les meilleures études poétiques, après la méditation approfondie des grands modèles, seraient sans contredit les voyages : les lieux sont encore plus éloquents que les livres. De nos jours, trois hommes qui ont écrit dans des genres et avec des mérites divers, mais toujours avec une grande richesse d'imagination, ont dû à de tels voyages la poésie neuve et brillante dont leur prose étincelle. Qu'on lise les belles pages de Volney, de Bernardin de Saint-Pierre et de M. de Chateaubriand, et qu'on voie si elles ne portent pas le caractère des lieux où elles furent écrites, et si, pour ainsi dire, le ciel qui les inspira ne s'y réfléchit pas tout entier. Mais ici, autour de l'idée principale, venaient naturellement se grouper une foule de questions accessoires que l'auteur a négligées et que provoquait l'esprit de l'époque : jusqu'à quel point est légitime et approuvé par le goût cet emprunt d'images étrangères ; en quoi il peut réellement consister ; si c'est en bravant l'harmonie par une foule de mots barbares tirés d'idiomes encore grossiers, ou en reproduisant simplement une pensée naïve, une coutume touchante d'un jeune peuple, si c'est en s'emparant sans discernement des êtres créés dans des mythologies étrangères, ou en ne s'enrichissant que des allégories ingénieuses et faites pour plaire en tous lieux, que le poëte imitateur méritera dignement de la littérature nationale; ou encore, s'il n'y a pas l'abus à craindre dans ce recours trop fréquent à des descriptions de phénomènes; si Delille, Castel, que l'auteur cite souvent, et les écrivains de cette école qu'il paraît affectionner, s'en sont toujours gardés; si enfin il n'y a pas souvent cet autre danger non moins grave à éviter, de parler à la nation d'une nature qu'elle ne comprend pas, d'en appeler à des souvenirs qui n'existent que pour l'écrivain, et réduire l'homme médiocrement éclairé à consulter Buffon ou Cuvier pour entendre un vers. Que si l'auteur à tout cela répond que de telles discussions sont plutôt l'affaire du critique que du voyageur, j'y consens, et j'en viens à examiner ce qu'il a fait plutôt que ce qu'il aurait pu faire.

Le même vague, la même indécision que nous avons signalée dans l'idée générale se fait remarquer encore durant les premières pages. L'auteur y jette un coup d'œil sur la nature des tropiques, sur les impressions qu'y causent les végétaux, l'Océan, les fleuves. Mais comme il ne précise pas nettement le lieu de ses observations; et que, par conséquent, il ne fait qu'énoncer les effets dans leur généralité, sans les suivre et les analyser dans leurs détails, il ne satisfait que peu l'esprit qui cherche des applications positives. La situation de l'auteur est celle d'un homme sensible transporté devant un grand spectacle. Dans les premiers instants, c'est un tourment de l'enthousiasme qui travaille en vain à se produire au dehors, et qui se replie en cent façons sur lui-même avant d'atteindre l'effet cherché. Plus tard seulement, les sensations se séparent, se classent, et l'admiration, en quelque sorte, se motive. Il suit du premier défaut que le style dans cette partie est trop tendu et trop continuellement magnifique. Le soin est partout, tellement que les riches descriptions se perdent au milieu de tant d'éclat. Il en est pourtant dont la grâce vraiment enchanteresse ne saurait s'oublier : « En Amérique, dit « l'auteur, quand la marée s'est retirée, surpris quel-« quefois de trouver une fleur dans le fond d'un ro-« cher stérile sur lequel le flot vient de se briser, vous « voulez cueillir cette aigrette flottante qui résiste si « bien aux orages et qui méprise la rosée du ciel ; « tout à coup la fleur se retire des doigts indiscrets qui « viennent de la toucher. Sensitive de ces rivages, elle « est plus animée qu'une simple plante, et n'a point « cependant la prévoyance des êtres entièrement or-« ganisés. C'est un polype élégant, et la nature semble « avoir été dans l'indécision quand elle le fit naître. » Et ailleurs, à l'occasion des déserts de l'Arabie et de l'Amérique : « L'amour dans ces pays brûlants devient « un sentiment dont rien ne peut distraire; c'est le be-« soin le plus impérieux de l'âme; c'est le cri de « l'homme qui appelle une compagne pour ne pas

« rester seul au milieu des déserts. » Certes Bernardin de Saint-Pierre n'eût pas mieux dit. Quoi qu'il en soit de ces beautés de détails, jusqu'ici notre reproche ne subsisterait pas moins, et l'on pourrait toujours dire à M. Denis : A quoi bon adopter cette marche d'exposition incertaine, si peu propice à celui qui veut apprendre ? à quoi bon vous constituer ainsi en une admiration permanente, qui vous fatigue et le lecteur aussi, et qui ne lui permet de voir et de sentir qu'après vous et par vous ? Effacez-vous plutôt du tableau que vous offrez ; jetez-y en votre place des personnages naturels qui parlent et agissent en leur propre et libre allure ; n'intervenez pas entre eux et nous ; faites comme Walter Scott et Cooper ; disparaissez pour mieux peindre. On dirait que l'auteur a prévu cette objection, et dans deux épisodes très-remarquables, il a comme essayé de se rapprocher du genre de ces deux grands écrivains. Mais, alors même, on reconnaît combien il est loin d'eux, et la comparaison fait mieux ressortir la différence. En prêtant à ses personnages de longs récits, M. Denis ne s'aperçoit pas que c'est lui qui parle bien souvent par leur bouche, que leurs idées si malheureusement ingénieuses, leurs phrases à contre-temps élégantes, sont les siennes, et qu'il leur suppose trop aisément sa manière délicate d'observer et de sentir.

Le premier épisode nous fait connaître la tribu brésilienne des Machakalis. Un jeune chef de cette peuplade raconte dans une route à un Portugais, comment il s'était épris de la fille d'un gouverneur de la province, et quelles furent les suites malheureuses de cet attachement. Il y a une singulière expression de mélancolie dans toute la personne de ce jeune guerrier à moitié sauvage, dont l'amour et la douleur ont développé l'âme. Il s'étonne de l'indifférence de ses compagnons, qui chantent la beauté des femmes, chassent le jaguar et s'enivrent tour à tour; sa passion l'a tout d'un coup civilisé; elle lui a révélé l'isolement de son existence, et, pour la première fois, les forêts lui ont paru solitaires. Cependant, il me toucherait encore plus si je ne le voyais si grand raisonneur; et j'ose dire que je comprendrais mieux son infortune s'il me l'expliquait un peu moins.

Dans l'autre épisode, c'est un vieux nègre affranchi, Juan, retiré près de San Salvador, qui raconte l'histoire de son père Zombé. Les mœurs africaines, la traite et la révolte des esclaves, y sont peintes des plus vives couleurs, et l'on y puise une généreuse indignation contre un trafic hautement désavoué par la conscience des peuples. Parfois aussi des contrastes heureux reposent l'âme flétrie; le dernier trait du tableau est plein de charme, quoique non tout à fait exempt du séduisant défaut que nous reprochons à M. Denis. En ce temps-là, les nègres débarqués au Brésil brisèrent leurs chaînes, se réunirent en république et fondèrent la ville de Palmarès. Ils s'y maintinrent quelque temps libres sous la conduite de Zombé. Mais bientôt Palmarès succomba sous les efforts des Portugais, malgré l'héroïsme de son défenseur. Or, le petit-fils de Zombé étant allé visiter les ruines de Palmarès, il revient et dit à son père Juan :

« Je suis allé dans la vallée, et j'ai été m'asseoir au
« milieu des palmiers qui sont étendus sur le sable ;
« les récits sont revenus à ma mémoire. J'ai considéré
« tristement le théâtre des infortunes de Zombé...
« Hélas ! le croirais-tu bien? tandis que j'étais plongé
« dans mes rêveries, des jeunes filles sont venues ra-
« masser les fruits de quelques tamarins qui s'élèvent
« encore près du lac : des guirlandes de cassia cou-
« vraient leurs fronts d'ébène ; elles ont formé des
« danses, et leurs voix se sont élevées gaiement, mais
« elles ne célébraient point Palmarès. Elles semblaient
« ignorer les événements qui se sont passés si près
« d'elles. Ainsi donc, dans peu d'années tout s'oublie !
« C'est de moi qu'elles ont appris les malheurs de leur
« ancienne patrie ; leurs yeux ont exprimé la douleur
« lorsque je leur ai parlé de mon aïeul ; mais le plaisir
« les entraînait, elles ont fini par m'inviter à leurs
« danses... »

Le reste de l'ouvrage n'est qu'à louer. Soit que M. Denis nous transporte dans les bocages d'Otahiti, séjour charmant de la poésie et de la volupté, où le navigateur oublie l'Europe et la patrie ; soit qu'aux bords sacrés du Gange, il nous retrace les caractères

des beaux lieux qu'il arrose, la plénitude de la végétation, des villes au sein des forêts, les gazelles et les biches auprès du buffle et du tigre, l'éléphant sauvage et sa vaste domination sur les hôtes des bois, et ses guerres sanglantes contre des armées entières de chasseurs ; soit qu'accomplissant cette fois toute sa mission, il nous montre la littérature portugaise passant du Gange au Tage, et qu'il présente les fables des Indiens, et leurs riantes allégories, et leurs croyances si douces et si terribles tour à tour ; alors, en s'adressant aux poëtes, il est poëte lui-même ; sa pensée, singulièrement gracieuse, s'embellit encore d'une expression dont l'exquise pureté s'anime des couleurs orientales. Si la beauté confie à la colombe messagère le secret qu'elle n'oserait révéler à ses austères gardiens, il ajoute :
« Prête à voir l'oiseau charmant s'élever dans les airs,
« en emportant les vœux de sa tendresse, elle voudrait
« le retenir, comme on retient un aveu qui va s'échap-
« per. » S'il parle des bouquets mystérieux qui racontent et les tendres inquiétudes et les douces espérances d'une jeune captive : « Messager, dit-il, plus
« discret que notre écriture, maintenant si connue, son
« parfum est déjà un langage, ses couleurs sont une
« idée. »

L'ouvrage dont nous venons de rendre compte est suivi d'une espèce de nouvelle historique sur la vie du Camoëns. Je crois m'être expliqué de quelle manière ce morceau se rattache au but général de l'auteur. Aucun poëte plus que Camoëns ne fut inspiré par les grands spectacles des tropiques : c'est à l'Inde qu'il emprunte ses plus riches descriptions ; son imagination, frappée des trombes, des tempêtes et des divers aspects de l'Océan, les a exprimés avec une vérité et une vigueur qui répandent sur ses écrits un charme éternel. L'auteur a donc voulu, ce me semble, démontrer en sa personne l'influence complète des scènes de la nature sur le génie. Je le loue s'il a eu cette idée ; mais l'exécution en est fausse et recherchée : c'est Camoëns qui conte son histoire à Jozé Indio. Pourquoi ces perpétuels récits ? Pourquoi s'imposer cette tâche pénible de faire dignement parler un grand homme ? Avec la connaissance approfondie qu'a M. Denis et de la littérature portugaise, et des ouvrages du poëte, il devait oser se passer des combinaisons du roman, et ne chercher l'intérêt que dans la simple réalité. N'y avait-il donc pas assez d'émotions à recueillir du tableau naïf de ce noble cœur brisé par l'amour, qui va par delà l'Océan se distraire dans les combats ou se consoler dans la nature ? Qu'on ne croie pourtant pas que les beautés manquent dans ce second écrit de M. Denis ; souvent il rachète par la vérité des détails le vice de sa conception.

Notre tâche est ici terminée ; mais puisqu'il s'agit du Camoëns, que ce nom soit une occasion de signaler publiquement à la reconnaissance des Portugais et des poëtes un nom qui s'est inséparablement associé à ce grand nom. Placé dans un rang élevé, M. de Souza n'a pas cru y déroger en enrichissant la littérature de sa patrie d'une édition du Camoëns. Les soins, le temps ni les dépenses ne furent épargnés à cet acte de dévouement. On recueillit à grands frais dans toutes les bibliothèques de l'Europe les détails épars d'une vie qui fut à la fois si malheureuse et si obscure, et après des années de recherches, à la tête des œuvres du poëte, reproduites dans tout l'éclat du luxe typographique, l'illustre éditeur put enfin placer l'histoire complète de cette vie tant méditée, magnifique et pieux monument élevé à la mémoire du génie. C'est à cette source pure et pour ainsi dire sacrée qu'a puisé M. Denis dans ses études sur Camoëns ; c'est là que puiseront tous ceux qui s'occuperont du même objet, et tous ils apprécieront, non sans émotion, la noble pensée de M. de Souza.

15 janvier 1825.

LE VICOMTE D'ARLINCOURT

L'ÉTRANGÈRE.

Au commencement du treizième siècle, un descendant des anciens rois de l'Armorique, Arthur, comte de Ravenstel, avait atteint sa vingtième année. Son père mourant l'avait confié à un savant nommé Olburge, pour l'élever dans la solitude jusqu'à cet âge. Arthur, à son début dans le monde, se rend au château de Montholin en Bretagne, pour y épouser la jeune et belle Izolette à laquelle il est destiné sans la connaître. Izolette réunit tous les charmes et toutes les vertus ; elle aime Arthur dès le premier jour : mais elle n'a pas l'air assez *mélancolique* ni assez *idéal ;* et le *jeune et bel* Arthur, qui a été élevé par *le philosophe systématique* Olburge, *dans tout le vague de théories hyperboliques,* ressent pour elle je ne sais quel mécontentement. Il est vrai qu'il a vu, le matin, en passant près du fort de

Karency, *les croisées* du donjon où vit la malheureuse Agnès de Méranie, épouse répudiée de Philippe-Auguste, et qu'il soupire depuis ce temps sur Agnès, car *il a conçu ses souffrances*. Dès le lendemain donc il se rend à Karency, et s'introduit dans le château pour y voir la princesse; mais, avide qu'il est de *sensations fortes*, il n'est point assez ému en la voyant; il semble pressentir que celle qu'il a vue n'est qu'une *fausse Agnès*. Et, en effet, il y avait depuis quelque temps dans la contrée une femme mystérieuse, solitaire, vêtue de blanc, habitant une maison blanche : on l'appelait *l'Étrangère*. Que cette infortunée, qui *n'est ni femme ni vierge, et qui pourtant n'est point coupable*, soit la véritable Agnès, qui a trouvé moyen de courir les champs en laissant à sa place dans le donjon quelque amie complaisante, c'est ce que devine tout d'abord le lecteur qui sait tant soit peu son d'Arlincourt : mais c'est ce qu'Arthur ne saurait deviner; et pourtant son cœur à tout hasard n'en préfère pas moins *la proscrite de la vallée à l'héritière du château*. Qu'on ne s'en étonne pas : l'Étrangère a plus de pâleur qu'Izolette; elle a un sourire plus *vague*, sans parler de *l'apparence de sublimité morale qu'elle présente*. Bref, l'Étrangère aime Arthur et le repousse; Izolette délaissée pleure et dépérit : quant au noble héros, il s'élève par tous les degrés de la démence aux plus horribles crimes, et finit par mourir suicide. L'Étrangère, ou plutôt la reine Agnès, car Philippe-Auguste la rappelle sur le trône, ne survit pas à son cher Arthur, et la pauvre Izolette va s'éteindre dans un couvent.

Telle est en somme la dernière production de M. d'Arlincourt, digne en tous points de ses aînées. Je parlerai peu du style; tout ce qu'on en a déjà dit, il faudrait ici le redire. Remarquons seulement un singulier progrès : en voyant les inversions nombreuses, autrefois si chères à l'auteur, un journal qui a trop de sens pour ne pas en supposer aux autres, la *Revue d'Édimbourg* pensa que M. d'Arlincourt pouvait bien être le *Cervantes* du siècle, que ses romans n'étaient après tout que des critiques ingénieuses et voilées, et qu'en forçant la bizarrerie, il avait voulu faire honte au goût de ses contemporains : ainsi dans un autre genre, Machiavel, en professant le despotisme aux princes, n'avait fait, selon quelques-uns, que prêcher la liberté aux peuples. Désespéré d'un si injurieux éloge et d'une si insultante excuse, le noble auteur s'est vite empressé de s'en absoudre; il a tout gardé dans sa manière, hors les inversions qu'il a courageusement sacrifiées; il s'est condamné à être moins bizarre, de peur de paraître raisonnable : certes, M. d'Arlincourt n'est pas heureux, même quand il se corrige.

Mais tout cela n'est que ridicule; et il y a pis que du ridicule dans ce déplorable délire du talent, qui trouve des enthousiastes, même des imitateurs, et qui se fait tirer à dix éditions et traduire en onze langues. C'est à quoi j'en voulais venir : l'éditeur, chose toute simple, a étalé dans une préface officieuse toutes les preuves authentiques de la gloire et du génie du grand homme calomnié; il nous a représenté son illustre client se composant une bibliothèque de toutes les éditions, traductions, imitations de ses œuvres bien-aimées, impénétrable rempart contre l'envie; il a parlé du goût pur, universellement reconnu au vicomte *par les étrangers,* et a écrit en lettres italiques *l'admiration de l'univers.* Mais il a rappelé, entre autres éloges indiscrets et malheureux, celui qui compare la popularité de M. d'Arlincourt à celle de Walter Scott; et il a fini en signalant le but *moral* de *l'Étrangère.* Il y a là deux contre-sens qu'il importe de relever; le jugement qu'on portera du livre en deviendra plus sérieux et plus sévère.

Et d'abord je m'abstiendrai de tout rapprochement entre Walter Scott et M. d'Arlincourt; une comparaison entre ces deux hommes serait une dérision, et presque une profanation : j'indiquerai seulement ce qu'a fait sous le rapport historique l'auteur de *l'Étrangère.* La scène est au commencement du treizième siècle, notez l'époque; et, quand il veut peindre son héroïne, il ne trouve d'autres images que celles d'Hélène, de Vénus, de Galatée et d'Eurydice; Philippe-Auguste est l'*Alcide français,* l'*Apollon de Lutèce.* L'Étrangère, accusée d'un meurtre, est traduite au tribunal d'une abbaye; elle entre, et l'on dirait *une des Heures de la nuit.* De telles citations ne tariraient pas; c'en est assez pour montrer comment l'auteur traite le roman historique ; car il paraîtrait qu'il a eu la prétention d'en faire un, et de préluder ainsi à l'histoire, dont l'étude, nous dit-on, l'occupera désormais tout entier, mais on ne dit pas s'il écrira l'histoire de France.

Quant au but moral, de semblables productions ne sont bonnes qu'à égarer les imaginations affaiblies ; elles ne s'adressent pas aux esprits sains, et ne font que leur révéler une profondeur de démence qu'ils ont peine à croire et qu'ils ne comprennent pas. Non, il n'est pas permis d'avancer que *plus d'un jeune homme lira ce livre avec fruit :* insensé, il le lira avec transport ; et, sage, avec dégoût. C'est qu'en effet ce qui est faux n'est jamais utile, et qu'au fond il y a quelque chose d'immoral et de pervers dans cette falsification de l'histoire qui ment sans pudeur à la vérité des traditions, et dans cette falsification bien autrement coupable de la nature humaine, qui la représente dégradée par d'indéfinissables passions, poussée au crime par je ne sais quel vertige sans objet, qui la calomnie en lui prêtant des désordres qui ne sont pas les siens, et qui n'est qu'une insulte, un attentat perpétuel aux lois éternelles et sacrées de la raison.

7 mars 1825.

MÉMOIRES
DE MADAME DU HAUSSET

FEMME DE CHAMBRE DE MADAME DE POMPADOUR.

Au commencement du siècle dernier, Louis XIV une fois mort, la licence avait été extrême, effrénée, monstrueuse. Pour une frivole cour, tenue longtemps sous une tutelle étroite et monastique, c'était le seul moyen éclatant de venger sa contrainte passée et de constater son émancipation. Il y eut donc beaucoup de faste et de jactance dans ces premiers excès, et bientôt, comme en tout excès, survint l'épuisement. Mais le vice était devenu un besoin d'habitude; on le garda, et comme on n'avait plus à faire ses preuves, on en usa désormais à son aise, à son loisir, ne le voilant ni même ne l'affichant plus; on en fut à cette indifférence raisonnée, dernier degré de l'impudeur. Louis XV,

dont la faiblesse mal entourée ne reçut de son siècle
que les influences mauvaises, subit et consacra ce
coupable exemple. Dédaignant en amour et mystère et
dignité, ne cherchant ni ne fuyant le scandale, il devait
se faire un système mitigé du temps; amoureux avant
tout de sensualités et de repos, une licence régularisée
et organisée était son fait; il le pressentit, et après
quelques liaisons dans lesquelles ses goûts s'étaient
essayés avec indécision et inconstance, il finit, sous les
yeux d'une chaste épouse et d'un fils austère, à la face
de la France et de l'Europe, par conclure un *arrangement*, c'est le mot, avec madame de Pompadour.
Celle-ci, d'un esprit fin et juste en ce qui la touchait,
comprit dès l'abord ce qu'il fallait au roi; et elle s'y
aida de tous les charmes de sa personne et de sa conversation, de toutes les ruses d'une courtisane habile.
Elle imagina les petits soupers, les comédies des petits
appartements, et institua autour d'elle, dans les jouissances du monarque, une succession douce et régulière
que naturellement, sans secousse, le temps convertirait
en habitude et en nécessité. Ce fut là tout son art,
toute sa préoccupation; elle était grande : « Ma
« vie, s'écriait-elle, est comme celle du chrétien,
« un combat perpétuel. » La petite maréchale de
Mirepoix lui disait : « C'est votre escalier que le roi
« aime, il est habitué à le monter et à le descendre;
« mais s'il trouvait une autre femme à qui il parlerait
« de sa chasse et de ses affaires, cela lui serait égal au

« bout de trois jours. » Aussi, quand l'éclat de ses charmes baissa et que l'âge commença de les glacer, quand on en fut réduit aux pauvres expédients, au chocolat à triple vanille et au régime du docteur Quesnay, quand enfin il fallut opter entre des rivales ou des suppléantes, la noble amante n'hésita pas : sa tendresse désintéressée n'en voulait qu'au cœur du roi ; en le conservant, elle lui remit tout le reste ; elle fit mieux, et, dans son abnégation platonique, elle ne dédaigna pas de condescendre aux soins les plus prévoyants et les plus intimes. L'arrangement subsista donc, consolidé par les ans, et la marquise de Pompadour mourut presque en reine de France.

Durant sa longue faveur, elle gouverna l'État par ses créatures. L'histoire de la diplomatie du temps est la sienne. Aussi, qu'on ne s'étonne pas de l'intérêt et de l'importance qui s'attachent aux moindres révélations d'une de ses suivantes. Quand la destinée d'une nation est dans la chambre à coucher d'une maîtresse, la meilleure place pour l'historien est dans le cabinet. Madame du Hausset semblait faite pour ce rôle de Suétone par sa position et par son caractère ; il est dommage qu'elle n'ait ni plus regardé ni plus écrit. Fille d'un pauvre gentilhomme de province, au lieu, suivant l'usage, d'entrer au couvent, elle entra au service de la maîtresse favorite, et, femme de chambre à la cour, elle y resta simple et j'oserai dire naïve. En présence du vice, elle n'en conçoit ni le goût ni l'indignation ; c'est chose, à ses yeux, toute naturelle en pareil temps, toute légitime en pareil lieu, et, sans s'en étonner, elle le décrit en détail ; bonne femme d'ailleurs, incapable de médisance, et au demeurant fort honnête. Et qu'eût-elle fait de mieux? Comment exiger plus d'elle? Quand tout fléchissait devant le prestige du vice puissant et lui rendait hommage, que ceux même qui protestaient par raison se prosternaient par habitude, peut-on lui imputer à crime son peu de stoïcisme, et lui convenait-il d'avoir plus de philosophie que Voltaire et de savoir mieux la morale que Duclos?

Or, il y avait, près de la chambre de *madame*, un petit endroit où notre historienne se tenait d'habitude, et d'où elle entendait tout ce qui se passait. Madame s'en inquiétait peu : « Le roi et moi comptons si fort sur vous, « lui disait-elle, que nous vous regardons comme un « chat, un chien, et que nous allons notre train pour « causer. » On conçoit dès lors tout ce qu'il peut y avoir de confidentiel dans les mémoires de cette brave dame. Il est vrai que la probité, nous assure-t-elle, ne lui a pas permis de tout répéter. Mais enfin elle en apprend assez pour faire connaître, mépriser, haïr même cette cour impure ; car c'est trop peu de la raillerie contre tant de honte, entretenue à si grands frais par un peuple.

Un tel livre échappe à l'analyse. Le règne des intrigues est celui des anecdotes, et celles-ci ne peuvent que se transcrire. Mais lisez *madame du Hausset*, et elle

vous apprendra quels ministres étaient bien ou mal
avec madame, et pourquoi ; ce que c'était que le petit
abbé de Bernis, qui menait de front une poésie légère,
une intrigue d'amour, une partie de chasse et une
guerre désastreuse ; ce que c'était que M. de Choiseul
qui le supplanta, grand seigneur, de fort bonne mine,
si ami de madame qu'on le disait doublement ministre
du roi, et de quelle honnête manière il décachetait
les lettres avec un gobelet d'eau tiède et une boule de
mercure ; vous y verrez comment Machault fut ingrat
envers sa bienfaitrice qui avait payé ses dettes, et
comment elle brisa cette créature infidèle ; vous y re-
marquerez surtout la disgrâce de d'Argenson, ministre
ennemi de la marquise : ce jour-là, il y eut des
évanouissements et des sanglots ; la femme de chambre
apporta des gouttes d'Hoffmann ; *le roi lui-même arran-
gea la potion avec du sucre, et la présenta de l'air le plus
gracieux à madame. Celle-ci finit par sourire et baisa les
mains du roi.* Le lendemain, de grand matin, d'Argen
son était exilé. Au milieu de ces jongleries misérables
et de cette frivolité obstinée, il y avait pourtant une
arrière-pensée sinistre, un soupçon vague et comme
un remords anticipé de l'avenir. « Après nous le
« déluge, » disait la marquise. « Ceci durera au moins
« autant que nous, » répétait le prince insouciant. Et
tous deux, consolés en leur étroit égoïsme, comblaient
à l'envi les iniquités du pouvoir. Partout, autour d'eux,
retentissaient des craintes confuses. « Ce royaume est

« bien mal, » disait un jour Mirabeau père, chez Quesnay, médecin du roi et de la favorite; « il n'y a ni sen-« timents généreux ni argent. » — « Il ne peut être régé-« néré, reprit La Rivière, que par une conquête comme « à la Chine, ou par un grand bouleversement inté-« rieur; mais malheur à ceux qui s'y trouveront, le « peuple français n'y va pas de main morte ! » Madame du Hausset, qui était là, sortit effrayée : le frère de madame de Pompadour était présent et fort calme. La scène se passait, je crois, à l'entresol de la marquise !

Ce malaise universel, symptôme de révolution, qui n'échappait pas aux yeux même les moins clairvoyants, est remarquable; l'aveuglement imperturbable de Louis XV et de la cour ne l'est pas moins, et pourtant s'explique par la nature humaine. S'il n'avait fallu, pour se sauver, que de l'hypocrisie et du bigotisme, et que le maître eût parlé, peut-être ces générations flétries, vieillesse épuisée de la régence, s'y seraient assujetties, comme avaient fait les pères durant la pénitence de Louis XIV. Mais déjà la nation élevait la voix, les questions les plus sérieuses de l'ordre social étaient soulevées, et les réformes réclamées hautement. Pour ne pas les entendre, on s'abîma de plus en plus dans le tourbillon des voluptés et des intrigues; en partie volonté, en partie fatalité, on s'étourdit sur les dangers de sa postérité et d'un avenir qu'on ne jugeait pas si prochain : l'illusion de cette cour usée semblait un rêve de la caducité délirante. Un seul exemple la peindra jusqu'au bout. Représentant de toute cette partie immorale et dépravée du règne de Louis XV, et, même sous le roi honnête homme et citoyen qui lui succéda, opiniâtrément fidèle à la corruption du passé, le maréchal de Richelieu s'occupait encore aux approches de 89 à publier les scandales de sa longue vie, et les confessions cyniques que balbutiait le courtisan en cheveux blancs se perdaient dans les acclamations solennelles dont un peuple rajeuni saluait déjà sa nouvelle aurore.

15 mars 1825.

CH.-V. DE BONSTETTEN

L'HOMME DU MIDI ET L'HOMME DU NORD, OU L'INFLUENCE
DU CLIMAT.

La question des climats n'est pas neuve : Hippocrate dans l'antiquité l'a traitée comme une question d'hygiène; Montesquieu, dans les temps modernes, l'a envisagée dans son rapport avec le gouvernement, et, par la manière paradoxale et brillante dont il l'a présentée, il l'a remise en problème et en a provoqué une discussion nouvelle. Depuis lui, Helvétius, Volney, Cabanis, l'ont abordée, sinon expressément, du moins en diverses parties de leurs ouvrages : en de telles mains, la question s'est éclaircie; réduite à ses véritables formes, elle a été résolue du moins dans son ensemble, et de nos jours on est d'accord sur le mode d'influence générale des climats.

Le climat n'est pas un agent simple, une force unique : il n'est pas seulement déterminé par le degré de latitude d'un pays, comme l'indiquerait son nom et comme parut le croire Montesquieu. La hauteur polaire, dit M. de Bonstetten, n'est qu'un élément du climat; la hauteur verticale en est un autre. Ce n'est pas tout : la chaleur, l'électricité, la lumière, les vents, l'empire des localités, en sont autant d'éléments nouveaux, et le climat n'est que la force *résultante* de toutes ces forces. Continuellement en rapport et souvent en lutte avec elle, l'homme, qui n'est lui-même qu'une force volontaire et perfectible, peut tour à tour ou s'en laisser dominer, ou s'en dégager en partie, jamais totalement s'y soustraire. S'il en subissait pleinement l'influence, le cas serait simple; c'est celui des sauvages. Mais dans notre état social, qui est un état de conquête sur la nature, l'homme tâche de s'affranchir du climat : il fait mieux encore; par des moyens indirects, tels que la culture, les plantations, l'écoulement des eaux, il le change et le perfectionne sans cesse; et celui-ci modifié réagit incessamment sur l'homme. Là un rapport évident, mais complexe, qui lie les progrès de la civilisation et ceux du climat. C'est cette série d'actions et de réactions, ce jeu d'influences réciproques, qu'à la rigueur il faudrait poursuivre et démêler chez les différents peuples; mais, dans un si vaste problème, la multiplicité des termes et l'indétermination de la plupart des données surpassent les forces de toute analyse; et, d'ailleurs, avoir ainsi posé la question, c'est déjà en avoir donné la solution la plus générale et la plus utile.

Quoique M. de Bonstetten n'ait exprimé nulle part ces considérations, il semble les supposer tacitement; et les observations de détail, si ingénieuses et si vraies, qui remplissent son livre, s'y rangent. Il a beaucoup voyagé dans sa jeunesse. Élevé en Suisse où il reçut une éducation libre, rêveuse et solitaire, que n'aurait pas désavouée Rousseau, devenu plus tard le disciple et l'ami de Bonnet, qui dès l'abord s'empara, comme il le dit, de toute son âme, et depuis transporté dans les différentes contrées du nord et sous le ciel de l'Italie, il dut garder dans le commerce des hommes les habitudes intellectuelles de sa vie première, et surtout un goût décidé pour l'étude de soi-même et des autres. Ce qu'il a donc vu de piquant et de tranché dans les mœurs du nord et du midi, il le raconte dans ce livre, et en fait sentir le rapport avec le climat. C'est un recueil d'observations morales faites sous ce point de vue; et elles ont, sinon le mérite de la méthode, du moins la grâce du laisser-aller, et quelque chose de ce charme qu'on trouve aux souvenirs mêmes d'autrui.

Une remarque bien simple devient, entre les mains du spirituel auteur, la clef d'une multitude de phénomènes moraux : c'est qu'au nord il y a des nuits et des hivers, et peu ou point au midi. Si le livre a une idée principale, c'est celle-là; et elle est féconde en explications pleines d'exactitude et de finesse. Il s'ensuit, par exemple, que l'homme du nord a nécessairement un gîte, une vie intérieure et des rapports de famille, tandis que l'homme du midi est bien partout où il y a le soleil, un arbre et un fruit. Le premier, obligé d'acheter sa nourriture par le travail, exerce vivement son activité; la prévoyance de l'hiver lui donne le souci de l'avenir, et le loisir forcé de ce même hiver sollicite en lui les idées sérieuses. En même temps que le corps se contracte par les frimas, la pensée se replie aussi sur elle-même; la sensation du froid porte au repos, et le repos à la réflexion. Dans le midi, on vit au jour le jour; la présence du soleil, des travaux peu pénible et jamais interrompus, des sensations toujours en éveil, ne permettent pas les longues espérances ni les longues inquiétudes : on y jouit précisément de cette liberté d'esprit si propice à l'essor de l'imagination ; c'est là que devaient et que seulement pouvaient naître ces poëtes aimables, qui chantaient les douceurs du *rien faire*, la jouissance du présent et l'oubli du lendemain. La jolie fable de la Cigale et de la Fourmi est l'histoire de l'homme du midi et de l'homme du nord. Il y a aussi une petite pièce d'Anacréon sur la cigale; le poëte nous la montre se nourrissant de parfums et de rosée, et chantant à chaque heure et en toute saison : de telles idées, de telles images ne peuvent éclore qu'au midi. Dans le nord, en outre, les habitudes sont plus régulières, l'amour moins sensuel, l'éducation plus soignée; et ces différences s'expliquent en partie par la prédominance des nuits et des hivers, et les rapports de société qui en résultent. Je ne suivrai pas l'auteur dans les détails de ces divers chapitres; des observations choisies, des anecdotes agréables, précisent ce qu'il pourrait y avoir d'un peu vague dans l'idée générale. Le style est en harmonie avec les choses; il ne manque pas d'images, mais on pourrait lui reprocher parfois des formes un peu abstraites et une allure trop métaphysique.

2 avril 1825.

MÉMOIRES

DE MADAME DE GENLIS

SUR LE DIX-HUITIÈME SIÈCLE ET LA RÉVOLUTION FRANÇAISE,
DEPUIS 1756 JUSQU'A NOS JOURS.

I

Ce n'est pas d'aujourd'hui que madame de Genlis fait les avances envers le public ; il y a longtemps qu'elle se croit comptable d'explications envers lui, et qu'elle lui distribue son histoire, comme une dette, en *précis de conduite*, en *souvenirs*, en *romans :* mais ce n'étaient là que des à-compte trop légers envers les contemporains et la postérité ; voici venir enfin, sous forme de *mémoires*, la plus considérable, la plus officielle, et probablement aussi la dernière édition de sa vie.

Eh ! quelle est-elle donc, madame de Genlis, pour se croire tenue de faire, de son vivant, ce que nul n'a fait avant elle, ce que nul ne lui demande? Quel droit s'est-elle acquis à une si étrange initiative? D'où lui vient ce besoin fantastique de constater presque solennellement l'authenticité de ses mémoires? La véracité est-elle donc si démonstrative et si fastueuse? Vous craignez pour votre livre jusqu'au soupçon et à l'apparence de la falsification! Hé, madame, écrivez vos mémoires pour vous, dans le recueillement de la solitude et de l'âge; épanchez-y en silence vos souvenirs, vos joies, vos douleurs, et, si vous voulez, vos péchés et vos repentirs; confiez à l'amitié ou à la famille cet humble et sacré dépôt qui doit vous survivre; et croyez bien que le lecteur n'aura jamais plus foi en vos paroles que quand plus tard vous ne serez pas là interposée entre vos révélations et lui. Qu'arrivera-t-il autrement? D'une part, engagée par les sollicitations de votre mémoire, disons mieux, de votre conscience; de l'autre retenue par les scrupules de votre amour-propre, ou du moins de votre délicatesse, il vous faudra, et j'adopte ici la supposition la plus douce, il vous faudra tout ménager, tout prévoir, conter avec apprêt et réserve, fausser presque à votre insu vos réminiscences, prendre à propos vos rêves pour des souvenirs, en un mot, par un officieux et perpétuel mensonge d'imagination, reconstruire le passé en croyant le reproduire; à moins toutefois, ce que je ne redoute guère, qu'il ne vous advienne l'orgueilleux caprice de nous confesser votre vie pleine et entière, à la mode de saint Augustin, sinon de Jean-Jacques. Mais, vous le savez trop bien, en dévotion comme en amour, il est une pudeur d'aveu qui sied trop à une femme pour que jamais elle s'en départisse; et quand la Madeleine était pénitente, elle se voilait de ses cheveux, même pour pleurer.

A parler sérieusement, il n'est qu'un cas où le personnage vivant ait plein droit d'invoquer avec éclat et franchise l'attention publique sur l'intimité de ses pensées et de sa vie; c'est quand ce personnage est public lui-même, que ses actes extérieurs sont dévolus à l'opinion, et qu'il les discute par-devant elle : ses mémoires ne sont rien alors qu'un plaidoyer qu'il lance dans les débats, et le procès se poursuit jusqu'à ce que vienne l'histoire. Serait-ce donc ainsi que l'aurait conçu madame de Genlis ? A l'entendre parler, en sa préface, de l'obscurité fatale qui plane sur l'*authenticité des mémoires posthumes en temps de troubles et de factions*, ne dirait-on pas qu'elle a craint pour les siens le sort du testament politique d'un fameux cardinal? Elle aussi peut-être s'imagine appartenir au public, non-seulement par ses écrits et ses travaux littéraires, mais encore par sa vie et par les rôles politiques qu'elle a successivement revêtus. Elle a pu se croire une puissance dans le siècle, du moment qu'elle s'en est venue accomplir, vers l'an de grâce 1800, je ne sais quelle mission prédestinée, dogmatisant parmi les châteaux et les palais, à la plus grande gloire d'en haut; et maintenant que la lumière est revenue, qu'on n'a plus que faire de précurseur, et que la vie militante a fait place à la vie privée, c'est peut-être un devoir à ses yeux d'enregistrer publiquement les mérites et indulgences qui lui reviennent de cette pieuse lutte, engagée sous son patronage. Il y a plus : bien avant sa venue d'Altona, et un peu avant son départ pour Londres, madame de Genlis avait pris une part non moins active à d'autres luttes, d'un intérêt non moins puissant, quoique plus profane ; elle fut patronne des clubs avant d'être mère de l'Église ; c'était toujours prêcher, et cette prédication disposait à l'autre. Enfin, si nous remontons plus haut encore, si nous la suivons au Palais-Royal, dans le monde, nous la verrons sans cesse briguant avec fureur la célébrité, dans un temps où celle-ci était le prix des talents d'éclat, poursuivant tous ces talents, cultivant tous les arts, jusqu'à y trop exceller, transportant le théâtre dans les salons et l'école dans le théâtre, cumulant dans sa tête dévotion, galanterie, sensibilité, pédantisme, en un mot, toutes les inconséquences dont est capable une femme d'esprit, décidée à se créer en toute hâte une existence supérieure et plus que privée. Ce principe de conduite, si constant chez madame de Genlis, quoique se produisant sous des formes si variables, suivant la diversité des temps, dévoile suffisamment, ce me semble, son intention récente. Nous y voilà donc ; la singularité s'explique, les Mémoires de madame de Genlis sont et devaient être un acte public, comme tous ceux de sa vie, une sorte de compte rendu, un monument enfin plus que littéraire ; et qu'on cesse de s'étonner que, consacrant cette publication mémorable, le libraire Ladvocat ait fait frapper une médaille en bronze.

Mais, avant d'aborder la grande et critique époque de son apologie, l'auteur, habilement prévoyante, est remontée jusqu'à son berceau, disposant de longue main les excuses de l'avenir, et s'essayant déjà à de petites dissimulations sur le présent. L'art de sa composition est merveilleux sous ce point de vue : des réflexions générales, des portraits de société, des espiègleries bien innocentes et bien drôles, lui ont rempli ses deux volumes de 400 pages, et l'ont insensiblement menée jusqu'à l'âge de trente ans environ, libre et pure de tout aveu un peu grave. On a beaucoup ri, il est vrai, de certaines histoires, de celle de mademoiselle Victoire, par exemple, ou du *sacré chien;* mais elle aussi a souri peut-être de la simplicité du lecteur ; et, comme pour mieux accréditer encore les folles et enfantines gentillesses de ses jeunes années, elle en a fait une ces jours derniers, et des meilleures. Ses Mémoires venaient de paraître ; arrivèrent en foule à l'hôtel les félicitations empressées et curieuses ; on cherche madame de Genlis. Où donc est-elle ? Nul n'est averti ; hier encore nous l'avons vue.... Elle a fui mystérieusement du soir au matin, elle est à Mantes. Après une espèce de confession générale, il fallait bien faire une retraite.

Dans un second article nous entrerons dans quelques détails sur cette première livraison.

5 avril 1825.

MÉMOIRES
DE MADAME DE GENLIS

SUR LE DIX-HUITIÈME SIÈCLE ET LA RÉVOLUTION FRANÇAISE,
DEPUIS 1756 JUSQU'A NOS JOURS.

II

Le caractère de ces Mémoires est maintenant fixé pour nous ; il nous est bien prouvé qu'ils ne sont et ne peuvent être qu'une mystification : prenons-les donc pour ce qu'ils valent, et tirons-en ce qu'ils contiennent : il y a de la vérité partout ; quand un peu d'art l'a cachée, un peu d'art la dégage. Nous serons ici courts et rapides, car le public est rebattu, et nous arrivons tard ; la critique est un peu boiteuse comme le châtiment.

Je prends madame de Genlis à l'âge de six ans ; son éducation commence au château de Saint-Aubin. Elle lit *Clélie* et mademoiselle Barbier[1], joue la comédie et

1. Auteur autrefois célèbre de tragédies, de ballets, de pastorales. On a d'elle aussi une comédie, *le Faucon*. En 1746, année de la naissance de madame de Genlis, mademoiselle Barbier était déjà morte, mais on la lisait encore.

du clavecin, récite après dîner l'*Office de la Vierge* et son rôle du soir, court les champs vêtue en Amour couleur de rose, avec le cordon rouge de chanoinesse par-dessous le carquois; attroupe sous sa fenêtre les petits garçons du village pour leur apprendre à lire, et par certaine brochure qu'elle a vue conçoit une antipathie ineffaçable contre Voltaire. Cette enfance-là n'est-elle pas pleine d'avenir?

A douze ans, on vient à Paris, et la vie des fêtes commence. En ce temps-là, M. de La Popelinière tenait grand état à Passy; nobles seigneurs, petites maîtresses, ambassadeurs, poëtes, artistes, tous venaient puiser à sa somptueuse et débonnaire hospitalité. On l'appelait en face *Mécène-Atticus*, parce qu'il faisait des vers et qu'il était fermier général; en arrière on riait de son faste de bel esprit et de vertu, de ses disgrâces d'auteur et d'époux, et Mécène n'était plus rien que Turcaret. Veuf alors, La Popelinière, en cheveux blancs, fut touché des talents de la jeune comtesse, et on l'entendait souvent répéter avec un soupir : « Quel dommage qu'elle n'ait que treize ans! »

L'âge vint pourtant, et M. de Genlis aussi ; on l'agréa, car il était homme de qualité, homme de la cour, ce qui était de rigueur. Tout alla bien ; un petit comité littéraire dirigeait les études de madame de Genlis; c'étaient MM. de Sauvigny, de Mondorge, et d'autres de cette force, surtout ennemis des philosophes. Madame de Genlis détestait tant ces derniers qu'elle ne voulait ni les voir, ni les lire; Helvétius avait fait un livre *infâme;* d'Alembert avait la figure *ignoble;* Marmontel lui-même, malgré ses Contes moraux, La Harpe, malgré ses flatteuses épîtres, ne trouvaient point grâce auprès d'elle; et, quant à Jean-Jacques, hors *le Devin de village,* elle n'en connaissait pas encore une seule ligne à trente ans. Il est vrai qu'elle savait l'ostéologie, la saignée, l'équitation, le jardinage, le billard, les cartes, la peinture, qu'on la comparait au roi David pour la harpe et la danse, qu'elle jouait aux proverbes mieux que n'eût fait Salomon, et qu'elle représentait ou composait de petites comédies. « Enfin, nous avoue-t-elle ingénument, je n'ai été étrangère à rien, j'ai pu parler passablement de tout; mais je n'ai su parfaitement que ce qui se rapporte aux beaux-arts, à la littérature et à l'étude du cœur humain. »

Je ne m'arrête pas à des anecdotes bien longues dont madame de Genlis nourrit habilement son récit : comment dans ses retraites au couvent elle barbouillait la nuit les vieilles religieuses; comment elle mystifiait le chevalier Tirtame, ou frappait aux vitres des paysans du village. Tous ces enfantillages pourraient ne pas être des puérilités; ils détournent à propos l'attention, épuisent la critique à faux, et dissipent en futiles éclats la raillerie dont on redoute en face l'explosion pleine et franche : c'est la queue du chien d'Alcibiade, coupée par Aspasie.

Sachons gré pourtant à madame de Genlis de l'histoire de madame de Montesson : la discrétion ici était moins obligatoire, et elle y a dérogé, en nièce un peu maligne peut-être. Madame de Montesson avait un amant affiché, le comte de Guines ; elle commençait à se lasser de lui, et lui d'elle, quand le duc d'Orléans s'avisa de devenir amoureux de l'une et jaloux de l'autre. Les deux amants blasés s'entendirent contre le prince : le comte pour lui vendre cher la place, et la dame pour achever de lui tourner la tête. Toute la société se mit du complot ; depuis longtemps, en effet, la constance du duc d'Orléans pour une courtisane l'avait retiré de la bonne compagnie des femmes, et celles-ci désiraient fort, en lui procurant une maîtresse honnête, reconquérir les avantages de son intimité. Madame de Montesson fut donc louée de toutes les bouches ; sa harpe, sa voix, ses petits vers, sonnaient sans cesse dans la conversation aux oreilles du prince, et l'enivraient d'une tendresse pleine d'estime. Elle, habile et rusée, ne se livrait pas ; comme le comte de Guines jouait l'inconstance, elle jouait l'abandon, en Ariane délaissée et mourante ; elle n'entretenait le duc que de son *sentiment* pour l'ingrat de Guines, et le poursuivant de son rival trouvait moyen de l'attendrir. Le pauvre prince n'y tenait plus ; il accorda tout pour tout obtenir. Comme M. de Montesson était mort sur ces entrefaites, il ne s'agissait de rien moins que de mariage ; madame de Genlis y aidait de toute son éloquence prêcheuse de vingt ans : bref, il se fit. Madame

de Montesson eut le premier prince du sang; M. de
Guines, l'ambassade de Berlin; ces dames, une société;
et madame de Genlis, une place près de la duchesse de
Chartres.

Ce fut là une grande époque dans sa vie, et qui décida de sa destinée. En entrant au Palais-Royal, elle
eut de tristes pressentiments : la voiture qui l'y menait
faillit rompre; les décorations des petits appartements,
qui étaient encore celles de la Régence, ces glaces, témoins de tant d'orgies, cette magnificence de boudoir,
effarouchèrent sa pudeur : j'avais l'air d'une coupable,
nous dit-elle. Pour le coup, lecteur, vous vous attendez
à des révélations sincères : patience, elles sont manus-
crites encore; jusqu'ici nul aveu éclatant qui motive
cette boutade de repentir; on sent que la chasteté et la
dévotion de 1800 ont passé là-dessus, et que madame
de Genlis a effacé ses fautes avec ses larmes.

21 mai 1825.

MÉMOIRES
DE MADAME DE GENLIS

SUR LE DIX-HUITIÈME SIÈCLE ET LA RÉVOLUTION FRANÇAISE,
DEPUIS 1756 JUSQU'A NOS JOURS.

III

En rendant compte de la première livraison de ces Mémoires, où nous rencontrions à chaque page des récits insignifiants ou puérils, nous avons soupçonné quelque système prémédité de réticence et de diversion ; et, par respect pour l'esprit de madame de Genlis, nous accusions préférablement sa candeur. Ces derniers volumes éclairent enfin notre jugement ; nous étions, ce nous semble, et trop incrédules et trop sévères ; nous imputions obstinément à madame de Genlis un vieux péché de philosophie, et même quelques mauvaises pensées de patriotisme dont elle ne se souilla jamais; jamais idées pareilles ne furent faites pour elle, et n'égarèrent son intelligence : cela nous est démontré, et le sera, nous l'espérons pour elle, à quiconque lira ses récits, d'une si inaltérable et si innocente frivolité. Pas une réflexion, pas un mot qui y décèle la complicité de madame de Genlis avec son siècle, et cette contagieuse atteinte de l'opinion à laquelle échappent si peu d'élus ! Elle juge en 1825 la philosophie et la Révolution, comme on aurait pu faire en 1788 au couvent ou à la cour. Si madame de Maintenon eût vécu jusque-là, elle n'eût ni plus sagement conté, ni jugé plus sainement; il semblerait en vérité que le Palais-Royal n'en sût pas plus que Trianon.

Une fois entrée à ce Palais-Royal, madame de Genlis s'ennuya beaucoup. Pour s'égayer, elle fit un jour une romance sentimentale, et un autre jour elle alla déguisée en cuisinière à la guinguette du *Grand Vainqueur*. M. de Genlis avait une livrée, on dansa, on trinqua, on chansonna; c'est ce que la postérité saura officiellement. Ah ! madame, quand l'illustre Sévigné, que vous aimez tant, écrivait des riens, elle les adressait à sa fille en lettre close, et puis en ce temps-là qu'y avait-il de plus sérieux à dire ?

On fit bientôt une autre échappée; ce fut un voyage d'Italie que madame de Chartres prit sur elle, sans permission du roi. Il fut bien leste, ce voyage. Madame de Genlis, c'est elle qui nous le dit, avait un jeune et aimable sigisbée, M. de Moutiers; chacun de ses pas dans cette terre classique était marqué par une conquête. A Antibes, un M. de Rouffignac tua en son honneur un ours apprivoisé dont il lui fit boire le bouillon; Polyphème n'était pas plus galant pour Galathée. A Modène, le premier ministre, M. de Lascaris, se jeta à ses pieds avec un petit air de triomphe qu'elle sut bien réprimer. A Rome, ce commode asile des grandes ambitions détrompées ou déchues, elle vit le cardinal de Bernis qu'on y appelait le roi de Rome, et qui se consolait du portefeuille dans la pourpre et de la disgrâce dans l'opulence; il assistait régulièrement aux bains de madame de Genlis, et les égayait par sa conversation charmante. Le chevalier de Bernis, son neveu, la guidait dans ses promenades nocturnes à travers les ruines du Colisée; mais *il avait au moins cinquante ans.* A Naples, elle ravit par les sons de sa harpe toute la cour, et surtout la reine, qui lui baisa la main; elle y vit aussi des lazarroni tout nus, des ananas et des figues superbes; et c'est ainsi que finit le voyage d'Italie.

De retour à Paris, madame de Genlis s'occupe enfin de l'éducation des jeunes princesses qui lui sont confiées; et plus tard le duc de Chartres lui remet aussi celle de ses fils. Elle a raison d'insister sur cette époque de sa vie et sur les travaux qui la remplirent : on ne peut méconnaître qu'elle eut sur ce sujet des idées justes et vraies, sortant des règles de la routine et dont l'application demandait une constance qui ne l'a point effrayée. Elle a surtout senti l'importance des langues vivantes dans l'éducation, et en même temps la facilité de cette étude convenablement dirigée ; c'est dans les jeux, dans les repas, que dès l'enfance elle les insinue plutôt qu'elle ne les enseigne à ses élèves, ainsi qu'on fit pour Montaigne, qui parlait latin presque au berceau. En un mot, si quelque célébrité durable est réservée à madame de Genlis, c'est comme institutrice qu'elle l'obtiendra ; elle la devra à certaines pages d'*Adèle et Théodore*, ajoutons pourtant aussi à *Mademoiselle de Clermont*.

Pourquoi faut-il que l'exposition de ces études inoffensives soit tant de fois interrompue par des jugements dans lesquels l'aigreur témoigne si fort la prévention ? Madame de Genlis se montre sévère à l'égard de La Harpe, qui fut en un temps son admirateur tendre et passionné ; elle lui ressemble pourtant beaucoup à M. de La Harpe. Lui aussi s'est cru obligé en conscience de dénigrer et de flétrir, dans la dernière moitié de sa vie, tous ceux qu'il avait connus et cultivés dans la première ; il a méconnu son siècle et n'y a rien loué que lui. Parce que l'historien Rulhière est philosophe, peut-on lui refuser toute espèce de talent ? parce que Bernardin de Saint-Pierre se brouille avec madame de Genlis et accepte plus tard une place dans l'instruction publique sous Robespierre, doit-elle tant mitiger l'éloge de *Paul et Virginie* et tant rabaisser *la Chau-*

mière indienne? Est-il bien désintéressé de sa part de dire de mademoiselle Necker, *qu'elle apprit à parler vite et beaucoup, et que c'est ainsi qu'elle a écrit ; qu'elle n'eut que peu d'instruction, qu'elle n'approfondit rien*, etc. ; et n'eût-il pas été plus convenable et plus noble à elle de reconnaître naïvement une gloire rivale qui honore son sexe et la France? Elle enfin qui a souffert et qui se plaint de la calomnie, a-t-elle le droit de relever contre la mémoire de Chénier cette imputation injurieuse, si victorieusement réfutée, qui le fait, sinon complice, du moins spectateur indifférent de l'assassinat d'un frère? Sans doute, Chénier eut une fois envers elle le grand tort de lui parler d'amour, et d'autres fois il lui lança d'autres traits auxquels elle fut peut-être moins insensible ; mais, plus tard aussi, quand l'amertume de la satire fut exhalée, madame de Genlis reçut publiquement de sa plume, dans un estimable écrit, toute la justice à laquelle elle pouvait prétendre.

Est-ce bien encore à notre auteur qu'il convient de relever si impitoyablement ce qu'elle appelle la *conduite philosophique* de madame d'Épinay et de madame Du Deffant? Ces temps-là, elle le sait pourtant, étaient difficiles à vivre ; elle-même nous avoue une douzaine au moins d'attaques pressantes que sa vertu eut à repousser, et de plus fragiles auraient pu faillir à sa place sans beaucoup de philosophie. Mieux lui sied encore, je pense, nous raconter tout le ménage de Belle-Chasse, sans oublier le registre de la dépense et le prix du marché, ou nous exposer les règlements et les charmes mystiques de la Trappe, que dans son enthousiasme elle place bien au-dessus de l'*Œil-de-Bœuf*.

Cependant la Révolution arrive inaperçue ; madame de Genlis ne s'en doutait pas, et personne ne s'en doute en lisant son livre. Ici, à mesure que la scène s'agrandit, la personnalité qui règne dans ces Mémoires se rétrécit encore, et la mesquinerie des réflexions s'accroît avec l'importance des événements. En 89, madame de Genlis ne voit et ne loue, dans le but de la réforme, que l'abolition des lettres de cachet et du droit de chasse, c'est du moins quelque chose ; en 93, elle n'a de larmes que pour *Athalie*, bannie de la scène française.

Qu'ai-je à dire encore ? parlerai-je de sa conduite dans cette Révolution, de ses voyages de Paris à Londres et de Londres à Paris, de sa fuite avec mademoiselle d'Orléans lors de la défection de Dumouriez, de sa retraite errante en Suisse et en Allemagne ? Assez d'autres le feront, et, à vrai dire, il n'y a ni grand profit ni grande générosité à le faire. Le ton perpétuel est celui de l'apologie pour elle et de la récrimination contre les autres. Sans jamais avoir eu de tort, il semblerait qu'elle n'ait trouvé que des ingrats. Ne serait-ce pas signe de faute, encore plus que de malheur, d'avoir tant à se plaindre des hommes ?

Quoi qu'il en soit, pendant qu'elle était en Allemagne, madame de Genlis se crut obligée de publier son *Précis de conduite :* c'était accepter dès lors un rôle politique, qu'il lui faudrait soutenir, et qui lui convenait moins qu'à aucune autre femme. Si madame Roland et madame de Staël réussirent dans une telle carrière, elles durent leurs succès à une certaine virilité d'âme dont les avait douées la nature. L'une épouse, l'autre fille d'un ministre, elles furent portées dans la vie publique, plutôt qu'elles ne s'y jetèrent ; élevées, l'une dans le recueillement des mœurs bourgeoises, et l'autre au bruit des discussions philosophiques, elles avaient contracté dès l'enfance de fortes et sérieuses habitudes d'esprit, qu'elles déployèrent dans l'occasion avec toute l'énergie de la jeunesse et de la vertu. Telles n'étaient certainement pas les circonstances qui présidèrent à l'inauguration politique de madame de Genlis. La nature de son talent n'y répugnait pas moins. Élégant et facile, il semblait fait pour donner à son sexe d'utiles préceptes et d'agréables délassements, pour saisir quelques sentiments fugitifs du cœur, pour retracer quelques souvenirs d'une société évanouie.

23 juin 1825.

MÉMOIRES
DE DAMPMARTIN

MARÉCHAL DE CAMP.

> Que j'envie le sort de ceux qui n'ont d'aventures à conter à personne !
> CHATEAUBRIAND.

Ce n'est pas sur les grands événements de la Révolution que ces Mémoires peuvent jeter du jour ; ce n'est pas même sur des événements secondaires, non moins recherchés parce qu'ils sont moins connus, que portent les récits de l'auteur. Jeté par sa position militaire dans le midi de la France, pendant les premières années de nos troubles, transporté tour à tour d'Uzès à Avignon et de Carpentras à Jalès, il aurait pu sans doute nous exposer avec clarté et franchise les déplorables agitations de ces provinces tant de fois ensanglantées ; nous dire comment la patrie des plus ardents fauteurs de l'ordre nouveau se trouva si proche du camp où le régime ancien se retrancha; comment ces Cévennes, encore retentissantes de la voix des pasteurs proscrits, prêtèrent leurs asiles à la monarchie et à la religion déchues de Louis XIV; comment, en un mot, les partis se caractérisèrent dans ces vives contrées, s'y constituèrent en présence l'un de l'autre, d'autant plus terribles et inexorables qu'ils s'alimentaient de rivalités plus immédiates et pour ainsi dire plus domestiques, que de vieilles haines inextinguibles se rallumaient aux haines récentes, et que les séductions étrangères les plus habilement ménagées s'y combinaient avec ce qu'ont de plus irrésistible et de plus spontané les mouvements populaires. Les Mémoires écrits de cette sorte pourraient atteindre à la dignité ou tout au moins à l'intérêt de l'histoire. Mais M. de Dampmartin, par un scrupule assez rare et même louable en son principe, s'est interdit une si vaste perspective; il n'a voulu parler que de ce qu'il a vu, et s'est imposé silence sur ce qu'il n'a fait qu'entendre des autres; l'autorité des témoins les plus respectables n'a pu, nous dit-il, le faire déroger à cette loi. Quoi qu'il en soit de ce rigorisme qui doit après tout moins exciter le blâme que le regret, on trouve d'ailleurs dans son livre des détails sur l'armée et sur l'émigration, d'où ressortent des vues générales assez curieuses, ce nous semble, et qu'on ne saurait trop rappeler.

Dès les premières résistances du tiers état et les

premières décisions de l'Assemblée constituante, nous voyons la cour s'effrayer, et, faible qu'elle est, recourir à la force, c'est-à-dire à l'armée, pour réduire au silence une tribune rivale du trône. Quelle était donc cette armée sur laquelle la cour comptait si aveuglément? Comment se composait-elle? et, à l'aspect du nouvel ordre, quel était l'esprit qu'elle-même allait inévitablement subir?

Quand elle eut été sincèrement attachée à ses chefs par des affections personnelles, par une discipline équitable et douce, ou par des souvenirs de victoires, il est difficile encore de penser que ses rangs fussent longtemps demeurés impénétrables aux sentiments d'une population parmi laquelle elle vivait, se recrutait incessamment, et devait rentrer un jour. Dès qu'il n'est plus sous les armes, le soldat ne résiste guère à la tentation de redevenir homme du peuple ; et si son amour-propre s'y croit une fois intéressé, il lui faudra une haute vertu pour ne pas forfaire à la consigne : les plus formelles résolutions des gardes françaises ne s'amollirent-elles pas devant le premier rassemblement du Palais-Royal? Mais la masse de l'armée en 1789 n'était pas dans cette situation indifférente ou même hostile, qu'aurait pourtant déjouée la moindre prévenance, ou si l'on aime mieux la moindre cajolerie populaire. Des mesures impolitiques et iniques à la fois avaient déjà préparé sa défection du pouvoir à la cause publique ; elle aussi avait ses abus à détruire, ses franchises à réclamer, et une révolution à accomplir dans sa discipline. Depuis longtemps les grades étaient le patrimoine de la noblesse. Un avancement lent n'était pourtant pas interdit encore au mérite obscur : un officier de fortune pouvait, à force de valeur, et sur la fin de sa vie, aspirer à la place de major ou de lieutenant-colonel, et devenir le mentor en titre du colonel étourdi, non moins impatient de conseil qu'incapable de commandement. Il est vrai que ces places étaient peu considérées dans le monde, parce qu'on n'y voyait que le salaire des services ; elles étaient néanmoins une consolation et un but pour un cœur plébéien avide d'espérance ; et d'ailleurs l'exemple de Fabert n'était-il pas là, attestant que la gloire avait une fois été permise ? Mais bientôt les prétentions de la noblesse s'accrurent ; ses innombrables demandes accablaient le ministère. Il n'était plus guère question en effet dans les grandes familles d'imposer le petit collet aux cadets les plus jeunes ; la raillerie philosophique l'avait décrédité, et plus d'un gentilhomme, comme Boufflers, se métamorphosait d'abbé en chevalier. Il fallait donc des lieutenances à cette foule turbulente ; et comment s'y prit-on ? Une ordonnance prononça, « que personne ne pourrait obtenir un emploi dans le service avant d'avoir déposé les titres de quatre générations de noblesse entre les mains de M. Chérin, généalogiste de la cour. »

Cette mesure partait d'un maréchal de France, et ce

fut ensuite un cardinal qui l'appliqua en toute rigueur. L'impression fut profonde parmi les troupes. Selon le témoignage non suspect de M. de Dampmartin, les cœurs des vieux guerriers furent ulcérés; cette discipline austère que jusqu'alors ils chérissaient leur pesa, et ils montraient avec amertume leurs cheveux blancs, auxquels on imprimait une si solennelle flétrissure. Leur haine se tourna naturellement sur ces jeunes chefs, au profit desquels on déshéritait leurs services; il y eut division dans chaque corps : et cependant la nation commençait de lutter avec la cour, celle-ci se couvrait de l'armée, à laquelle d'autre part on rappelait son origine citoyenne. Ignominieusement refoulés vers ce peuple dont ils étaient sortis, et qui leur tendait les bras, les guerriers s'y jetèrent au premier appel. Dès lors fut réveillée en eux la conscience d'une cause publique et fut prononcé le serment de la maintenir; dès lors ils eurent une patrie qui prit le premier rang dans leurs affections. Sans doute, en cette émancipation soudaine, des désordres, des délits furent commis par le grand nombre, et des crimes même par quelques-uns; mais le mal était passager : ce qui dura, ce fut l'esprit national, je dirai presque l'esprit bourgeois de la milice régénérée; ce fut cette fidélité au pays menacé, cette noble attache au sol envahi, sentiment irréprochable, qui triompha plus tard de tout l'ascendant des généraux les plus populaires, que ne purent égarer ni la pureté de La Fayette ni l'habileté de Dumouriez, et dont la tradition était certes affaiblie déjà, quand il fut donné à un homme de prévaloir par l'armée sur le peuple et sur la France.

M. de Dampmartin ne fait pas toutes ces réflexions, bien qu'il s'en présente quelques-unes à sa bonne foi ; mais elles sont naturellement provoquées par ses récits. Le tableau qu'il trace de l'émigration se recommande aussi par des vues sages et modérées. Lui-même en effet émigra après le 20 juin ; quelques sarcasmes et beaucoup de froideur l'accueillirent aux frontières : « Sont-ce des émigrés ou des émigrants ? criait-on aux avant-postes. Vaut mieux tard que jamais. » A nulle époque l'intolérance d'un parti n'éclata plus aveuglément ; le malheur n'engendrait que désunion, et la faiblesse qu'orgueil ; chaque rassemblement se proclamait le plus pur, et qualifiait amèrement les autres. Coblentz même, l'incomparable Coblentz, cette arche sainte aux yeux de nous autres profanes, ce sanctuaire unique, ce nous semble, d'honneur et de zèle, Coblentz était entaché de modérantisme, et on le réputait trop *monarchien* pour le reconnaître monarchique. Et plus tard encore, quand on eut perdu jusqu'à l'excuse des illusions, et qu'il ne s'agit plus de vengeance, mais d'asile, que dire de cet incorrigible et cruel esprit de coterie qui perpétuait entre des compagnons d'exil la récrimination et l'épigramme, reprochant à l'un une distinction frivole, à l'autre une concession innocente, ne pardonnant nulle supériorité, et substituant en toutes choses les tracasseries de la mauvaise humeur à la dignité d'une grande affliction ? A Berlin surtout, dans une cour timide, froide et naguère ennemie, en présence d'une Académie peut-être encore philosophique et frondeuse, en présence de cette colonie de réfugiés français qui n'avaient pas oublié les injures de leurs pères [1], combien une noble contenance eût été séante, combien elle eût racheté de préjugés et d'erreurs ! L'infortune est d'elle-même chose vénérable et sacrée : faut-il qu'elle s'abaisse à devenir persécutrice et scandaleuse !

Sans avoir eu beaucoup à se louer de plusieurs de ses compagnons, M. de Dampmartin n'en parle pourtant jamais qu'avec un ton d'urbanité et de modération qui fait honneur à son esprit; et c'est même le principal mérite de son livre. La diction en est d'ailleurs correcte, élégante et souvent fleurie : M. de Dampmartin en effet cultivait les lettres même avant la Révolution, et la rédaction de ces Mémoires atteste une plume exercée. Il aime à y parler des littérateurs célèbres qu'il a connus, et ce qu'il dit lui-même de la mélancolie du piquant chevalier de Boufflers dans l'émigration, et de la triste fin du brillant Rivarol, porte l'empreinte d'un talent littéraire facile et pur.

1. Les Réformés réfugiés par suite de la révocation de l'édit de Nantes.

16 juillet 1825.

MÉMOIRES

DU MARQUIS D'ARGENSON

MINISTRE SOUS LOUIS XV

Publiés par René d'Argenson.

Marc-René d'Argenson, lieutenant de police sous Louis XIV, et garde des sceaux sous le régent, eut deux fils qui parvinrent eux-mêmes sous Louis XV au ministère. Tous deux soutinrent par leurs talents, et, ce qui vaut mieux, épurèrent par leurs vertus l'éclat d'un nom qui rappelait des souvenirs puissants, mais impopulaires, et une gloire un peu sombre. Le marquis d'Argenson surtout, l'aîné des deux frères et l'auteur de ces Mémoires, mérita l'estime de son temps et mérite bien un regard du nôtre. Il y a quelque honneur à lui de n'avoir été au commencement du dix-huitième siècle ni un courtisan dissolu, ni un philosophe de bel air, ni un parlementaire étroit, mais de s'être montré dès l'abord citoyen sérieux sous la Régence, économiste sous le système, et plus tard ministre intègre sous Pompadour. Ce qui le caractérise homme profondément original, c'est son bon sens; il en fait preuve à chaque ligne dans ces feuilles naïves qu'il écrivait au jour le jour, pour son usage propre ou tout au plus pour celui de sa famille; l'un des premiers apôtres du sens commun, il le proclame entre toutes les qualités la seule essentielle et suffisante à un ministre. « Qu'étaient Sully et M. de Colbert? se plaît-il à dire; de bons Flamands, des Hollandais renforcés, gens de peu d'esprit, de nulle imagination, mais à idées saines et correctes, ne s'en départant jamais. » Lui-même, pour le distinguer des autres ministres, les habitués de Versailles lui donnaient le surnom de d'Argenson *la bête*, et il dut s'en faire gloire. Gloire en effet à cette simplicité bourgeoise, à ce phlegme incorruptible, qui mieux que la philosophie du grand monde le garantissait des illusions, qui lui faisait dire à Voltaire dont, à la lecture de Pellisson, les yeux se remplissaient de la splendeur de Louis XIV : « Mon cher, vous n'êtes qu'un enfant, qui aimez les babioles et rejetez l'essentiel; vous faites plus de cas des pompons qui se font chez mesdemoiselles Duchappe que des étoffes de Lyon et des draps de Van-Robais; » ou bien encore qui lui faisait comparer un état épuisé qui donne des fêtes pour mettre l'argent en *circulation*, à une vieille comtesse ruinée qui ouvre brelan et donne à souper avec l'argent des cartes! Cette bêtise-là est de la même force que celle de Turgot ou de Franklin ; seulement elle est venue trente ans plus tôt.

Dans ces premiers temps où l'esprit de discussion se relevait des coups portés par la police de Louis XIV, le fils de son inexorable lieutenant, du destructeur de Port-Royal et de l'adversaire des parlements, ne fut pas le seul à ressentir de sages besoins de réforme et à désirer y satisfaire. Dès 1723, un certain abbé Alary avait fondé une société politique, composée de membres libres, et appelée *le club de l'Entresol* du nom du lieu où se tenaient les conférences. On y trouvait les gazettes de France, de Hollande et d'Angleterre ; on y causait des affaires, on y lisait des extraits d'ouvrages ou des mémoires ; c'était un café d'honnêtes gens, comme dit M. d'Argenson ; en d'autres termes, c'était un essai spontané d'une Académie des sciences morales et politiques. Lord Bolingbroke, quand il était à Paris, ne manquait pas aux séances ; M. de Torcy y venait ; bien des membres du club l'étaient aussi du Parlement. Chacun apportait sa portion de zèle et de lumières ; l'un était chargé de l'histoire des finances ; l'autre, de celle du commerce ; un troisième, d'une histoire des États-généraux et des Parlements ; mais le plus inépuisable lecteur était sans contredit le digne abbé de Saint-Pierre que notre auteur aime à nommer en toute occasion son bon ami ; il y épanchait ses rêves bienveillants, y enfantait ses projets pleins d'espérance, et puisait dans les regards et jusque dans les sourires de l'amitié ses croyances les plus fermes à un bienheureux avenir. M. d'Argenson se complaît à nous transmettre les plus menus détails de cette société libre, qu'il compare à cet âge d'or tant regretté de l'Académie française, et dont, sans lui, le secret serait encore ignoré de nous. Malheureusement il ne le fut pas longtemps du pouvoir contemporain. On n'eut pas la sagesse de jouir en silence et avec mystère. D'ailleurs le Parlement luttait alors, et tout portait ombrage au timide Fleury. Il interdit au club les discussions politiques ; c'était fermer l'*Entresol*. Les membres se dispersèrent avec douleur ; beaucoup d'esprits furent découragés, beaucoup de projets demeurèrent imparfaits ; seul peut-être, le bon abbé de Saint-Pierre s'obstina à espérer toujours et à se faire persécuter encore.

Quant à M. d'Argenson, repoussé de ce côté, il se replia davantage sur lui-même et continua solitairement ses travaux. Il acheva ses *Considérations sur le gouvernement français* dont il avait lu au club les premières ébauches et qui lui valurent dans la suite une honorable mention de Rousseau. Il fut même compétiteur de ce dernier à l'Académie de Dijon, pour le sujet de l'*inégalité des conditions entre les hommes;* il avait déjà été ministre alors, et c'est ainsi qu'il ennoblissait sa disgrâce. Ses dernières années se passèrent dans l'étude, au sein de l'Académie des inscriptions dont il était membre assidu, ou au milieu d'une magnifique bibliothèque, qui, enrichie encore par son fils et depuis acquise au public, est devenue celle de l'Arsenal. Il avait pris l'habitude de se rendre compte à lui-même de ses jugements et de fixer par écrit ses pensées. Dans l'ensemble de ces morceaux, déjà imprimés sous le titre de *Loisirs d'un ministre,* ou d'*Essais dans le goût de Montaigne,* sont puisés les éléments de ces Mémoires. Tout ce que j'ai dit de l'auteur en est tiré. Les différents articles qui les composent, et dont l'analyse ne saurait embrasser la variété, n'ont entre eux de commun que le mérite littéraire, le seul que je puisse apprécier d'une vue générale : apprécier le mérite littéraire d'un livre, quel qu'il soit, c'est d'ordinaire donner l'exacte mesure de sa valeur réelle.

Et d'abord je n'aurai garde d'oublier l'excellente notice sur les deux frères d'Argenson que la plume impartiale en même temps que pieuse du digne éditeur a consacrée à leur mémoire. Ce n'est pas ici un travail d'éditeur vulgaire, supplément plus utile au libraire qu'au lecteur; c'est un monument historique et domestique tout ensemble, consciencieusement élevé avec les lumières modernes et la véracité antique. L'auteur s'est fort attaché à retracer la vie et le caractère du comte d'Argenson le moins âgé des deux frères, et celui-ci sans doute ne mérite l'oubli non plus que l'autre. Quoique plus jeune, il le précéda dans les hautes charges; et quoique aussi honnête homme, il lui survécut au ministère : protecteur des savants et des philosophes, il s'est conquis aussi leur reconnaissance et leurs éloges. Mais, d'un esprit moins profond, d'une âme moins forte que son frère, s'il appartient davantage à l'histoire politique du temps, il n'appartient que peu ou point à l'histoire morale et littéraire ; je reviens donc au premier.

Le caractère du style aussi bien que de la vie du marquis d'Argenson est le bon sens, comme on le croira sans peine ; ennemi du clinquant et de ce qu'il appelle les épigrammes politiques, il ne l'est pas moins des pointes et des épigrammes du langage ; avide avant tout de vérités proverbiales, de dictons populaires, et heureux d'en confirmer sa pensée, la trivialité même ne l'effraye pas, il ne l'évite jamais ; mais par malheur la raison n'est pas toujours triviale ; il arrive donc souvent aux saillies à force de sens, et beaucoup de ses comparaisons sont piquantes parce qu'elles sont justes. Qu'Albéroni, par exemple, vivant à Rome après sa disgrâce, entreprenne, au nom du pape, souverain temporel, la conquête de la petite république de Saint-Marin ; M. d'Argenson, qui vient de nous exposer avec précision et peut-être sécheresse les travaux et les talents du cardinal, saura bien ici nommer cette entreprise une parodie *des comédies héroïques qu'Albéroni a données à l'Espagne vingt ans auparavant*, et, lui-même, le montrer *joueur ruiné quoique habile qui se conduit en jouant aux douze sous la fiche, comme il faisait autrefois en jouant au louis le point*. Qu'il nous peigne Sully et ses Mémoires, Retz et les siens, MM. de Vendôme et la cour du Temple, qu'il compare entre eux, comme gens de lettres et du monde, Fontenelle, Hénault et Montesquieu, tous trois vivants et le dernier n'ayant pas produit l'*Esprit des lois*, qu'il juge Voltaire dès 1736, et Rousseau dès 1755, toujours sa façon est la même; c'est le jugement qui le mène à l'esprit; il ne s'y élève pas, mais y semble porté, et pour ainsi dire y descend. De plus, ce qui n'est pas une moindre louange, son opinion saine et droite devance celle de l'avenir, et pourtant alors, pour plusieurs de ces grands hommes, le présent était à peine venu. Je dirai quelques-unes de ses pensées. Il avait pour maxime de ne juger des ouvrages d'esprit, surtout au théâtre, que par ses impressions. Il pensait fermement que plus on lit plus on a d'esprit; il lisait tout, même le *Cyrus*; il y apprenait sinon les mœurs des Perses, du moins celles de l'hôtel de Rambouillet; il faisait beaucoup de cas de Balzac et fort peu de Voiture; il croyait qu'une science dont on connaît l'histoire est une science à peu près connue; il se vantait d'avoir lu *Don Quichotte* plus de vingt fois en sa vie.

J'en ai assez dit, je pense, et peut-être paraîtrai-je en avoir trop dit. Mais il y a un certain charme à louer les hommes honnêtes et utiles; si ces hommes ont été puissants en restant bons, il y a devoir à le faire; et quant à celui dont nous parlons, la postérité à tous ces titres lui doit bien un ressouvenir.

28 Juillet 1825.

MÉMOIRES

RELATIFS

A LA RÉVOLUTION FRANÇAISE

LE VIEUX CORDELIER, PAR CAMILLE DESMOULINS ;
LES CAUSES SECRÈTES DU 9 THERMIDOR, PAR VILLATE ;
PRÉCIS DU 9 THERMIDOR, PAR CH.-A. MÉDA, GENDARME.

De tous les partis qui succombèrent tour à tour depuis le commencement de la Révolution jusqu'au 9 thermidor, les royalistes, les monarchiens, les constituants, les Girondins, les dantonistes, les hébertistes et la faction Robespierre, celui de la Gironde est le dernier sans doute pour lequel on puisse s'intéresser sans remords. Jusque-là, en effet, chaque parti triomphant avait été pour le parti abattu un vainqueur, peut-être injurieux, mais non cruel, plus jaloux de l'existence politique de son rival que de son sang. Les Girondins, les premiers, furent proscrits en masse, égorgés en même temps que vaincus, et cette fois le champ de bataille ne resta qu'à des bourreaux. Qu'on ne croie cependant pas que ceux-ci aient tous été également affreux, et que dans les luttes à mort qu'eux-mêmes se livrèrent autour de l'échafaud de leurs victimes, aucuns ne méritent de la postérité moins d'exécration que les autres, ou même quelque pitié pour leurs noms. Ce rôle de justice et d'indulgence qu'ils avaient tant haï dans la Gironde, qu'ils avaient réprimé par sa ruine, et qu'ils flétrissaient encore dans sa mémoire, quelques-uns, le croirait-on? s'avisèrent de le jouer. Comme si l'humanité n'eût pu rester délaissée, il s'éleva pour elle des voix parmi ceux mêmes qui l'avaient outragée si longtemps; et tandis que l'insensée frénésie d'Hébert invoquait de nouvelles horreurs, et que la politique froide et louche de Robespierre en méditait silencieusement, un troisième parti s'isola d'eux, leur cria d'arrêter, qu'il était las de meurtre, et que le glaive devait reposer après la victoire. C'était la première fois que ce parti parlait de modération et de fatigue; Danton et ses chefs ne l'y avaient pas accoutumé; jusqu'alors, pleins de passions et d'audace, ils n'avaient reculé devant aucune exagération, faibli devant aucune violence, s'ils l'avaient jugée nécessaire; la morale, selon eux, se taisait dans les grandes affaires de la politique; et récemment, sans haine personnelle contre les Girondins, ils avaient coopéré à leur ruine, parce que leur existence les gênait. Ils avaient plus fait peut-être, et Danton surtout ne s'était jamais lavé des terribles et mystérieux soupçons de septembre. Ce fut en de telles mains que tomba en dernier espoir la cause de l'humanité; et quels qu'aient été ces hommes, qu'on n'oublie pas en les jugeant qu'ils moururent pour elle.

Parmi eux, celui que l'avenir distinguera sans doute avec le plus de compassion, parce que tous ses excès naquirent d'illusions de jeunesse, et que le dernier, le seul acte honorable de son parti se rattache surtout à son souvenir, c'est le rédacteur du *Vieux Cordelier*, Camille Desmoulins. Né avec des affections vives et tendres, passionné pour les vers, il eût été probablement poëte, si la Révolution n'était pas venue; l'un des premiers, il s'y jeta; dès le 12 juillet, il était populaire, et depuis, journaliste et clubiste sans cesse *haletant*, il se vantait d'avoir toujours eu six mois d'avance sur l'opinion publique; tour à tour ami de Mirabeau et de Brissot, il les dépassa dès qu'il les jugea trop lents, et ne s'arrêta qu'à Danton. Sans moyens oratoires, c'est comme écrivain qu'il servit sa cause; sa verve était intarissable, ses plaisanteries sanglantes, ses opinions extrêmes; il se fit appeler *le procureur général de la lanterne*, surnomma Marat le *divin*, et Robespierre le *sublime*; il dit avec orgueil qu'il a été plus que révolutionnaire, qu'il a été un brigand; il ne le fut jamais. A ses instants de loisir, il relisait sans cesse *Paul* et *Virginie*, et, après le 10 août ou le 31 mai, il revenait, à son humble foyer, cacher son âme émue dans le sein de sa jeune épouse. C'est auprès d'elle sans doute qu'il puisa son retour à des idées meilleures ; mieux que Danton, elle avait le droit de lui parler de devoir et de vertu : « Qu'on le laisse remplir sa mission, répondit-elle un jour, à déjeuner, à des conseillers timides ; il doit sauver son pays ; ceux qui s'y opposent n'auront pas mon chocolat. »

Le Vieux Cordelier fut donc un acte de courage et d'expiation. La loi des suspects y est amèrement censurée, et, qui pis est, ridiculisée ; l'immoralité d'Hébert y est mise à nu, et le danger de l'exagération révolutionnaire vivement signalé. « La Montagne est inattaquable par le côté droit et le Marais, s'écrie Camille ; elle n'est prenable, comme les Thermopyles, que par les hauteurs. » Effrayé enfin de cette sombre licence dont il a été le promoteur imprudent, il ne se lasse pas de présenter la liberté sous la forme aimable et sage dont il l'a toujours conçue ; il revient à chaque instant à cette idée, on dirait qu'elle l'obsède, et qu'il sent que ce rêve brillant couvrira seul dans l'avenir les taches de sa mémoire. Pour peindre cet objet de regret, son imagination retrouve toute la fraîcheur de l'espérance. La république, pour lui, c'est une égalité d'aisance et de bonheur, c'est une Athènes nouvelle, une république de *cocagne* ; que d'autres revendiquent le manteau sale et troué de Diogène, il aime bien mieux le manteau d'écarlate d'Alcibiade ; s'il est besoin de voiler la statue de la liberté, que ce soit, selon

lui, non pas avec un drap mortuaire, mais avec une
gaze transparente; qu'un autel à la miséricorde s'élève
à côté de l'autel de la patrie, et qu'un comité de clémence tempère l'inexorable aréopage. Sous ces images piquantes, se cachent tour à tour de graves pensées ou des sarcasmes cruels, et M. Mignet, en caractérisant ce journal, a dit que l'auteur y parle de la liberté avec le sens profond de Machiavel, et des hommes avec l'esprit de Voltaire.

Disons pourtant que pour qui lit *le Vieux Cordelier* sans préparation, sans se reporter en idée au temps et aux choses, l'effet total est loin d'être aussi favorable. Le style en paraît verbeux, le ton guindé, les idées factices; il faut un commentaire ou une préface pour comprendre que cet emportement a été de la chaleur, et cette déclamation de l'éloquence. La faute en est à la situation violente où s'étaient placés ces hommes. En s'arrachant aux principes immuables, et se livrant à toute la fougue de leurs passions, ils altérèrent leur nature, l'habituèrent à une sorte de crise permanente, et la mirent comme en dehors des règles éternelles. Le goût manqua donc à leur langage en même temps et par la même raison que la moralité à leurs actes, et, comme ils furent humains sans vertu, ils furent vrais avec emphase. Ce caractère si peu naturel, ce nous semble à nous autres de sang-froid, était pourtant devenu si naïf chez eux, qu'ils ne le démentirent jamais; tels ils avaient été à la tribune et au club, tels ils furent à la barre et sur la charrette, se drapant et déclamant encore ; gladiateurs du peuple, ils luttèrent dans l'arène jusqu'au bout, et tombèrent avec grâce. La dernière lettre de Camille Desmoulins écrite à sa femme, avant de marcher à la mort, est un mémorable et touchant exemple de cette exaltation qui ne devait s'éteindre qu'avec la vie : mais ici il n'y a rien qui doive étonner ; pour une telle affection, dans un tel moment, nulle expression ne suffit ; l'énergie de l'amour est incalculable, et, comme dit Bacon, c'est la seule passion qui ne fasse pas mentir l'hyperbole. Ce regard du condamné vers les sentiments de famille est d'ailleurs à remarquer, en ce qu'il fut commun à plusieurs hommes de ce parti, à Danton, à Phélippeaux, ainsi qu'à Desmoulins. Tous se plurent à répéter à leur dernière heure, comme pour s'étourdir : J'ai été bon père, bon époux. Ce souvenir était du moins un asile qu'ils n'avaient pas ensanglanté.

Ainsi finirent les hommes qui les premiers protestèrent contre la Terreur, après l'avoir provoquée, et les derniers qui protestèrent par courage et pitié. Ils présageaient le 9 thermidor, que plus tard consomma la lâcheté enhardie par la peur. Au *Vieux Cordelier* les éditeurs ont joint dans le même volume les *Causes secrètes* de Villate sur ce jour mémorable, et le *Précis historique* du gendarme Méda, qui y prit une part si importante. Cette dernière pièce surtout, jusqu'à présent inédite, pourra jeter quelque lumière sur des détails encore contestés. En reportant presque tout l'honneur de cette journée sur un citoyen estimable et pur, elle répare un injuste oubli, et de plus elle soulage l'âme, en la dispensant de savoir quelque gré aux Tallien et aux Barrère.

1er septembre 1825.

CHARLES[1]

La poétique du roman sentimental est simple, on la déduit aisément de *la Nouvelle Héloïse*, de *Delphine*, de *Werther*, *Adolphe* et *René*; on la retrouve appliquée dans *Charles*. Toujours l'auteur se prépare à la composition par la solitude; il s'y exalte longuement de ses souvenirs, de ses espérances, et de tout ce qui a prise sur son âme; il se crée un monde selon son cœur, et le peuple d'êtres chéris; le nombre en est petit; il leur prête toutes les perfections qu'il admire, tous les défauts qu'il aime; il les fait charmants pour lui : mais trop souvent, si son imagination insatiable ne s'arrête à temps, s'élevant à force de passion à des calculs subtils, et raisonnant sans fin sur les plus minces sentiments, il n'enfantera aux yeux des autres que des êtres fantastiques dans lesquels on ne reconnaîtra rien de réel que cet état de folle rêverie où il s'est jeté pour les produire. Poussé à un certain point, le genre en question devient donc faux; habituellement il n'est

1. Roman anonyme de Joseph Bernard, frère de Bernard de Rennes.

que périlleux, et c'est l'abus seul qu'il en faut proscrire. Cet abus est porté au comble dans Rousseau même; tout le génie qui l'y couvre ne le déguise pas, et le fait au plus pardonner. L'auteur de *Charles* aura-t-il été plus sage? ou, du moins, aura-t-il aussi des excuses?

L'action paraît se passer vers le commencement du siècle. Delmida, Grec proscrit, est à Marseille pour un procès important. Charles, qu'il appelle son fils, est à La Flèche, avec le vieux Italien Morzande, auprès de la famille Darcey. Léonide Darcey devait épouser son cousin germain, l'honnête Hollandais Van-Pöle; mais elle se sent du dégoût pour sa pipe, sa flûte et ses gros yeux saillants; et puis elle a remarqué la bonté et la beauté de Charles, un jour qu'il soignait avec elle son père mourant. Quant à Charles, il ne s'aperçoit pas d'abord de Léonide : son père, qui est un Grec et un vrai Grec du siècle de Miltiade, a fait de lui un *Romain*, comme dit Morzande; notre Romain est fou de gloire, de liberté, de littérature même, et la pauvre Léonide a besoin de lui découvrir son amour avant qu'il songe à l'aimer. Mais une fois touché, son cœur va vite, et ses lettres (car le roman est par lettres) sont une expression souvent terrible de sa fougueuse passion. Après plusieurs incidents, le cousin Van-Pöle est écarté, et il semble que rien ne s'oppose plus au bonheur des amants. Mais nouvel obstacle : Delmida perd son procès, et Charles est sans fortune. Morzande y pourvoit, et le généreux Van-Pöle lui-même assure en secret une donation à sa cousine Léonide. Tout semble une seconde fois achevé, lorsque Delmida, on ne sait pourquoi, se rappelle que Charles n'est que son fils adoptif, un pauvre enfant trouvé qu'il a autrefois recueilli par charité ; et, par une inexorable délicatesse, il croit devoir résister à un mariage qu'il n'a jusque-là combattu que vaguement. Charles, que tant de rigueur désespère, court en furieux après Léonide que M. Darcey emmène à la campagne, et se fait fouler aux pieds des chevaux : il meurt, et Léonide, comme on le fait entendre, ne lui survivra pas.

De tous les caractères du roman, le plus naturel est celui de Van-Pöle ; le plus chargé, celui de Morzande. L'auteur a peint le premier sans effort et avec vérité ; il en a fait un homme simple, mais grand, passionné sous des dehors froids, et généreux sous une enveloppe épaisse ; on rencontre de telles gens devers Rotterdam. Du second, il a fait une magnifique, spirituelle, mais fatigante caricature : ancien négociant italien de soixante-treize ans, qui écrit le plus souvent des pensées de Balzac en style de Montaigne ; il me fait l'effet de ces richards des Indes parés de diamants à tous leurs doigts. Delmida et Charles sont des êtres indécis, tombés des nues, égarés dans un vague d'opinions qui déconcerte le lecteur. Charles ne commence à se dessiner et à se faire homme que du moment qu'il aime ; encore la monotonie et la généralité de ses transports accusent toujours ce qui lui manque de qualités positives et d'habitude de la vie. Il ne lui arrive presque aucun de ces petits riens, de ces rencontres fortuites et de ces événements de tous les jours dont s'alimente la passion, et dont Rousseau, en la peignant, a fait un si merveilleux usage. S'il est au bord de la mer, Charles nous parlera sans doute de brise, de vagues et de rochers, il y verra dans son extase des images et comme des symboles de son amour, il interprétera éloquemment toutes ses sensations au profit du sentiment unique qui l'anime; mais il ne retracera ni la plage même sur laquelle il est assis, ni la grève qui est en face; il ne localise jamais : ou bien encore, ce seront des forêts et leurs ombrages, des prairies et des fleurs; mais nulle part le rocher de Meillerie, nulle part le bosquet de Clarens. Quant à Léonide, elle n'est rien qu'un ardent reflet de Charles.

Nous avons assez critiqué, j'espère, pour avoir aussi le droit de louer. Et d'abord le style, quoique peu simple, se distingue par une singulière vigueur d'allure et d'expression. L'auteur, on le voit, a dû beaucoup étudier la langue du XVIe siècle. Mais ce qu'il a surtout excellé à reproduire en mille endroits, c'est l'impression des objets de la nature sur un cœur passionné. Dans l'entraînement, et pour ainsi dire la superstition de l'amour, il semble que tout ce qui nous environne se mette en harmonie avec notre pensée, et sympathise avec nos joies et nos peines. Une liaison inaperçue, mais invincible, associe dans notre esprit les perceptions de certains lieux, de certains bruits, de certains aspects du ciel, au sentiment qui nous remplit, transporte celui-ci dans celles-là, et, après l'avoir en quelque sorte dispersé au dehors de nous, nous le renvoie par tous nos sens. Ce langage confus que nous parlent les choses n'a jamais plus de mystère et de volupté qu'au premier éveil de la passion, lorsque notre âme, s'ignorant encore, s'essaye déjà à interroger ses impressions nouvelles. Rien de plus gracieux et de plus suave que les lettres dans lesquelles Charles raconte ce malaise obscur qui l'oppresse. Je ne hasarderai pourtant pas de citations, parce que la passion ne se cite pas, et que l'enthousiasme isolé pourrait faire sourire. Dans le livre il en est tout autrement ; de telles pages, et il n'en manque pas, rachètent certainement bien des défauts, et elles trahissent un talent avec lequel on peut être sévère.

10 janvier 1826.

M. A. THIERS

HISTOIRE DE LA RÉVOLUTION FRANÇAISE

V^e et VIe volumes.

I

Les quatorze mois écoulés, depuis le 2 juin 1793 jusqu'au 9 thermidor 1794, sont les plus mémorables, les plus féconds en événements et en résultats de la Révolution française et, peut-être, de toute histoire humaine. Du jour où les Girondins furent proscrits, le retour à l'ordre légal fut indéfiniment ajourné, et la France, constituée dans un état violent, inouï, d'un avenir incalculable. On sait assez quelle en fut l'issue ; mais ce qu'on sait moins, c'est comment cette issue se prépara, par quelle force puissante et cachée la Révolution fut menée à terme, et par quel principe de vie le salut de la France s'enfanta au milieu des cris, des larmes et du sang. On a bientôt fait de nous dire qu'il y eut anarchie ; l'anarchie, comme le hasard, n'est qu'un mot par lequel on se déguise l'ignorance des causes. Que si l'on entend par là désigner l'absence de tout pouvoir supérieur, de toute autorité souveraine, on se méprend fort ; car jamais gouvernement, quel qu'il fût, monarchie ou dictature, ne fut plus exigeant, ni plus obéi que la Convention d'alors et ses comités ; et, plus on avance dans cette sombre époque, ou, en d'autres termes, plus cette prétendue anarchie augmente, plus aussi la force du pouvoir se centralise et s'accélère dans sa marche irrésistible. Jusqu'à présent, aucun historien n'avait, aussi bien que M. Thiers, analysé cette masse confuse de faits, si effrayante à tous égards ; il y pénètre, sans être arrêté par l'horreur ; car son esprit est libre de préoccupation et pur de souvenirs. Pour la première fois, nous nous voyons transportés avec lui sur cette terrible Montagne, qui ne nous avait jamais apparu qu'à distance, environnée de tonnerres et d'éclairs ; nous en montons tous les degrés, nous l'explorons comme un volcan éteint ; et, il faut en convenir, bien qu'effrayés nous-mêmes de cette hauteur inaccoutumée, nous comprenons enfin qu'on a pu voir de là les choses sous un aspect tout particulier, et les juger autrement que d'en bas. Sans absoudre les coupables, nous en venons à les expliquer. C'est une vraie satisfaction de suivre l'historien, démêlant ainsi le fil des choses, exposant le jeu des partis, les lois de leur marche, et, pour ainsi dire, le mécanisme de ces temps-là.

A la nouvelle du 2 juin, toute la France fut émue. Les départements de l'ouest et du midi s'insurgèrent pour la défense de leurs députés. Bordeaux et la Gironde, Caen et la Normandie, Rennes et la Bretagne, se levèrent contre Paris et la Montagne. Marseille donna la main à Grenoble, Grenoble à Lyon; la Vendée se ranima. Et, cependant, des escadres anglaises menaçaient nos côtes de l'Océan et de la Méditerranée; une triple armée de coalisés au nord, sur la Moselle et sur le Rhin, réduisait Valenciennes, Condé et Mayence aux abois. Du Rhin, les dangers du dehors se liaient aux dangers intérieurs par la chaîne des Vosges, du Jura et des Cévennes, boulevards d'une révolte obstinée. Aux Alpes, les Piémontais en armes; aux Pyrénées, les Espagnols, portés sur Perpignan, complétaient cette vaste enceinte de périls. Telle s'ouvrait la scène de la période nouvelle. Toute troublée qu'elle était au sortir d'une lutte intestine, la Convention eut, dès l'abord, l'intelligence, ou, du moins, l'instinct de sa position et y fit face. Désormais, en effet, la question révolutionnaire était nettement posée par le 2 juin : de politique, elle était devenue simplement militaire; de la sphère des discussions et des principes, elle était transportée sur les champs de bataille et n'avait plus qu'une solution possible, la victoire. C'est de ce point de départ qu'il faut suivre la Convention, dans sa conduite jusqu'au 9 thermidor. On n'attend point que nous le fassions en détail; nous en serions réduits, en analysant M. Thiers, à reproduire l'excellent résumé de M. Mignet. Mais, sans sortir des considérations générales, quelle attitude voyons-nous prendre à la Convention sous le régime de la Montagne? Son premier acte est de dresser en huit jours une Constitution, qu'elle expédie et fait adopter aux départements, sous trois jours après la réception, mais qu'elle suspend presque aussitôt, en déclarant le gouvernement révolutionnaire jusqu'à la paix. Les comités créés dans son sein et chargés des mesures administratives, financières et militaires, reçoivent d'elle un nouveau ressort et une force plus illimitée. Saisie par eux des affaires, elle ne se réunit que pour entendre, applaudir, adopter leurs rapports et conclusions. Ses séances, courtes et silencieuses, sont pleines de résultats et tout entières en action; elle n'est plus qu'un Conseil d'État, ou plutôt un grand Conseil de guerre, qui ne voit dans la France qu'un camp où la Révolution est assiégée. Et qu'on ne pense pas que cette unité de marche, que nous signalons, soit l'effet d'une illusion historique; elle est empreinte dans chaque acte émané de cette Assemblée célèbre, dans ses allures brèves, dans ses sommations, ses ordres du jour et ses rigueurs; elle est surtout explicitement professée dans les rapports de Saint-Just et de Barrère. Au bruit des succès croissants des coalisés, la Convention proclame en vigueur sur tout l'empire les mesures extraordinaires que le pouvoir militaire applique aux villes en état de siége, et les exagère encore, proportionnant leur portée à une si large étendue.

« Il fallait à la fois, dit l'historien, mettre la popu-
« lation debout, la pourvoir d'armes, et fournir, par
« une nouvelle mesure financière, à la dépense de ce
« grand déplacement ; il fallait mettre en rapport le
« papier-monnaie avec le prix des subsistances et des
« denrées ; il fallait disposer les armées, les généraux,
« convenablement à chaque théâtre de la guerre, et
« enfin satisfaire la colère révolutionnaire par de
« grandes et terribles exécutions. » De là, d'abord, la levée en masse, la mise en disponibilité de la population entière, et cet inépuisable fond d'armée nationale, dans laquelle se recrutaient les autres; armée majestueuse, solennelle, échelonnée par rang d'âge et mise en ordre de bataille par générations. De là, la création du *Grand-Livre*, qui ne faisait qu'une dette uniforme et républicaine de toutes les dettes vieilles et récentes, et fondait le crédit public en rattachant la destinée des créances à celle de l'État ; institution profonde, inspirée au génie de Cambon par les circonstances, et qui leur devait survivre. De là encore l'emprunt forcé, le cours forcé des assignats, le taux forcé des denrées ou *maximum ;* toutes conséquences nécessaires dérivant des mêmes besoins, concourant au même but. De là enfin, ces missions de Jacobins tout-

puissants aux armées jusque-là restées pures, et, ce qui est plus horrible à dire, ces tragédies sanglantes du dedans, données au peuple pour alimenter sa fureur, ou la réchauffer par une sorte d'ivresse. Car, qu'on ne s'y méprenne pas, l'énergie délirante, qui, seule, était capable de surmonter une pareille crise, ne pouvait se produire au dehors et faire explosion sur nos frontières, sans retentir à l'intérieur par des contre-coups affreux. Le fanatisme héroïque des armées était lié avec le fanatisme brutal des populaces; c'était la même exaltation, appliquée à d'autres objets et à des situations différentes; les accès de l'un semblaient régler ceux de l'autre, et tous deux se balançaient, enchaînés par une espèce d'alternative; ainsi chaque revers militaire réveillait de plus vives fureurs intestines, et chaque redoublement de cruauté présageait une victoire prochaine. Quant aux extravagances subalternes de la Commune et d'un Chaumette, elles n'étaient que de ridicules mais inévitables accompagnements des circonstances. Dès qu'elles devinrent sérieuses, la Convention les réprima; car elle n'entendait pas être distraite, ni encore moins être dépassée. Cependant tant d'efforts avaient été couronnés de résultats; les succès de la campagne de septembre avaient répondu aux décrets vigoureux d'août, et, les périls s'éloignant, on commençait à sentir la tyrannie intérieure. Jusque-là, les mesures avaient été unanimes et spontanées, du moins de la part de la Convention; Cambon avait parlé comme Saint-Just, et Danton comme Robespierre. Mais les dernières rigueurs d'octobre, le supplice de Marie-Antoinette et celui des Girondins, marquèrent le terme de cette marche accélérée, mais parallèle, qu'avaient tenue, depuis le 2 juin, tous les partis s'avançant sur une même ligne. Dès lors, il se fit séparation entre eux : les uns voulant redoubler de vitesse, les autres continuer simplement, d'autres enfin s'arrêter. Les haines personnelles reparurent; les individus recommencèrent à se dessiner ; et des rangs brisés l'on vit sortir Robespierre, Danton, Hébert. Robespierre, ou plutôt le Comité de salut public dont il était devenu membre, ne croyait pas encore la France sauvée, et, par politique autant que par habitude, voulait la continuation pure et simple du régime révolutionnaire. Placé entre l'exagération de la Commune et la modération des dantonistes, craignant également d'être entraîné ou ralenti, le Comité, pour en finir, frappa des deux côtés et annula toute résistance. C'était là un 2 juin renouvelé ; ce qu'avait fait alors la Montagne dans la Convention, le Comité le faisait aujourd'hui sur la Montagne ; lui seul désormais allait représenter la Convention, et chacun de ses dix membres un comité. Le pouvoir, comme on voit, en changeant de mains, se simplifiait, se concentrait sans cesse, et ses faisceaux, toujours moins nombreux et plus forts, frappaient des coups de plus en plus pressés et sûrs. Le terme, pourtant ne pouvait être éloigné. Un tel gouvernement devait briser tous les obstacles; et, se rendant lui-même inutile, amener sa fin par ses progrès. La brillante campagne de 1794 lui fut mortelle. Pour lui, sauver la France, c'était se dissoudre; car, le siége une fois levé, le pouvoir militaire s'anéantit devant l'ordre légal, et le camp redevient une cité. Déjà l'énergie du Comité, ou, pour mieux dire, du triumvirat qui en était sorti, n'était plus en rapport avec les besoins publics; sa tyrannie, dès lors, parut exorbitante, intolérable, elle dut cesser; et, comme les tyrannies ne cessent jamais de bon gré, et que celle-ci s'était fermé tout retour par ses excès, elle croula de force, et comme de toutes pièces, sur la tête des oppresseurs.

Telle est l'idée de l'imposant tableau que nous présente M. Thiers. Nous n'avons reproduit que la disposition générale, la marche du récit. Dans ce grand mouvement historique, nous n'avons pu saisir, en quelque sorte, que la formule fondamentale qui l'exprime, en la dégageant des accidents secondaires qui la compliquent et la modifient. Mais bien que, dans M. Thiers, les choses ne se passent pas aussi simplement, et qu'il n'ait eu garde d'omettre les fréquentes perturbations qui ont altéré sinon dévié leur cours; on lui a reproché d'introduire dans l'histoire une sorte de fatalisme systématique, qui subordonne les actes humains à des règles inflexibles, intercale les hommes dans le cadre d'une destinée toute faite, et, dès lors, dispense trop l'historien d'indignation contre les oppresseurs, de sympathie pour les victimes, et de tous ces sentiments qui donnent couleur et vie. Ces reproches se tiennent, comme on voit : nous les discuterons dans un prochain article.

19 janvier 1826.

M. A. THIERS

HISTOIRE DE LA RÉVOLUTION FRANÇAISE

V⁰ et VI⁰ volumes.

II

Le reproche de *fatalisme historique* qu'on adresse à M. Thiers se rattache à une autre question de haute importance, celle de la force des choses en temps de révolution. Sans doute, en le lisant, il est bien vrai qu'on sent naître en soi une idée de nécessité qui subjugue ; dans l'entraînement du récit on a peine à concevoir que les événements aient pu tourner d'une autre façon, et à leur imaginer un cours plus vraisemblable, ou même des catastrophes mieux motivées ; la nature humaine, ce semble, voulait que les choses se passassent dans cet ordre, que les partis se succédassent dans cette génération ; étant donnée chaque crise nouvelle, on dirait qu'on en déduit presque irrésistiblement la suivante, et qu'on procède à chaque instant par voie de conclusion, du présent à l'avenir : non pas, au moins, que dans sa manière purement narrative, M. Thiers dégage ainsi ses résultats ; mais le lecteur le fait pour lui, et, par un raisonnement tacite, construit, chemin faisant, la philosophie de son histoire. Or, cette disposition du lecteur à accepter les événements comme des effets inévitables de causes connues, et à s'y résigner, doit-elle être reprochée à l'écrivain ? est-ce donc une faute, et ne serait-ce pas un mérite, que cette impression qu'il fait naître ? Et d'abord, il est incontestable, qu'en général, l'instant qui suit dépend beaucoup de celui qui précède ; que pour qui saurait bien l'un, l'autre ne serait plus guère un mystère ; et qu'un être auquel serait accordée la connaissance pleine et entière du présent n'aurait pas grand effort à faire pour y voir immédiatement et comme par intuition l'avenir. Toute histoire donc, si les matériaux pouvaient en être complets et les divers points suffisamment éclaircis, présenterait dans son ensemble une série de tableaux étroitement liés entre eux, et, pour ainsi dire, images transparentes les uns des autres. Initié à la raison des choses, le lecteur n'aurait qu'à se laisser aller de toute sa conviction au récit, et à reposer son intelligence dans le spectacle à la fois varié et continu qui se produirait sous ses yeux par un développement nécessaire, et qu'il ne pourrait s'empêcher de voir ni de comprendre. C'est bien là, certes, l'idéal de la perfection historique. Mais d'ordinaire tant de causes nous échappent dans les événements humains ; et de celles que nous entrevoyons, un si grand nombre sont inappréciables de leur nature, que leur liaison avec les effets reste nécessairement indéterminée ; que d'un fait à un autre on ne peut assigner souvent d'autre rapport que celui d'être venu avant ou après, et qu'alors ce qu'a de mieux à faire l'historien est de s'en tenir scrupuleusement à l'empirisme d'une narration authentique. De ces causes cachées qui déconcertent nos raisonnements en pareille matière, et en compromettent si fréquemment la certitude, les plus réelles se rapportent à la nature même de l'homme et à sa spontanéité d'action. L'homme, en effet, par les déterminations soudaines dont il est susceptible, peut à tout moment faire intervenir dans les événements auxquels il prend part une force nouvelle, imprévue, variable, qui dans beaucoup de cas en modifie puissamment le cours, et dont en même temps l'ordinaire mobilité ne permet pas l'exacte mesure. Que si cependant, par suite de certaines circonstances, l'homme ou plutôt la majorité des hommes qui forment une société vient à se prendre d'une passion unique et violente ; si cette société, comme il arrive en temps de révolution, en proie à une idée fixe, s'obstine à ce qu'elle prévaille, et, irritée des obstacles, n'y répond que par une volonté d'une énergie croissante, n'est-il pas évident alors que l'historien peut et doit tenir compteide cette disposit on morale, désormais ordonnatrice toute-puissante des événements, la mêler à chaque ligne de ses récits, et les pénétrer, les vivifier tout entiers de cette force des choses, qui n'est après tout que la force des hommes ? N'est-il pas vrai qu'il lui sera possible et convenable de signaler dans chaque progrès de la Révolution un progrès de l'idée qui l'enfanta, de suivre cette idée dans l'ensemble des faits par lesquels elle éclate, et de la montrer, presque toujours vague encore à son origine, se dégageant, se précisant en même temps qu'elle s'exagère, et de degré en degré passant sans interruption jusqu'à ses dernières conséquences ? Non pas, sans doute, qu'une même tête d'homme, une même classe d'individus, suffise à un si vaste accomplissement ; les individus s'usent vite en révolution : mais les divers partis qui se succèdent y suppléent ; le développement se transmet de l'un à l'autre, et ne s'achève qu'à la dernière de ces générations politiques, rapides et pressées, qui s'entre-dévorent. Et qu'on ne dise pas que c'est là imaginer un pur système, et soumettre la nature humaine à des calculs auxquels elle ne se plie pas. Ceci est triste, si l'on veut, mais ceci est véritable ; dans les grandes convulsions sociales, l'homme est jeté hors de lui par sa passion dominante ; par elle, tout équilibre entre ses motifs est rompu, et sa liberté morale presque annulée. Dès lors, qu'on ne s'en étonne pas, les forces humaines, égarées de leur sphère, se manifestent sous des formes inaccoutumées, et semblent emprunter aux forces physiques quelques-uns de leurs caractères : comme elles, sourdes, aveugles, inflexibles, accomplissant jusqu'au bout leur loi sans la comprendre. Dès lors aussi, leur portée peut se prédire, leur marche se tracer, leurs coups se reconnaître ; elles sont tombées sous la prise de l'histoire.

Or, maintenant, qu'a fait M. Thiers autre chose qu'obéir à cette nécessité et user de ce bénéfice de son sujet? Pour ne parler que de la dernière livraison, l'époque qui s'étend depuis le 2 juin jusqu'au 9 thermidor permettait, réclamait plus que toute autre cette explication morale. Il fallait bien pour l'historien, sous peine de se traîner, en pure perte, dans les détails des plus dégoûtantes atrocités, en venir à reconnaître les lois générales qui régissent les partis dans les temps de violence, sinon les énoncer en doctrine, du moins les sous-entendre dans l'exposition des faits, et en révéler le sens au lecteur par cette manière de traduction vivante et lumineuse. De la sorte, tout se comprend. Que le républicanisme ait engendré le sans-culottisme, celui-ci le régime des comités, puis le décemvirat, puis même le triumvirat, ce ne sont là que des phases successives que l'idée de liberté, idée fixe de la Révolution, et qui n'en fut pas moins mobile, tendait incessamment à parcourir. Qu'elle les ait, en effet, parcourues sans entraves ; que de la majorité dans le sein de laquelle elle s'était formée, elle ait, en s'altérant, passé au service des diverses minorités factieuses qui l'interprétèrent à leur façon et la maintinrent dominante ;

que ces minorités, sortant l'une de l'autre et s'épurant sans cesse, en soient venues à tyranniser horriblement l'immense majorité subjuguée : c'est ce qu'expliquent de reste les besoins militaires de plus en plus impérieux de ces dernières périodes, besoins de détresse qui s'accordaient merveilleusement avec les passions furieuses du pouvoir, qui les eussent sollicitées si elles n'avaient été déjà flagrantes, et qui les firent tolérer tant qu'elles les servirent. Reprocher à M. Thiers d'avoir présenté les choses dans une liaison si parfaite, dans un ordre de génération en apparence si fatal et inévitable, c'est lui reprocher d'avoir éclairci ce qui était obscur, démêlé ce qui était confus, d'avoir en un mot dissipé l'anarchie prétendue de son sujet, qui n'était que celle de nos souvenirs.

Quant aux hommes, il est vrai, l'historien ne s'occupe guère de les gourmander ou de les louanger à propos de chaque action, il les prend pour ce qu'ils sont, les laisse devenir ce qu'ils peuvent, les quitte, les retrouve, suivant qu'ils s'offrent ou non sur sa route, et se garde surtout de faire d'aucun son héros ou sa victime. C'est à cette manière si naïve de voir et de peindre qu'on doit tant de figures originales, piquantes ou, pour mieux dire, effrayantes de contrastes, et jusqu'ici envisagées trop absolument d'un seul côté : Danton, Desmoulins, Chaumette, Clootz, Saint-Just, Robespierre lui-même : un roman de Walter Scott n'offre pas des personnages plus vivants. Mais être impartial n'est pas être impassible ; et quoique libre de toute prédilection exclusive, ou plutôt parce qu'il en est libre, M. Thiers ne s'est pas interdit la sympathie la plus inépuisable pour les infortunes qu'il retrace. Bien des gens trouveront même qu'il est trop porté à absoudre le malheur, et reprocheront à sa compassion vaste et désintéressée de ne pas faire assez acception des personnes. Mais M. Thiers n'a pas prétendu répartir avec méthode ses émotions, et s'il lui arrive de jeter parfois une plainte sur les tombes entr'ouvertes de certains coupables immolés, cette plainte lui échappe sincère et légitime encore ; elle lui est arrachée, comme au lecteur, par quelque circonstance de leur supplice, et par cette conviction qu'ils n'ont été qu'égarés. C'est quand il suit à l'échafaud des victimes sans tache, les Girondins, madame Roland, Marie-Antoinette, qu'il faut l'entendre alors n'épargnant pas les accents d'une pitié d'autant plus éloquente qu'elle est sans réserve. Disons néanmoins, et avec regret, que cette pitié pour les innocents n'est pas égalée par son indignation contre les bourreaux ; l'idée que ceux-ci, quels qu'ils aient pu être, ont sauvé la France de l'invasion, a trop arrêté sa plume prête à les flétrir ; il s'est trop répété que le plus énergique alors était aussi le plus digne du pouvoir ; et je souffre qu'il ait dit, en déplorant la mort des Girondins : « On ne pourrait « mettre au-dessus d'eux que celui des Montagnards « qui se serait décidé pour les moyens révolutionnaires

« par politique seule et non par l'entraînement de la
« haine. » Non, nul Montagnard, fût-il tel qu'on le veut,
un Carnot ou tout autre pareil, ne pourrait être mis au-
dessus des proscrits du 2 juin ; l'assassin n'est jamais
plus noble que l'assassiné. Sans doute c'eût été le propre d'une grande perspicacité de comprendre dès lors
que l'affreux système dans lequel on entrait à l'aveugle
aboutissait au salut de la France, et de voir dans cette
Montagne, plus sanglante que la Roche tarpéienne ou
les gémonies, le Capitole de la patrie en danger. Mais
il est pour la société des ministères de nécessité infâme,
que cette nécessité est impuissante à expier morale-
ment, et en présence desquels un honnête homme ne
peut que se récuser. Assez d'autres, il est vrai, à défaut
de lui, s'offrirent pour les remplir ; les instruments
impurs ne manquent jamais ; mais lui, homme pur, il
n'a qu'à rentrer dans son foyer, à s'y asseoir jusqu'à
des jours meilleurs, et, s'il le faut, à y mourir. Quoi
qu'il en soit de ce reproche, la couleur du livre, car il
en a une, est la plus convenable possible, parce qu'elle
est la plus patriotique. Ce n'est, en effet, dans
aucun parti, ni dans la Convention ni dans les départements, ni dans les rangs des oppresseurs ni dans
ceux des victimes, que l'historien s'est placé ; c'est
dans les entrailles de la France. Toujours fidèle à la
destinée de la patrie, qui n'est que la destinée de la
Révolution, il se range parmi ceux qui défendent et
sauvent cette grande cause : en sont-ils indignes en

eux-mêmes, il les suit encore par devoir à travers les maux qu'ils infligent, et dont il gémit sans que sa constance s'ébranle : *Mens immota manet, lacrymæ volvuntur inanes.* Il y a mieux que du stoïcisme dans cette résignation de citoyen. Elle s'est manifestée surtout à propos de la dernière époque, qui fut si déchirante et si souillée ; elle l'a acceptée et subie dans toute sa rigueur. A cela, pourtant, le blâme ne saurait trouver à reprendre : au milieu de tant de périls qui tonnent sur la Révolution, la couleur du livre, sans cesser d'être nationale, est devenue militaire, et comme telle est restée pure, aussi pure que les couleurs de notre drapeau.

Parlerai-je maintenant de la partie la moins importante et aussi la plus faible de l'ouvrage, du style, auquel on dirait que l'auteur n'a pas songé ? Ses taches nombreuses disparaissent sans doute et pour ainsi dire s'effacent parmi tant de mouvement et d'éclat; mais qu'il eût été moins incorrect et négligé, loin de distraire du récit, il l'eût mieux fait ressortir encore : la pensée de l'écrivain, qui quelquefois s'affaiblit dans ses formes indécises, eût été plus sûre, gravée de la sorte, d'arriver pleinement intelligible et franche à cet avenir auquel elle a droit de s'adresser. C'est toujours une imperfection fâcheuse qu'une belle œuvre manque par le style. Il serait si aisé à M. Thiers de nous épargner ce regret ! Serait-ce donc un vœu par trop mesquin, au milieu de si grands objets, de souhaiter qu'une seconde édition ne le fît plus naître ?

9 février 1826.

MÉMOIRES
SUR VOLTAIRE

ET SUR SES OUVRAGES, PAR LONGCHAMP ET WAGNIÈRE, SES SECRÉTAIRES [1].

Si Voltaire a beaucoup écrit, on a écrit sur lui encore davantage, et il semble qu'après tout à l'heure un demi-siècle écoulé depuis sa mort, il ne reste plus rien de nouveau à dire ni à connaître de cet homme célèbre. La curiosité pourtant ne s'est pas ralenti; plus universelle sans être moins vive, elle n'a presque fait, en passant d'un siècle à l'autre, que descendre des salons dans le public; et voici qu'elle accueille aujour-

---

1. *Mémoires sur Voltaire et sur ses ouvrages*, par P.-G. Longchamp et J.-L. Wagnière, ses secrétaires, suivis de divers écrits de la marquise du Châtelet, du président Hénault, de Piron, d'Arnaud-Baculard, Thiriot, etc., etc. Le tout mis en ordre et publié sur les manuscrits autographes par M***.

d'hui ces deux volumes d'anecdotes de plus de cinq cents pages chacun, aussi avidement qu'elle écoutait, vers 1770, madame de Genlis, ou madame Suard, ou telle autre dame lettrée, arrivée de Ferney la veille, et distribuant à demi voix, dans un cercle discret, ses délicieuses confidences.

Il y a des raisons à cela sans doute. Il est bien vrai que les *Mémoires* de Longchamp et Wagnière empruntent un mérite particulier de la position des auteurs, et que les secrétaires d'un homme de lettres illustre qui deviennent ses historiens réclament de la postérité un quart d'heure d'attention, à tout aussi bon droit que la femme de chambre qui jase de la maîtresse favorite, ou le chambellan qui se remémore le potentat. Mais il n'est pas moins vrai non plus que si une foule de choses intimes et véritablement inappréciables nous sont là dévoilées, que s'il nous est raconté par exemple de quelle façon la marquise du Châtelet faisait sa toilette, ou, pour parler tout grossièrement, passait sa chemise devant ses gens, dans quel embarras se trouva un jour M. Longchamp pour la servir au bain, comment elle oublia l'heure du souper, une fois, avec le mathématicien Clairaut, l'autre fois avec le poëte Saint-Lambert, et ce que vit ou crut voir à cette dernière occasion M. de Voltaire, etc., le reste, c'est-à-dire la grande partie du livre, n'est à beaucoup près ni de cette force ni de cet intérêt. On n'arrive à ces détails clair-semés qu'à travers un texte hérissé d'interminables notes, par delà *onze* préfaces, avis, avertissements d'auteur ou d'éditeur; et on ne peut éviter, chemin faisant, d'entendre MM. Longchamp et Wagnière mêlant leurs impertinentes affaires à celles de leur maître, l'un regrettant les bals, la bonne chère, et ce qu'il appelle *l'aurore de sa vie*, l'autre sollicitant votre indignation contre les héritiers de Voltaire, qui pourtant lui sont, dit-il, *aussi étrangers que le grand Turc*, et tous deux vous initiant, bon gré, mal gré, aux tracasseries subalternes et au commérage ignoble de madame Denis. Ce n'est point aux Mémoires mêmes qu'il faut s'en prendre de cet empressement qu'ils rencontrent plutôt qu'ils ne le font naître; ce n'est pas non plus à la vénération nationale pour un grand nom qu'il faut en savoir gré seulement. Les circonstances y sont pour beaucoup; car, grâce à un parti, Voltaire n'a pas cessé d'être, ou, pour mieux dire, il est redevenu pour nous l'homme de la circonstance. Nul, en effet, dans cette grande querelle de la philosophie contre le fanatisme religieux, ne se montra aussi infatigable, aussi invincible que lui, et ne s'acquit un renom plus populaire. Sa longue vie, en ce sens, ne fut qu'une guerre perpétuelle, et ses œuvres sans nombre ne sont, à les bien prendre, que des manifestes plus ou moins intelligibles, des proclamations sous toutes les formes, au profit de la même cause, et, comme on pourrait les appeler, des pamphlets immortels. Or, il semble dans la nature des choses que, tout immortelle, toute légitime qu'elle soit, une telle renommée doive, un jour ou l'autre, perdre tant soit peu, non pas en estime, non pas en reconnaissance, mais en vogue, en enthousiasme auprès de la postérité ; bien plus, il semble désirable que l'instant arrive, et qu'il arrive au plus tôt, où, la victoire étant décidée et le libre usage de la raison à jamais reconquis, on se mette, sans plus craindre d'être harcelé et distrait, à marcher dans les voies nouvelles plus loin que ses devanciers, et si loin que, tout en les voyant encore et les saluant toujours du regard, on ne les voie plus qu'à distance et dans le passé, environnés d'une consécration à la fois plus auguste et plus calme. Mais, par malheur, cet instant à venir n'existe que dans nos vœux et s'éloigne même de jour en jour dans nos espérances. La lutte qu'on croyait éteinte reprend vie, et se replie obstinément sur les brisées du dernier siècle. Qu'on ne s'étonne donc pas que le nom de Voltaire et des autres reste des cris de ralliement, et qu'on batte des mains à tout ce qui les concerne. C'est sur leurs tombes, en effet, que le champ de bataille est reporté : d'une part, c'est contre leurs cendres qu'on s'acharne ; de l'autre, ce sont leurs armes, bien que déjà rouillées, qu'on exhume. Les voilà redevenus nos chefs, nos contemporains : Blaise Pascal l'est bien aussi ; comment Voltaire ne le serait-il pas ?

Revenons à MM. Longchamp et Wagnière, qui sûrement, quand ils écrivaient leurs notes, ne savaient prévoir de si loin ni notre malheur ni la bonne fortune de leur livre. Longchamp fut attaché à la marquise du Châtelet et par suite à Voltaire, comme maître d'hôtel ; en outre, il servait au besoin de femme de chambre à l'une, et de copiste à l'autre. Il fut renvoyé par Voltaire, lors du voyage de Prusse, soupçonné de tirer deux copies des ouvrages qu'on lui donnait à transcrire et d'en garder une dans son portefeuille. Depuis, son infidélité s'est trahie elle-même par la publication de quelques pièces, desquelles sans cela nous eussions été privés; c'était s'excuser en même temps que se convaincre. Après sa retraite forcée, il se mit à enseigner la géographie dont il avait appris quelque chose à Cirey, et à rédiger ces souvenirs qu'on nous donne. Ils se rapportent à la marquise autant qu'à Voltaire lui-même, et, comme cette partie de sa vie qu'ils retracent, ne sont pas moins galants et mondains que littéraires. Il n'en est pas ainsi de ceux de Wagnière : Suisse honnête que Voltaire appelait son *fidèle Achate*, copiste en titre, sachant le latin, il prend davantage les choses au sérieux, et ne se laisse point aller à ces anecdotes de toilette et de cour qui d'ailleurs n'étaient plus de son temps. Il aime bien mieux, dans sa naïve jactance pour la gloire de son maître, ne nous faire grâce en rien de ces confessions et communions dérisoires, dont le seigneur de Ferney donnait le spectacle aux grands jours dans son église paroissiale, et de celles, plus dérisoires encore, pendant lesquelles, couché sur un lit de mort supposé, il jouait la solennité de l'agonie tête à tête avec un capucin effrayé, et, par une inexplicable débauche d'imagination, se plaisait à célébrer le scandale avec mystère. Elles sont affligeantes, elles sont profondément immorales, ces sortes d'orgie d'un beau génie en délire ; et quand, dix années plus tard, aux approches d'une mort inévitablement prochaine, on voit éclater de point en point la contre-partie de ces scènes indécentes, quand un prêtre en habit court, introduit dans la chambre du moribond, l'obsède de ses dévotes violences, quand le même Wagnière caché, comme autrefois, derrière une porte, non plus pour rire d'un moine imbécile, mais pour sauver son maître d'un moine hypocrite, écoute tremblant, *la main sur son couteau*, et s'élance aux cris du vieillard, on tire d'un rapprochement si naturel et si terrible une condamnation plus sévère encore de ces jongleries philosophiques qui provoquent et semblent absoudre les persécutions religieuses. Un grand inconvénient des Mémoires de Wagnière, c'est qu'ils ne forment pas un texte continu, mais sont composés de notes, commentaires, etc., ce qui en rend la lecture assez pénible. A tout prendre pourtant, puisque nous sommes dans un siècle de biographies, ils méritent autant que bien d'autres la peine qu'on les parcoure, et, anecdotes pour anecdotes, celles qui concernent Voltaire ne sauraient être les moins intéressantes.

28 mars 1826.

M. MIGNET

HISTOIRE DE LA RÉVOLUTION FRANÇAISE, DEPUIS 1789
JUSQU'EN 1814.

3ᵉ édition.

Nous avons déjà eu tant de fois occasion d'exposer le tableau de notre Révolution, et, en le faisant, nous avons avec tant de liberté mis à profit le livre et les idées de M. Mignet, qu'ayant aujourd'hui à en traiter plus en particulier, nous pourrons nous abstenir de reprendre le fond des choses et nous en tenir à juger la manière de l'écrivain.

C'est une faculté naturelle à tous les hommes, à laquelle les indifférents n'échappent pas plus que les curieux, d'aspirer en tout sujet à connaître les causes, et de s'y complaire lorsqu'elles sont saisies. Heureux qui peut connaître la raison des choses! Ce vœu du poëte n'est que l'écho du vœu populaire. Seulement chez la plupart des hommes, le penchant pris à part et dégagé des intérêts privés qui l'excitent, se réduit à une curiosité mobile et vaine, sans énergie comme sans résultat. Il est pourtant des esprits plus fortement doués pour lesquels la raison des choses est l'objet constant et fixe d'une véritable passion et d'un violent besoin; ils la poursuivent en toute recherche, la demandent à chaque circonstance, et, obsédés du tourment de l'atteindre, plutôt que de s'en passer, la supposent. Il semble que la vraie destination, le rendez-vous naturel de tels esprits ne puisse être que la philosophie ou la science, et que dans l'une ou l'autre seulement, ils puissent se donner satisfaction ou du moins carrière. Les arts ne sont point leur lot à coup sûr : cette insouciance naïve qui en fait en grande partie le caractère et le charme, cette disposition, tant soit peu nonchalante et molle, à prendre les choses comme elles sont, s'effaroucherait d'une préoccupation sérieuse et d'une arrière-pensée perpétuelle. L'histoire leur conviendrait-elle mieux ? il serait permis d'en douter, si, comme l'a dit un Ancien, et comme un ingénieux moderne l'a rappelé en l'interprétant par l'exemple, elle n'était rien qu'une narration pure et simple dans laquelle aucun raisonnement ne dût s'introduire. C'est aussi de la sorte qu'en jugea Malebranche lorsqu'à la lecture du livre *De l'homme*, il se sentit tout à coup pénétré de dédain pour l'étude des historiens ecclésiastiques, et que dès ce jour il estima l'histoire indigne de son génie. Bossuet n'avait point paru encore; le *Discours sur l'histoire universelle* n'était pas là pour apprendre au disciple de Descartes quel immense parti l'on pouvait tirer même de Josèphe et d'Eusèbe, et comment, si l'on voulait de gré ou de force tout faire rentrer en Dieu, il ne coûtait pas plus de voir en lui des actions que des idées. Ce système, à tout prendre, eût bien valu l'autre ; mais ce n'est pas là justifier l'histoire, et si jamais la passion des causes et des explications ne s'en était emparée à meilleure fin, il y aurait une raison de plus pour l'y proscrire. En se bornant aux considérations humaines, Montesquieu a signalé la vraie route, la seule ouverte à la saine philosophie, et il a prouvé qu'elle était praticable en y marchant. Sans doute il se laissa plus d'une fois séduire à des inductions pressenties plutôt que trouvées ; plus d'une fois sa perspicacité ingénieuse donna le change à son intelligence exigeante ; et, portant en lui tant de ressources avec tant de besoins, il jugea souvent plus commode d'inventer que de découvrir. Mais son exemple n'en demeure pas moins fécond et mémorable ; encourageant pour les esprits supérieurs qu'un instinct invincible pousse en toute espèce d'étude à la recherche des principes et des lois, puisqu'il agrandit pour eux la carrière, en leur ouvrant l'histoire ; glorieux pour celle-ci, puisqu'il l'enrichit d'un genre nouveau, l'élève en quelque sorte au rang de science, et lui assure ainsi les veilles de ceux-là même qui autrement peut-être lui eussent refusé jusqu'à leur estime.

C'est à cette école de Bossuet et de Montesquieu que se rapporte l'œuvre de M. Mignet. Venu à une époque philosophique, il n'a pu choisir que le point de vue du second ; venu après la plus complète et la plus irrésistible des révolutions humaines, il a dû, à l'exemple du premier, être tenté d'enchaîner toutes les phases des événements dans un système d'explications unique, universel, inflexible. Ce que lui suggéraient les circonstances lui était de plus commandé par la nature de son talent. Il a donc rempli, jusqu'ici du moins, en toute rigueur, sa sorte de mission historique. A la vue des vastes et profondes émotions populaires qu'il avait à décrire, au spectacle de l'impuissance et du néant où tombent les plus sublimes génies, les vertus les plus saintes, alors que les masses se soulèvent, il s'est pris de pitié pour les individus, n'a vu en eux, pris isolément, que faiblesse, et ne leur a reconnu d'action efficace que dans leur union avec la multitude. Dès lors il s'est habitué à les saisir d'un coup d'œil rapide, non plus en eux-mêmes, mais par groupes de partis et comme par rangs de générations ; et ces partis, ces générations, il les a personnifiés en idée et s'est mis à observer leur marche comme il aurait suivi la conduite d'un seul homme. Si parfois pourtant il s'est attaché à quelques individus et a paru les distinguer avec plus de soin, ce n'est pas toujours qu'il leur accorde une importance personnelle beaucoup plus prononcée, et qu'il prenne plaisir à se surfaire leur valeur historique. Il les considère le plus souvent alors comme les expressions vivantes d'une classe plus ou moins nombreuse, comme les organes d'une clameur plus ou moins générale. Mais l'idée suprême qui le domine et de laquelle il ne s'écarte jamais, est celle de la toute-puissance d'action qui réside dans la volonté une fois déclarée, dans les passions une fois émues du grand nombre, dans la force des choses qui a ses effets en dépit de tous les obstacles et dont il a été suffisamment parlé ailleurs. Un pas de plus encore ; que cette force soit supposée émanée d'en haut, qu'elle ne soit que la voix humaine par laquelle se promulgue une volonté supérieure, l'instrument par lequel elle s'accomplit, et voilà que d'un seul coup on est transporté dans le système de Bossuet. Lui aussi ne voit dans une révolution qu'un acte unique et fatal régulièrement accompli en plusieurs temps marqués ; seulement, au lieu d'en mesurer la durée d'après la succession naturelle des passions humaines, il la mesure d'après la succession supposée des pensées divines. Lui aussi se pénètre d'une inexprimable pitié pour le néant des individus, et les raille à sa manière comme des jouets fragiles. Lui aussi n'envisage des factions, des nations entières, que comme un seul homme ; il les fait marcher devant lui et chanceler comme *une femme ivre*. Seulement, au lieu de réserver sa pitié superbe pour les individus et les factions, il en accable les nations elles-mêmes ; il les raille à leur tour comme des jouets non moins fragiles, qu'agite et que brise incessamment une invisible main. Encore une fois, la force des choses de l'historien philosophique, laquelle résulte principalement de la nature humaine et de ses lois, ne signifie, en sens mystique, pour l'historien sacré, que l'enchaînement des moyens dont la providence dispose. De tout ce rapprochement que conclure ? un seul fait, qui aurait pu sembler paradoxal au premier abord, savoir qu'un pas de plus M. Mignet rencontrait Bossuet, et que tout immense que soit ce pas qui restait à faire, le philosophe s'est assez rapproché du prêtre pour que nous ayons eu le droit de les réunir tous deux dans une même école.

Appliquée à la Révolution française, la manière de M. Mignet, sans parler de ce qu'elle a de séduisant et d'imposant en elle-même, se présente avec les incontestables avantages d'un pareil sujet, qu'on croirait fait à plaisir pour elle, tant il s'y prête merveilleusement. Pourtant, disons-le, elle ne saurait, même dans ce cas le plus favorable, échapper entièrement au reproche d'être exclusive. « Je me propose, nous dit l'historien, d'expliquer les diverses crises de la Révolution, en même temps que j'en exposerai la marche. Nous verrons par la faute de qui, après s'être ouverte sous de si heureux auspices, elle dégénéra si violemment; de quelle manière elle changea la France en république, et comment, sur les débris de celle-ci, elle éleva l'empire. Ces diverses phases ont été presque obligées, tant les événements qui les ont produites ont eu une irrésistible puissance ! Il serait pourtant téméraire d'affirmer que la face des choses n'eût pas pu devenir différente ; mais ce qu'il y a de certain, c'est que la Révolution, avec les causes qui l'ont amenée et les passions qu'elle a employées ou soulevées, devait avoir cette marche et cette issue. » Sans doute, répondrai-je, cette marche, dans son ensemble, a dû être à peu près ce qu'elle a été, cette issue a dû être possible, et j'avouerai même qu'elle était fort probable. Mais ni l'une ni l'autre n'ont dépendu nécessairement des causes qui ont amené la Révolution, et des passions qu'elle a employées ou soulevées, parce que ni l'une ni l'autre n'en ont dépendu uniquement. Pendant que ces causes et ces passions avaient leurs effets et leur cours, les forces naturelles, physiques, physiologiques, n'étaient pas suspendues ; la pierre continuait de peser, et le sang de circuler. Que la fièvre inflammatoire, je le suppose, n'eût pas saisi Mirabeau, qu'une tuile ou un coup de sang eût tué Robespierre, qu'une balle eût atteint Bonaparte, la face des choses n'aurait-elle pas changé? leur marche aurait-elle persisté invariable ? et l'issue, oseriez-vous affirmer qu'elle aurait été la même? En multipliant suffisamment de pareils accidents, et j'en ai le droit, puisqu'ils n'impliquent contradiction ni avec les causes qui ont amené la Révolution ni avec les passions qu'elle a soulevées, seules forces dont vous semblez tenir compte, il ne me serait pas difficile de concevoir une issue tout opposée à celle que vous présentez comme nécessaire. Un philosophe, qui écrivait d'ailleurs dans le but évident de rabaisser la puissance humaine, a bien osé dire : « Un grain de sable placé dans l'urètre de Cromwell a décidé du sort de l'Europe. Si le nez de Cléopâtre eût été plus court, la face de la terre eût été changée. » Gardons-nous toutefois d'exagérer : en n'appréciant que les forces morales et les circonstances historiques, M. Mignet a fait beaucoup, et au delà il ne lui restait rien de possible à faire. Son seul tort est d'avoir exclusivement rattaché à cet ordre unique de causes, des résultats auxquels ont concouru, pour une part indéterminée et peut-être immense, d'autres causes obscures et inappréciables, comme s'il en avait trop coûté à son esprit rigoureux d'admettre de la réalité ailleurs que là où il découvrait de l'ordre et des lois.

On s'étonnera sans doute que nous adressions au livre de M. Mignet une critique que nous avons récemment épargnée à celui de M. Thiers. C'est que, si dans les deux écrivains la manière de concevoir l'histoire de cette époque est au fond à peu près semblable, leur manière de la présenter ne l'est pas. Nous n'entendons exprimer ici aucune préférence, et bien plutôt nous félicitons l'un et l'autre de cette éclatante diversité de mérites qu'ils ont portée dans le même sujet et jusque dans les mêmes opinions. Toutefois, comme en donnant aux faits un plus ample développement, M. Thiers en accorde beaucoup moins aux inductions philosophiques, et laisse le plus souvent au lecteur le soin de les tirer, il semble plus à l'abri d'un défaut qui ne consiste, après tout, que dans l'expression trop absolue de certaines vérités générales. Par là s'explique toute la différence des deux histoires. Dans l'une les faits se rangent à l'appui d'une loi énoncée par avance, dans l'autre les lois découlent du simple récit des faits ; d'un côté l'intention logique est partout empreinte et s'est tout subordonné, de l'autre on aperçoit encore le laisser-aller du narrateur qui volontiers se livre aux descriptions et impressions du moment. Le dirai-je enfin, pour rendre toute ma pensée? de ces deux solutions si conformes mais si diversement exposées du même problème historique, l'une figure à mon esprit le spectacle de ces constructions géométriques, à la fois élégantes et hardies, qui sont nées comme de toutes pièces dans la tête de l'inventeur; l'autre plutôt me rappelle ces mouvements gradués d'une analyse moins ambitieuse, ces transformations qu'on quitte et reprend à son gré, et auxquelles, chemin faisant, l'esprit se complaît si fort, qu'il ne se souvient du but qu'à l'instant où il l'atteint.

Un mérite propre à M. Mignet, et chez lui très-remarquable, est celui d'un style bien moins facile et sonore qu'énergique, original, constamment fidèle à la pensée. Qualités et défauts, tout lui vient d'elle : forte et complexe, féconde en rapports nombreux qu'elle embrasse dans une merveilleuse symétrie, il la représente et la peint aux yeux par l'ordonnance sévère de ses formes et le mécanisme régulier de ses balancements. Qu'on ne lui impute ni l'uniformité ni la brusquerie que parfois elle lui imprime : il saurait être souple et varié, si elle lui permettait de le devenir, et, pour n'en citer qu'une preuve, voyez comme à propos il s'anime de finesse et d'éclat dans l'ingénieux portrait d'un chambellan célèbre. Ce style, qu'au premier abord on serait tenté de juger trop soigné, n'est pourtant pas exempt d'incorrections; mais il faut bien distinguer : les incorrections ici ne proviennent plus d'oubli ni de négligence, comme chez M. Thiers; je croirais plutôt qu'en les rencontrant sous sa plume l'écrivain a dédaigné de les éviter, et que, dans sa vigueur de composition, il a mieux aimé sciemment forcer la tournure de sa phrase que gêner l'allure de sa pensée.

6 avril 1826.

ŒUVRES
DE RABAUT-SAINT-ÉTIENNE

PRÉCÉDÉES D'UNE NOTICE SUR SA VIE, PAR M. COLLIN DE PLANCY.

On reproche à notre jeune siècle d'être irrespectueux envers le passé, de ne rendre hommage qu'aux gloires modernes, et de jeter à peine quelques regards en arrière sur les hommes honorables et utiles qui ont fait sa destinée. Et cependant jamais le passé ne fut plus étudié qu'aujourd'hui; jamais les gloires anciennes ne furent plus envisagées face à face; jamais les hommes qui ont bien mérité de la postérité ne furent mieux appréciés et connus. On discute leurs actes, on imprime leurs œuvres, on lit tout ce qui est d'eux ou sur eux; et ce sont bien là peut-être d'aussi solides marques de reconnaissance que le seraient de vagues déclamations ou des éloges académiques.

Rabaut-Saint-Étienne, dont on vient de réunir les

ouvrages, est un de ces précurseurs et fondateurs de notre liberté, de qui le souvenir ne périra pas plus, nous l'espérons, que ce grand bienfait auquel il est attaché. Fils du célèbre ministre protestant Paul Rabaut, enfanté et nourri dans la proscription qui pesait alors jusque sur les femmes et les nouveau-nés de sa croyance, il traîna son enfance errante au milieu des Cévennes, à la suite de son père ; et c'est dans ces marches inquiètes de tous les jours qu'il reçut de lui les premières leçons, surtout les leçons de l'exemple, la constance à tout souffrir et la haine des proscriptions ; mais il n'y mêla jamais de haine contre les proscripteurs, du moins de cette haine active qui a soif de se venger. Plus tard, lorsqu'après être allé étudier en Suisse, il revint en France en qualité de ministre de l'Évangile, la première nouvelle qu'il apprit en remettant le pied dans sa patrie fut l'exécution du ministre Rochette, condamné à mort par le Parlement de Toulouse, pour avoir fait la cène, baptisé et marié des protestants ; il ne recula pas néanmoins devant le péril de son ministère, et se mit à prêcher dans les campagnes. Mais, âme douce en même temps que forte, il ne prêcha que l'obéissance aux lois, la soumission au monarque et le pardon des injures. Alors comme dans la suite, c'était toujours le même homme, soit que pour enseigner la modération aux siens il bravât la mort, soit qu'il la subît pour ne pas proscrire. Cette horreur de la persécution, liée en lui aux ineffaçables images de l'enfance, demeure l'idée fixe, la pensée dominante de toute sa vie; elle lui dicta ses premiers écrits, comme ses dernières paroles. L'évêque de Nîmes, M. de Becdelièvre, digne successeur de Fléchier par ses vertus conciliantes, venait de mourir, regretté des protestants non moins que des catholiques. Rabaut consacra à sa mémoire un touchant *Hommage*, dans lequel La Harpe daigna reconnaître la véritable éloquence. Il publia vers le même temps le *Vieux Cévenol* ou la *Vie d'Ambroise Borély*, personnage fictif, sur la tête duquel sont accumulées toutes les persécutions exercées contre les protestants depuis la révocation de l'édit de Nantes. L'invention la plus simple y est subordonnée à la plus scrupuleuse vérité historique. On a comparé ce roman à ceux de Voltaire: il ne leur ressemble guère; il n'est pas gai; disons-le même, il n'est pas amusant; mais il attache par les faits, et on le lit comme on lirait le testament d'un proscrit. Les textes des ordonnances citées en notes à chaque page soutiennent l'intérêt, c'est-à-dire l'horreur, jusqu'au bout. Le général La Fayette, à son retour d'Amérique, vit Rabaut dans le Midi, et par ses encouragements le décida de venir à Paris solliciter l'état civil pour ses coreligionnaires. Pendant le séjour qu'il y fit, Rabaut se lia avec plusieurs savants, et s'adonna aux lettres. Élève chéri de Court de Gébelin, sous lequel il avait étudié en Suisse, il avait embrassé avec ardeur ses idées sur l'Antiquité; il croyait à l'existence d'un peuple primitif, qui aurait eu sa langue primitive, son écriture primitive; cette écriture selon lui était celle des hiéroglyphes, qu'on retrouvait défigurée et presque inintelligible dans les monuments des peuples plus récents et surtout dans les traditions mythologiques de la Grèce. Il ne jugeait pas néanmoins impossible de ressaisir le sens naturel, physique, astronomique de ces traditions que les Grecs n'avaient pas comprises, et l'on sent qu'il y avait dans cette idée un fond de vérité suffisant pour la construction d'un roman ingénieux et agréable. Tel est le mérite des *Lettres sur l'histoire primitive de la Grèce*, adressées à Bailly, qu'unissait dès lors à l'auteur une sympathie d'opinions et de vertus, présage d'une communauté prochaine de gloire et de malheurs. On y reconnaît aussi certaines vues développées ensuite par Dupuis, dans la conversation duquel Rabaut avait puisé des lumières. Ces lettres se distinguent par une parfaite élégance de diction et une douceur de ton exquise ; il y avait du Fénelon dans le style de Rabaut comme dans son cœur. Depuis son arrivée à Paris, le temps avait marché vite. Venu pour réclamer au nom des protestants l'état civil, il l'obtint en 1787; mais déjà c'était la France qui réclamait l'état civil pour elle-même. Nommé par Nîmes aux États généraux, Rabaut publia des *Considérations sur les droits et les devoirs du Tiers état* qui partagèrent avec l'écrit de Sieyès l'attention publique, et dans toute la durée de l'Assemblée constituante, il se montra égal à sa mission, ferme autant que modéré, sans d'autre passion que celle du bien, n'ambitionnant pas les succès de la tribune, mais n'en fuyant pas les assauts quand sa conscience l'y appelait. Ce fut un beau jour pour lui que celui où la liberté des cultes fut proclamée ; ce jour-là, il parla longuement et gravement ; ses paroles furent dignes et contenues ; elles devaient retentir bien haut dans sa bouche, et y recevoir une signification bien profonde pour qui savait que le malheur *avait passé par là.*

Quand l'Assemblée constituante eut terminé ses séances et que le *Te Deum* final eut été chanté, Rabaut jugea tout achevé parce qu'il l'espérait ; il crut au repos parce qu'il était las : dans la joie de ses vœux accomplis, comme tant d'autres de ses vénérables collègues, il eût volontiers adressé au ciel le cantique de Siméon. Une seule chose selon lui restait à faire ; *le moment était venu d'écrire pour la prospérité* l'histoire de la Révolution, il l'écrivit. Ces trois dernières années mémorables sont à ses yeux *un grand drame complet qui a eu son commencement, son milieu et sa fin. Quelques nuages se promènent encore sur le ciel de la France ;* mais *la Constitution est faite, la masse de la France est assise....* Illusion naïve du savoir et de la vertu, qui fait sourire en même temps qu'elle attriste, illusion de tous les temps, de tous les lieux, de tous les hommes, la nôtre aussi, toutes les fois qu'il nous arrive de juger le passé d'hier avec nos idées du réveil et de croire y lire l'éternel avenir ! Il ne faut pas dédaigner pourtant cette histoire si précoce, ce bulletin de la victoire tracé le lendemain du combat. Les choses y sont bien vues, pour y être vues de si près, et c'est un document utile et sûr parmi ceux de l'époque.

Réélu à la Convention, Rabaut y apporta la fatigue et le malaise qui suivent les espérances déçues. Son âme, jusqu'alors sereine, devint sombre. Il s'indignait, non de cette indignation jeune et vive de l'aventureuse Gironde, mais de celle, bien plus triste, d'un citoyen découragé. On a dit de l'honnête Durand-Maillane qu'il eut peur à la Convention, et ce mot peint l'homme. On peut dire du courageux Rabaut qu'il y fut de *mauvaise humeur*. Cela ne l'empêcha pas d'y être héroïque. Ses paroles, aigres et chagrines, respirent une méprisante ironie : « Je suis las, s'écria-t-il, durant le procès « du roi, je suis las de la portion de tyrannie que je « suis contraint d'exercer, et je demande qu'on me « fasse perdre les formes et la contenance des tyrans. » Son vœu fut entendu. Proscrit au 31 mai, et réfugié chez un ami généreux, on découvrit, on dénonça sa retraite. En présence du tribunal inique, il lui lança de vertueuses invectives ; il monta sur la charrette, le sarcasme à la bouche ; et parmi tant de cruelles morts, la mort de cet homme bon fut une des plus amères, parce qu'à ses derniers moments il désespéra de la patrie. Mais la patrie n'a pas perdu mémoire de ce qu'il fit et souffrit pour elle, et elle garde son nom à côté des noms des Thouret, Bailly et Condorcet. Un compatriote, un coreligionnaire, un collègue de Rabaut, M. Boissy-d'Anglas, a depuis longtemps rappelé les titres littéraires et politiques de son ami, et l'a presque confondu avec Malesherbes dans le même culte pieux qu'il leur rend.

4 mai 1826.

M. TISSOT

POÉSIES ÉROTIQUES AVEC UNE TRADUCTION DES BAISERS DE
JEAN SECOND.

Quand, au milieu d'une société riante et légère, le chevalier de Parny laissa échapper ses élégies immortelles, naïves inspirations du loisir et de la volupté, ce fut dans le monde un murmure flatteur de louanges, ou plutôt un frémissement de plaisir. Ses accents étaient si vrais et si conformes aux passions des cœurs, il y avait dans ses chants tant de jeunesse, un si profond enivrement de la jouissance, une incurie si profonde de l'avenir! la chaste langue de Racine n'avait jamais prêté des sons plus purs à une sensualité plus exquise. Mais bientôt de graves pensées survinrent; aux fêtes des salons succédèrent les orages de la place publique, et les ris étincelants des amours s'éteignirent par degrés dans l'immense clameur populaire.

Après qu'enfin on eut retrouvé le calme et le loisir, on se mit à rappeler le temps passé; on le rêva dans le présent, on le chanta avec ses joies sans retour évanouies. Mais ces chants, nés trop tard, n'étaient que des souvenirs d'autrefois, décolorés et sans vie, comme des souvenirs. Il restait au fond des cœurs quelque chose d'ineffaçable, imprimé par l'adversité, je ne sais quoi de vague qui attristait, jusque sous les doigts des Millevoye et des Legouvé, la lyre épicurienne. De là l'indécision et la faiblesse de cette école sans caractère, reflet gracieux, mais pâle, d'un siècle déjà sous l'horizon. Quelques années encore, et les nouveaux besoins déposés dans nos cœurs se sont démêlés ; chaque jour ils se démêlent davantage. Sérieux, et, si l'on veut, un peu tristes, inquiets et sur nous et sur d'autres que nous aussi, citoyens avant tout, nous voulons que, même dans nos chants de plaisir, une part soit faite à ces nobles soucis ; nous voulons qu'en nous parlant d'amour, on nous parle de tout ce que nous aimons ; telles nos affections se tiennent et se confondent en nous, telles nous en demandons au poëte la pleine et vive image. Le poëte érotique pour nous, c'est celui qui transporte la patrie, la liberté, l'humanité, dans l'amour, qui consacre les tourments et les désirs de la volupté par des douleurs et des espérances bien autrement viriles ; c'est celui qui nous enivre de notre gloire en même temps que de la beauté, qui, dans le délire des sens, a une pensée encore pour les malheurs du monde : nommons-le, le poëte érotique pour nous, c'est Béranger, plaçant le message d'Athènes jusque sous l'aile de la colombe amoureuse. Il est là tout entier le Parny de notre âge. Et remarquez que je n'oublie pas ici M. de Lamartine. Mais, en introduisant la divinité et l'immortalité dans l'amour, M. de Lamartine n'a fait qu'obéir à des besoins individuels, lesquels ne retentissent au dehors que par des sympathies délicieuses et profondes sans doute, mais nécessairement solitaires. C'est une religion que sa poésie ; la poésie de Béranger est une pensée ou mieux une opinion populaire.

Ces idées nous font apprécier l'ensemble des poésies érotiques de M. Tissot ; il est disciple de Parny dans l'élégie, comme il est disciple de Delille dans la description, comme il le fut de La Harpe dans la critique. Œuvres de jeunesse pour la plupart, autant que nous en pouvons juger, les pièces qu'il publie n'ont pas un mérite d'art assez éminent pour faire oublier toujours l'uniformité ou même le vide du fond. Si M. Tissot les avait plus récemment composées, il les eût relevées, n'en doutons pas, par quelques-unes de ces idées qui sont vraiment de notre temps, et qu'il ressent lui-même avec une si honorable chaleur. Il eût donné plus de réalité à sa poésie, qui s'égare trop volontiers en vagues sentiments et en peintures générales ; son goût plus sûr lui aurait souvent fait aimer plus de simplicité ; du moins les éternelles redites du Dictionnaire des amants eussent-elles été davantage épargnées. Ce n'est donc pas, disons-le franchement, dans les poésies originales qu'est pour nous le mérite de la nouvelle publication de M. Tissot. Nous préférons de beaucoup et les traductions et les morceaux de critique qui y sont joints. Une *Esquisse sur la poésie érotique*, où l'écrivain passe en revue les divers auteurs qui ont cultivé ce genre, depuis Homère jusqu'à madame Dufresnoy, depuis la Bible jusqu'aux *Amours des anges*, nous a paru également intéressante et instructive. Toute la partie antique y est surtout traitée avec prédilection, et comme célébrée avec amour; on sent que M. Tissot ne parle qu'en connaissance parfaite de cause. La traduction des *Baisers de Jean Second* est précédée d'une notice étendue sur ce poëte; il mérite bien de nous arrêter un peu.

Le XVIe siècle ne fut pas seulement un temps de fortes études, il fut un temps de création en tous genres; son énergie originale ne fut point étouffée par son immense labeur d'érudition, et il n'eut pas moins de vie que de science. En religion, en politique, en astronomie, il a prouvé de reste que l'invention ne lui manquait pas; en littérature, il n'a pas moins tenté, et d'assez admirables monuments sont debout encore pour attester, dans leur rudesse première, ce qu'il a osé et ce qu'il a pu. Mais alors les voies littéraires n'étaient pas préparées au génie; les langues, celles du nord en particulier, n'étaient pas faites, ou n'étaient pas polies : il n'y avait qu'une seule langue commune à tout le monde savant, et vraiment digne de lui; l'enfant qu'on destinait aux lettres l'apprenait en naissant, et le latin pour lui était presque la langue de sa nourrice. La pensée, identifiée avec les formes anciennes, n'existait qu'en elles, et ne se produisait que par elles; les épanchements de l'amitié, les inspirations du talent, tout ce qui naît spontanément en nous, en naissait revêtu. Jean Second était né poëte; il fit des vers dès l'enfance, et les fit en latin. Ses premières années, qu'il passa à La Haye, furent cultivées avec les soins en usage dans l'exacte discipline d'alors. Il apprit tout ce qu'on enseignait à cette époque, et dans ce pays de si vaste savoir. Venu plus tard à Bourges, pour y achever ses études de jurisprudence, sous le célèbre Alciat, il inspira au maître et aux disciples une véritable admiration ; et, quand il les quitta, docteur à vingt et un ans, il fut reconduit par eux en triomphe hors de la ville. Au milieu de tant d'études, pourtant, ses goûts natifs avaient persisté, et le dominaient. Décidément, doué d'une âme d'artiste, et pressé de la produire, tour à tour peintre, sculpteur, graveur, c'est-à-dire toujours poëte, il semblait essayer tous les langages imparfaits de la poésie, comme s'il n'en trouvait aucun d'assez expressif et qui lui allât à son gré. Qu'il fût né aussi bien sous le ciel d'Italie, sans doute il n'eût pas tant cherché ce langage. Mais il ne lui fut pas même donné, selon toutes les apparences, de visiter cette patrie récente des Raphaël et des Michel-Ange. Appelé en Espagne, où sa réputation l'avait devancé, secrétaire du cardinal Tavère, ei bientôt attaché à Charles-Quint lui-même, il fit l'expédition de Tunis à côté de ce prince; et au retour, il mourut, âgé de vingt-quatre ans, victime du climat, de l'étude, et peut-être aussi des plaisirs. Il aimait en effet les plaisirs, et c'est parce qu'il les a chantés, que son nom vivra. Sans les *Baisers de Jean Second*, qui saurait qu'il eut du génie? Qui le lirait, hors les savants, si le choix du sujet ne faisait passer sur le choix du langage? Pourtant, nous l'avons dit, ce latin du XVIe siècle est aussi du latin original; et, quoi de plus naturel à Jean Second que de chanter sa maîtresse dans cette langue de Lesbie, qui avait été, après tout, la langue d'Héloïse? On le sent bien à l'entraînement qui y règne, ses pièces étaient jetées sans effort dans les intervalles de la passion, entre le souvenir et le désir. Le goût, sans doute, peut y reprendre un peu de déraison amoureuse, et quelque intervention, pour nous indiscrète, de mythologie. Mais ce qui étonne, surtout pour le temps, et ce qu'on aime, ce sont ces formes aimables et dégagées, vives comme la passion, abandonnées comme elle. Peut-être l'estimable traduction de M. Tissot les a trop fait disparaître; et si l'on y rencontre et plus de raison et moins d'abus d'esprit que dans l'auteur, on y regrette, d'un autre côté, l'absence des mouvements simples, redoublés, variés en cent façons, jeux de la muse, images des jeux de l'amour. Quoi qu'il en soit, ce travail de M. Tissot, déjà honoré à sa première publication du suffrage de Chénier, nous paraît un service de plus rendu par le respectable écrivain à la poésie et aux lettres latines, dont il fait passer dans notre langue une des plus agréables productions.

16 mai 1826.

M. DE SÉGUR

MÉMOIRES, SOUVENIRS ET ANECDOTES.

Tome II.

Que reste-t-il de ce volume lorsqu'on l'a lu? Ce qui reste d'une conversation spirituelle et facile qui nous a intéressés, quelques traits fugitifs comme elle, le plaisir d'y avoir assisté, et l'embarras de la reproduire. La causerie élégante de M. de Ségur se joue tour à tour sur des riens qu'elle relève, sur des sujets sérieux qu'elle égaye, ramène soigneusement toutes choses au ton de la bonne compagnie, et, à l'image de cette société passée qu'elle retrace, confondant le grave et le léger dans une même nuance d'agrément, n'offre qu'une superficie uniformément brillante et polie où il est difficile de rien saisir. L'analyse ici n'a pas de prise, elle n'est guère profitable ni convenable : pourtant essayons.

M. de Ségur, revenant de la guerre d'Amérique, débarque à Brest, et se met en route pour Paris. « J'avais pris sur mon habitation de Saint-Domingue et amené avec moi en France un jeune nègre nommé Aza, âgé de treize à quatorze ans. Étant descendu de voiture à quelques lieues de Brest, pour gravir une montagne assez longue, je le vois tout à coup sauter, danser, chanter, et rire aux éclats. « Quelle est donc, Aza, lui dis-je, la cause de ces folies? » Alors le négrillon, continuant ses gambades, me dit, en me montrant avec sa main des paysans qui bêchaient un champ : « Maître-moi, maître-moi, mirez là-bas ; « li blancs travailler, travailler comme nous ! » C'est là une anecdote telle qu'en aime M. de Ségur. Il l'assaisonne, ce qui semblerait superflu, d'une réflexion philosophique : il aime en effet la réflexion philosophique ; commune et usée ailleurs, elle garde encore quelque chose de distingué sous sa plume.

Puis vient une peinture de la cour et du ministère, alors dirigé par M. de Vergennes. Toujours fidèle à l'à-propos, M. de Ségur rappelle, au sujet de M. de Calonne, ancienne créature du duc d'Aiguillon, l'affaire La Chalotais et l'opinion publique qui en poursuivait encore les auteurs. Au milieu de tant d'illusions de gloire, de patriotisme et de science si unanimement partagées alors par la jeune noblesse, mais dont plusieurs depuis se sont si bien corrigés, il n'a garde d'oublier, à côté des ballons de Montgolfier, la baguette et les baquets de Mesmer. En convenant qu'il a été un de ses plus zélés disciples, et qu'il l'a été dans la compagnie de MM. Court de Gébelin, Olavidès, d'Eprémesnil, de Jaucourt, de Chastellux, de Choiseul-Gouffier, de La Fayette, et de bien d'autres encore, on croirait vraiment, ceci soit dit sans reproche, qu'en dépit des railleries des incrédules et même des siennes propres, M. de Ségur n'est pas complétement revenu de ce péché de jeunesse, et que son ancienne foi magnétique, non moins que sa foi politique, a résisté à la mode des conversions. « Mon dessein n'est pas d'entrer dans une discussion, dit-il ; mais il me suffira d'affirmer que j'ai vu, en assistant à un grand nombre d'expériences, des impressions et des effets très-réels, très-extraordinaires, dont la cause seulement ne m'a jamais été expliquée. » Sans nier que ces impressions et ces effets puissent être les résultats d'une imagination frappée, il demande si ce mot *imagination* est une réfutation bien péremptoire, et si au moins les savants et les philosophes ne devraient pas, par amour pour la vérité, méditer sur les causes de cette nouvelle et étrange propriété de l'imagination. Quoi qu'il en soit, l'engouement d'alors ne laisse pas d'être fort plaisant, M. de Ségur le sait bien, et nous en donne une preuve assez piquante. Un de ses amis, allant à Versailles, rencontre sur la route un homme qu'on portait sur un brancard. Saisi du désir de le soulager, il s'élance de voiture, en habit de bal, arrête le brancard, magnétise le patient, malgré des torrents de pluie, aux yeux des porteurs étonnés; et, quand, fatigué du peu de succès de sa ferveur, il les interroge sur la maladie du pauvre homme, il reçoit pour toute réponse : « Malade ! il « n'est plus malade, monsieur; car depuis trois jours « il est mort ! »

Nommé ambassadeur en Russie, M. de Ségur quitta la France, et vit en passant Frédéric à Berlin. Il y vécut quelque temps dans l'intimité du prince Henri. Un jour, la conversation vint à tomber sur le partage de la Pologne, que M. de Ségur imputait à Catherine. Le prince Henri l'interrompit avec chaleur : « Ah ! pour le partage de la Pologne, l'impératrice n'en a pas l'honneur; car je puis dire qu'il est mon ouvrage. » Et il se mit là-dessus à raconter comment lui était venue un matin cette heureuse idée de s'agrandir sans perdre de sang ni d'argent, comment il l'avait communiquée à Catherine, qui en fut frappée ainsi que d'*un trait de lumière*, et plus tard à son frère qui l'embrassa en le remerciant, et qu'aussitôt après cette officieuse confidence les négociations avaient commencé. A ces paroles, M. de Ségur, encore apprenti diplomate, ne put dissimuler un profond étonnement, dans lequel le prince ne vit peut-être qu'une admiration naïve. Et voilà donc quels sont les hommes, quand l'éducation et les institutions ne viennent pas au secours de leur faible nature ! Le prince Henri avait de grandes vertus; ses lumières, son humanité, sa justice l'avaient popularisé en Europe, et, auprès de la gloire de Frédéric, la sienne, moins brillante, semblait incomparablement plus pure : et ce même prince, sans songer à mal, invente la plus odieuse des iniquités politiques; à l'occasion, il en cause avec Catherine, il en cause avec son frère; la partie s'arrange, il s'en félicite, et, dans sa retraite de philosophe, s'en berce comme d'un doux et beau souvenir!

En laissant Berlin, M. de Ségur traversa la Pologne, qui du moins alors, toute démembrée qu'elle était, avait encore un roi de sa nation sinon de son choix, roi gracieux mais faible, tel qu'est d'ordinaire le dernier roi d'un empire. Après de justes hommages rendus en passant à l'hospitalité polonaise, notre ambassadeur arrive enfin à Saint-Pétersbourg, et nous introduit avec lui à la cour de Catherine *le Grand*. Ici s'ouvre un épisode diplomatique, qui nous mène, à travers bien des anecdotes, des portraits et des intrigues, à la fin du volume et à un traité de commerce conclu le 11 janvier 1787 entre la France et la Russie. Ce succès fut en quelque sorte personnel pour M. de Ségur. Effacé à son arrivée par les ministres d'Angleterre et d'Allemagne, il dut à l'amitié du prince Potemkin et de Catherine une considération dont la faveur s'étendit jusque sur ses démarches politiques. Si quelque intérêt s'attache à cette négociation, il provient uniquement de l'extrême futilité des moyens qu'on y employa. La bizarrerie capricieuse du prince Potemkin fut le principal ressort de cette petite comédie. Il était grand questionneur, se piquant fort d'érudition, surtout en matière ecclésiastique. M. de Ségur le mettait adroitement sur son sujet favori, qui était l'origine et les causes du schisme grec, et l'entendant patiemment discourir pendant des heures entières sur les conciles œcuméniques, faisait chaque jour de nouveaux progrès dans sa confiance. Les autres personnages de la cour ne sont pas moins agréablement dessinés. En s'étendant un peu longuement sur ce séjour en Russie, M. de Ségur a cédé sans doute à plus d'un attrait; là où lui-même a rencontré tant de plaisirs et de faveurs qu'il se plaît à redire, d'autres qui lui sont chers ont recueilli dans les dangers d'assez glorieux sujets à célébrer. Il y a dans ce rapprochement de famille de quoi faire naître plus d'une idée, et sur la différence des époques, et en particulier sur la différence des manières littéraires. En se rappelant les remarquables récits du fils, on apprécie mieux par comparaison les mérites qui recommandent ceux du père, la mesure parfaite du ton, ce style d'un choix si épuré, d'une aristocratie si légitime, et toute cette physionomie, si rare de nos jours, qui caractérise, dans les lettres, la postérité prête à s'éteindre, des Chesterfield, des Nivernais, des Boufflers.

15 juin 1826.

BONAPARTE ET LES GRECS

PAR MADAME LOUISE SW.-BELLOC.

Bonaparte et les Grecs, ce sont là sans doute deux grands événements européens, qui figurent en commun au premier rang dans l'histoire de ces vingt-cinq dernières années. Mais il semble d'abord qu'à part cette juxtaposition chronologique, tout autre rapprochement entre cet homme et ce peuple doive être plus ingénieux que réel, plus académique qu'historique: l'apparition et la fortune de Bonaparte, en effet, se rattachent à des causes toutes modernes et très-générales, à la Révolution française, à la disposition de l'Europe. La renaissance des Grecs est un fait à part, essentiellement isolé de tous les faits européens, ayant ses causes propres et distinctes dans l'état même de la nation depuis la conquête ottomane. Qu'il n'y ait eu ni Russes ni Autrichiens, qu'on supprime et la Révolution française, et Bonaparte, et l'Europe entière, hormis les

Turcs, les Grecs n'auraient pas moins eu tendance éternelle à une régénération qui eût éclaté tôt ou tard. Les provocations intéressées de Catherine et de ses successeurs, l'opulence des îles due au transport des blés de Crimée dans les ports de France, l'éducation libérale de quelques Grecs élevés dans nos écoles et dans les universités d'Allemagne, tout cela a pu préparer et hâter l'insurrection, mais non la produire ni la soutenir : c'est au cœur même de la Grèce, sur ses monts et ses rochers, par ses Klephtes et ses Maïnotes, qu'en était le germe et qu'il mûrissait en silence. Et, d'un autre côté, que les Grecs eussent à jamais été asservis par leurs vainqueurs, comme on le supposait généralement en Europe avant 1821, qu'il n'eût plus existé en Turquie que des Turcs, rien, depuis le commencement du siècle, n'aurait changé dans les affaires du continent ni surtout dans les destinées de Bonaparte. Ainsi rien de plus étranger en apparence sous le rapport historique que l'homme de l'empire et les Hellènes; et si le côté moral ou poétique semble plus fécond, il faut convenir que, sans l'appui de quelques faits, des pensées brillantes, mais nécessairement un peu vagues, ne suffiraient pas à un livre. Madame Belloc l'a senti comme nous, sans doute; et elle n'aurait pas hasardé ce rapprochement, si elle ne l'avait expliqué et justifié par plusieurs documents assez curieux, restés presque inconnus jusqu'ici. Ils assurent à son ouvrage un intérêt particulier, au milieu de tant d'écrits qui se confondent bien plus qu'ils ne se distinguent par la noblesse des intentions et des sentiments.

Bonaparte était général en chef de l'armée d'Italie ; vainqueur de Venise, il ajoutait aux possessions françaises, par le traité de Campo-Formio, Corfou, Zante, Céphalonie, Sainte-Maure, Cérigo, avec les villes et ports de l'Albanie; les Grecs devenaient ainsi nos alliés et nos voisins. Il paraît qu'alors Bonaparte méditait quelque coup d'éclat, qui l'élevât encore plus haut dans l'opinion des Français à mesure que le Directoire y perdait davantage. La Grèce était sous ses yeux ; il ne pouvait ne pas y penser. « La Grèce attend un libé-« rateur, a-t-il dit depuis ; ce serait une belle couronne « de gloire! *Je n'en ai peut-être pas été loin.* » (Mémorial.) A Milan, il vit un vieux Corse, nommé Dimos Stephanopoli, descendant de ces Maïnotes réfugiés en Corse vers 1676 ; Dimos allait en Grèce, chargé par le Directoire d'une mission relative aux arts. Le général lui ordonna d'examiner dans son voyage les forces, les moyens de défense, les dispositions des Grecs, et lui confia même une lettre pour le bey de Maina. Cependant, des commissaires envoyés à Corfou avaient ordre d'y rassembler des munitions de tous genres ; des officiers du génie, d'artillerie, parmi lesquels on cite le général Foy, levaient le plan de la Macédoine et de la Servie; Ali-Pacha, jaloux de la Porte, ne semblait pas défavorable aux Français. Dimos parcourut les îles de l'Archipel et les côtes de la Grèce ; il conféra avec plusieurs capitaines maïnotes, et leur promit l'appui du grand libérateur de l'Italie. Mais, à son retour, il ne trouva plus Bonaparte à Milan, et c'est à Paris que ce vieillard, devenu presque aveugle dans le voyage, parvint, non sans beaucoup de peines et de démarches, à remettre au général divers mémoires qui répondaient à ses questions. Ces pièces, traduites par madame Belloc, ne sont guère remarquables, qu'en ce qu'elles jettent du jour sur les intentions précédentes du général. Mais déjà il en avait changé ; l'Égypte paraissait à son ambition une plus belle arène. Il renvoya donc Dimos et l'oublia. Ce vieillard aveugle, ruiné par les frais de route qu'on ne lui remboursa pas, se réfugia en Angleterre où il publia, pour vivre, une relation de son voyage. Quant à la Grèce, elle n'a qu'à se féliciter de cet oubli ; la liberté qu'elle appelle ne peut lui venir que d'elle-même ; importé d'ailleurs, ce présent, fût-il sincère, lui serait fâcheux encore, car ce n'est pas dans notre acception politique qu'il lui est donné jusqu'à ce jour d'entendre la liberté ; et pour celle que Napoléon lui réservait, l'Italie et la Pologne sont là pour le dire.

Ces considérations n'ont pas échappé à madame Belloc. Elle a parfaitement compris et fait ressortir tout ce que la révolution grecque a d'original et d'indigène. Les chants populaires de M. Fauriel sont invoqués par elle, et ingénieusement commentés ; quelques-uns même ont été traduits en vers par une plume amie. Mais par cela seul qu'elles sont très-fidèles, ces traductions présentent quelquefois des ellipses un peu étranges et d'inévitables obscurités. La pièce suivante nous a paru l'une des plus heureusement reproduites; c'est le *Tombeau du Klephte :*

> Le soleil se couchait; Dimas parle, il ordonne :
> — « Enfants, apportez l'eau pour le repas du soir.
> Toi, près de moi, neveu ; plus près... que je te donne
> Mon pauvre sabre ; en toi, qu'ils puissent me revoir ;
> De mes armes couvert, sieds-toi leur capitaine.
> — Vous, mes braves, mes fils, coupez de verts rameaux,
> Qu'on en dresse ma couche, et courez dans la plaine
> Querir un confesseur qui soulage mes maux ;
> Qu'il sache mes péchés ; je fus Klephte, Armatole ;
> Devant moi cinquante ans j'ai vu l'Albanais fuir.
> Sur ma tête aujourd'hui la mort tournoie et vole,
> Et mon heure est venue, et je m'en vais mourir.
> Ah ! que je pusse encore assister à la charge !
> Que du fusil l'écho me répétât le coup !
> Bâtissez mon tombeau, qu'il soit haut, qu'il soit large ;
> Que j'y puisse viser et combattre debout !
> Qu'à droite, une fenêtre, ouverte à l'hirondelle,
> Me laisse respirer les parfums du printemps,
> Et que le rossignol, de sa voix pure et belle,
> Me raconte que mai fleurit encor nos champs. »

Le précis de la guerre durant ces quatre dernières années est un résumé, un peu oratoire, des nombreuses relations récemment publiées. L'ouvrage entier lui-même ressemble à une conversation animée et entraînante ; il a les mérites et les défauts d'une improvisation arrachée par l'indignation et l'enthousiasme. L'auteur étale trop souvent peut-être ce vague instinct de sentiment, qu'il ne faut ni dédaigner ni prodiguer, et dont madame de Staël elle-même n'a pas toujours été assez sobre dans ses admirables écrits. Nous avons aussi cru remarquer en certains endroits une teinte de mysticisme religieux, dont la cause des Grecs, tout éminemment chrétienne qu'elle est, n'a pas besoin de se couvrir. Il est beau, il est consolant sans doute de voir, dans les mouvements des peuples, les inspirations de l'esprit de Dieu, et, dans le sentiment qui les pousse au bien-être, la marque infaillible et divine qu'ils l'atteindront; il serait doux de penser que les obstacles apparents contre l'affranchissement des Hellènes n'en sont que des moyens dans l'ordre de la providence; qu'Ali-Pacha, par exemple, a servi la Grèce en détruisant les Armatolikes et en renversant les peuplades libres; que surtout les puissances d'Europe la servent par leur politique indifférente ou ennemie; que la Russie la sert, que l'Autriche la sert, que la France et Soliman-bey aident à son triomphe : tout cela, encore une fois, serait doux à croire. Mais n'est-il pas téméraire de proclamer telle la volonté divine? et ne serait-il pas plus conforme à notre sagesse humaine, comme le ciel nous l'a faite, de dire que tout cela nuit à la Grèce et la tue, que ces puissants, qui, d'un mot pouvant la sauver, la regardent mourir, la tuent, et que nos vaisseaux, nos munitions, nos instructions et nos renégats la tuent encore davantage? Quoi qu'il en soit, tout le livre de madame Belloc est une estimable protestation du talent contre cette politique, et un titre nouveau qui honore les dames françaises.

22 août 1826.

MADAME DE MAINTENON

ET

LA PRINCESSE DES URSINS

Lettres inédites.

I

« Il n'y a plus de Pyrénées, » avait dit Louis XIV, en donnant son petit-fils à l'Espagne ; mais les Pyrénées ne s'étaient pas abaissées à ce mot du grand roi : l'Espagne, qui, depuis Ferdinand le Catholique, combattait et haïssait la France, n'avait pas changé tout d'un coup au gré d'un testament. Une antique alliance avec l'Autriche la portait vers l'archiduc, et c'est en présence de ce compétiteur armé qu'il fallait la convertir à l'amour d'une dynastie nouvelle et si longtemps ennemie. Louis XIV entoura donc son petit-fils de conseils ; lui-même il traça de sa main les règles qu'il crut les plus sages ; il composa la cour d'Espagne avec choix ; l'ambassadeur à Madrid, le duc d'Harcourt, fut en réalité le gouverneur du jeune roi, et la jeune reine reçut pour gouvernante, à titre de dame d'honneur, une Française célèbre par sa naissance et son mérite, Anne-Marie de la Trémoïlle, veuve du prince de Chalais, et depuis mariée en Italie à Flavio, prince des Ursins. Toutes les précautions furent prises en même temps pour ne pas indisposer l'Espagne par l'appareil d'une administration plutôt étrangère que nationale. Louis XIV, d'après le sage avis de Torcy, voulait que son ambassadeur gouvernât sans paraître dans le Conseil ; madame des Ursins de son côté, par son autorité sur l'esprit de la reine, et par l'ascendant de celle-ci sur le roi, devait, dans les entretiens de l'intimité, nourrir l'affection du prince pour son aïeul. Mais les choses ne se passèrent pas si bien ; les Français outre-passèrent leurs pouvoirs, les Espagnols s'irritèrent de leur insolence ; les ambassadeurs, c'est-à-dire les ministres, se succédèrent rapidement : Marsin, le cardinal et l'abbé d'Estrées, le duc de Grammont, furent l'un après l'autre nommés (1701-1705), et aucun ne contenta. Pendant ce temps, madame des Ursins avait étendu son crédit ; le jeune roi, ainsi qu'un historien l'a caractérisé, chaste, dévot et ardent, était tout dévoué à son épouse, laquelle l'était elle-même à sa dame d'honneur. Celle-ci portait donc la défaveur du mauvais succès et les accusations des mécontents. Louis XIV, qui n'aimait pas les apparences de l'intrigue, bien qu'à cette heure sa propre cour en fût infestée, rappela madame des Ursins en France ; mais, la voyant de plus près, il l'apprécia mieux. Après l'avoir entretenue longtemps, dans un voyage à Marly, qui fut pour elle un véritable triomphe, il se décida à la renvoyer auprès de Philippe, et elle y retourna sans délai (1705).

Raffermie par cette haute justification, la fortune de madame des Ursins devint désormais imposante. On la voit, pendant les dix années qui suivent, au premier rang dans les affaires. Jusque-là, son pouvoir avait été précaire et contesté ; et, si elle avait terminé sa vie politique en 1705, elle n'aurait offert au jugement de l'histoire qu'un caractère équivoque et mal éclairci. Mais, dès son retour, ayant mission formelle pour agir, elle répond de ses œuvres, et, dans les déterminations qu'elle fait prendre, donne la vraie mesure de ses intentions et de ses talents. C'est à partir de ce moment aussi que commence la collection des lettres qu'on vient, pour la première fois, d'imprimer. Elles jettent un grand jour sur les événements, et fixent l'opinion sur les deux femmes célèbres qui s'écrivent. Il semble que tout soit dit sur madame de Maintenon. La comparaison n'est pas à son avantage dans cette correspondance ; en face du caractère viril et décidé de son amie, le sien semble plus mesquin et plus monastique que jamais. Pourtant elle se montre aussi par de bons côtés, et nous essayerons dans un second article de rendre fidèlement l'impression qu'elle fait ici. Mais continuons avec madame des Ursins.

Les temps étaient difficiles. L'archiduc en armes disputait l'Espagne à Philippe : la Catalogne entière le proclamait roi ; l'Angleterre, déjà maîtresse de Gibraltar qu'elle ne devait plus rendre, le soutenait de ses soldats et de ses vaisseaux ; occupé sur ses frontières contre Eugène, Marlborough et le duc de Savoie, Louis XIV ne secourait que péniblement son petit-fils. Madame des Ursins, en arrivant à Madrid, s'entend aussitôt avec l'ambassadeur Amelot, le ministre Orry, et le maréchal Tessé. « Il est vrai, écrit-elle, qu'on a de la peine à remuer toute cette machine ici ; mais on ne néglige rien pour la faire marcher. » Dès les premiers jours, elle s'est décidée contre les grands dans une querelle d'étiquette, et a inspiré au jeune roi une énergie qui a fait taire les vanités : elle comprend que la condescendance ne sauverait rien. « L'essentiel aujourd'hui n'est pas de contenter les grands, en leur laissant une autorité usurpée ; il faut travailler, comme on fait, à avoir des troupes, trouver moyen de les payer, et se moquer du reste. Plût à Dieu qu'il nous fût aussi facile de prendre le dessus sur les prêtres et les moines, qui sont la cause de toutes les révoltes ! » Tant que durera la guerre, il n'y a de salut à ses yeux que dans les gros bataillons. Elle les sollicite de M. de Torcy et de M. de Chamillard ; elle les implore de madame de Maintenon. Tous les tons de la prière sont essayés auprès d'elle, depuis la bouderie jusqu'à l'enjouement, témoin ce début de lettre, d'une insinuation charmante : « Il ne tient qu'à vous, madame, de m'apaiser et de m'empêcher de gronder; que le roi ait la bonté de laisser en Espagne les vingt bataillons que sa majesté espagnole lui demande, nous serons contents. S'il voulait envoyer les trente autres à M. de Noailles, ce serait perfectionner la grâce. » En cela, madame des Ursins pensait aussi juste qu'elle suppliait agréablement. Par malheur, la France elle-même était épuisée. On envoya pourtant Berwick, et ce fut l'occasion de remerciements flatteurs et d'ingénieuses délicatesses. « La reine, écrivit ce jour-là madame des Ursins, a fort goûté toutes les règles de Saint-Cyr; nos dames veulent les avoir, et je les fais traduire en espagnol pour leur donner cette satisfaction. Si sa majesté n'était pas dans des engagements bien différents, je crois, en vérité, qu'elle voudrait être une de vos élèves. »

Berwick répara les affaires, et par la victoire d'Almanza rendit quelque sécurité à la cour. Les lettres de madame des Ursins s'en ressentent pendant les années 1707 et 1708. Vives et piquantes, elles abondent en saillies de gaieté et en railleries de bon goût; on dirait que par ses agaceries elle cherche à relever l'âme contrite de sa dévote amie. Sur la grossesse de la reine, sur la nourrice et la layette de l'infant, sur la fièvre intermittente de madame de Maintenon, elle est inépuisable. Toutes les formules respectueuses et tendres sont prodiguées sans fadeur, et c'est au milieu de ces adoucissements de toutes sortes que les grandes affaires arrivent à l'oreille délicate et craintive de la mystérieuse épouse de Louis XIV. Cependant des boutades de franchise échappent parfois qui purent bien scandaliser; on écrivit un jour ces téméraires paroles : « De quoi se mêlent ceux qu'on appelle jansénistes et le *parti contraire*, d'empêcher qu'on envoie à Rome des personnes qui soient ou ne soient pas dans leurs opinions? Parle-t-on encore de cela où vous êtes, madame? Ils devraient, ce me semble, laisser leurs disputes jusqu'à ce que la paix générale fût faite, et ensuite recommencer leurs guerres civiles, s'arracher leurs bonnets de la tête, s'ils en avaient envie; mais présentement nous avons des choses plus sérieuses; et pour moi, j'ai si fort regardé ces deux partis avec indifférence, que je n'ai pas voulu presque en entendre parler, et que je cherche toujours mes confesseurs exempts de haine ou d'amitié pour eux. » Grâce à madame des Ursins et à la reine d'Espagne, princesse remplie de force et de prudence, l'intérieur de cette cour demeura libre de toute intrigue religieuse, quoique le roi Philippe méritât d'être appelé un *grand saint;* et, malgré l'exemple de la France, on n'eut à s'occuper en Espagne que des soins de la guerre.

Sur ces entrefaites, la terrible année 1709 arriva. Les condoléances de madame de Maintenon redoublèrent; Saint-Cyr ni Trianon n'avaient plus de charmes capables de la consoler. Tout le jour en fièvre et en prières, elle ne soupirait qu'après une paix prochaine, à quelque prix qu'on dût l'acheter. Mais la paix était encore moins faisable alors que la guerre. La première condition imposée à Louis XIV l'obligeait à détrôner son petit-fils; et madame des Ursins, que révoltait cette seule idée, repoussait inexorablement au sujet de ses maîtres toute suggestion détournée d'abdication volontaire. Ici sa correspondance change de ton; les ironies se cachent sous les compliments; mordantes en même temps que polies, pleines à la fois de verve et de convenance, elles exercent la résignation chrétienne de celle qui les reçoit et qui pardonne par charité. Fidèle à la famille d'Espagne au risque de déplaire à Louis XIV, madame des Ursins déclare son dessein de se retirer, plutôt que de donner au roi Philippe un conseil incompatible avec sa gloire. « Seulement, pour se tenir toujours à portée d'être utile à la reine et au jeune prince des Asturies, elle ira dans quelque petite ville des Pyrénées. Ce sera peut-être Pau qu'elle choisira. Il y gèle, les maisons n'y ferment pas, et elle n'a pas d'argent pour acheter les meubles de commodité. Mais elle fait faire d'avance des tapisseries de nattes pour couvrir les murailles de sa chambre, et elle a même envie d'en envoyer en présent à madame de Maintenon une toute semblable qui sera digne assurément de la simplicité de Saint-Cyr. » On lui doit cette justice en effet qu'elle était restée pauvre. Depuis trois années elle n'avait reçu de Louis XIV que 5,000 livres sur 60,000 qui lui étaient dues; et de Philippe, elle n'avait rien reçu du tout. Accablée de dettes elle-même, « en vérité, disait-elle encore, je croirais voler sur l'autel si je recevais du roi d'Espagne. » Qu'on ne l'accuse pourtant pas d'être meilleure Espagnole que Française; elle vous répondra « qu'elle n'oublie pas sa nation, mais qu'elle a horreur de la voir avilir; elle aime la France, mais comme une bonne mère fait de sa fille, qui ne la flatte pas sur ses défauts. » Aussi, tout en s'apitoyant de fort bonne grâce sur ce pauvre M. de Villeroy et sur ce *bon* M. Chamillard, elle demande à madame de Maintenon à propos de ce dernier, « si c'était assez de sa *bonté* pour gouverner la guerre et les finances durant tant d'années si terribles. Je prends la liberté, Madame, de vous demander là-dessus une explication un peu plus intelligible, pourvu néanmoins que vous le puissiez faire. » Et comme on lui répond discrètement qu'en France on n'aime pas que les femmes parlent d'affaires, « tant mieux alors, s'écrie-t-elle avec l'orgueil de son sexe; nous aurons bien des choses à reprocher aux hommes, puisque nous n'y aurons point eu de part. »

Philippe et sa cour furent obligés d'abandonner Madrid pour la seconde fois devant les armes de l'archiduc. Durant tous ces instants, la reine trouva dans le courage et le dévouement de madame des Ursins

d'inappréciables ressources. Vendôme enfin fut envoyé
au secours de ce trône ébranlé ; ses victoires, celles
de Villars en Flandre, la mort de l'empereur, et la disgrâce de la duchesse de Marlborough préparèrent la
paix générale. Pourtant madame de Maintenon reproche encore à madame des Ursins de la retarder, et
cette fois le reproche n'est pas sans justice. Madame
des Ursins aspirait à se faire dans les Pays-Bas une
petite souveraineté indépendante, et, par l'opposition
des alliés à la reconnaître, devenait un obstacle personnel à la signature des traités. Il eût été plus sage
et plus noble de se sacrifier de bon gré ; elle ne le fit
pas, et subit jusqu'au bout le refus de sa prétention
avec l'odieux attaché au retard de la paix. Ces divers
démêlés avaient relâché ses liaisons avec la France. La
reine d'Espagne étant venue à mourir et le roi ne
pouvant se passer d'épouse, elle fit choix de la princesse de Parme dont elle crut s'assurer la reconnaissance en l'élevant si haut. Elle n'instruisit qu'au dernier
moment la cour de France et madame de Maintenon ;
l'excuse qu'elle donne à cette dernière est bien trou-
vée. « Sa Majesté, lui écrit-elle, aussi modeste que vos
jeunes demoiselles de Saint-Cyr, voudrait passionné-
ment cacher à tout le monde ce que sa seule conscience
l'oblige à faire. » L'abbé Albéroni fut seul chargé de
tout conclure ; on connaît assez l'issue. A peine madame des Ursins eut-elle paru devant la nouvelle reine
pour la complimenter, qu'elle fut chassée de sa pré

sence, jetée dans un carrosse à six chevaux, et entraînée, jour et nuit, par un hiver rigoureux, sans autre linge ni vêtements que ce qu'elle avait sur elle, à l'âge de soixante-six ans. Elle arriva ainsi en France, sans avoir laissé échapper ni une larme, ni un reproche, ni un regret. Philippe lui écrivit une lettre de simple civilité ; madame de Maintenon la plaignit et lui prêcha la résignation : « Il faut se taire, madame, quand nos malheurs nous viennent de ceux que Dieu a faits nos maîtres. » Louis XIV la reçut avec décence, et lui fit conseiller d'aller jouir à Rome de la considération qu'on ne pouvait lui refuser.

On a beaucoup reproché à madame des Ursins ce qu'on appelle ses intrigues : les Mémoires de Saint-Simon ont accrédité surtout cette opinion ; mais une étude impartiale des faits et particulièrement la lecture de ces lettres détruisent la plupart des accusations imaginées par cet esprit systématique. Marmontel, qui avait eu entre les mains cette correspondance manuscrite, a jugé très-favorablement madame des Ursins, et en vérité, d'après ce qu'on y lit, il est difficile de se défendre envers elle d'indulgence et d'estime. Elle a intrigué sans doute, parce qu'alors gouverner n'était autre chose qu'intriguer : mais elle avait mission pour le faire, et ce n'est pas son sexe qui doit nous rendre plus sévère en l'appréciant. Elle servit utilement Louis XIV, elle servit courageusement et loyalement Philippe ; dès qu'on put s'en passer, on la chassa, on l'oublia ; mais il ne faut pas la flétrir, et si le blâme doit retomber sur quelqu'un, que ce soit plutôt sur ces rois qui la payèrent de tant d'ingratitude.

14 septembre 1826.

MADAME DE MAINTENON

ET

LA PRINCESSE DES URSINS

Lettres inédites.

II

Nous avons vu madame des Ursins, douée d'un esprit supérieur et hardi, se jeter avec vigueur dans les affaires et ne pas s'y ménager. Sans mystère ni scrupule, elle ne désavoue pas son crédit, en use largement, hautement, et s'inquiète peu des discours clandestins. A l'aise au milieu des embarras et même des désastres, elle y garde sa liberté d'esprit, sa fermeté d'action et jusqu'à sa verve de badinage et de gaieté. Jamais elle ne désespère, et tant qu'on peut oser encore, elle se déclare pour le parti de l'audace. Dans un siècle où la dévotion était de mise, au moins dans les manières, elle n'en a que l'indispensable; son esprit purement ambitieux et humain croit à la vertu de M. de Vendôme bien plus qu'à celle d'une oraison, et juge les débats théologiques avec une supériorité tout à fait mondaine. En un mot, madame des Ursins est le parfait contraste de madame de Maintenon; jamais parallèle historique n'a prêté autant que celui de ces deux dames à cette heureuse ou malheureuse symétrie, si conforme aux règles de l'Académie et de la rhétorique. Cette fois, il n'y a pas moyen d'y échapper; qu'on nous fasse seulement la grâce de penser qu'il n'y a rien de notre faute dans l'opposition, jusqu'au bout uniforme, que le second portrait va offrir à côté du premier.

Jetée, jeune et pauvre, dans le monde, avec sa beauté et son titre de demoiselle, exposée dès l'enfance aux persécutions des dévots, qui la convertirent à grand'-peine, et plus tard chez Scarron, aux galanteries des grands seigneurs qui ne la séduisirent pas, madame de Maintenon se distingua de bonne heure, et dans tous les états, par cette prudence accomplie, cet esprit de conduite, qu'alors on regardait comme la première vertu de son sexe, et qui de nos jours est resté tant à cœur à la haute société monarchique, sous le nom presque sacré de *convenance*. Épouse du libertin Scarron, gouvernante des bâtards de Louis XIV, femme non avouée d'un roi qui n'avait pas toujours été scrupuleux, elle est partout la même, fidèle à la bienséance dans les moindres choses, et sauvant par une habileté de menus détails l'équivoque de sa position. Sa vie entière s'était consumée dans cette lutte subtile ; ses facultés s'y étaient resserrées ; et, grâce à tant de travail sur elle-même, nulle femme ne possédait à son égal l'entente profonde et déliée des tracas de salon ; c'était une gloire dans la société, mais, en même temps, un obstacle à l'intelligence des grandes affaires. En s'approchant du trône, elle ne changea pas ; sa circonspection se raffina de plus en plus ; la dévotion qu'elle avait affichée jusque-là, par contenance plutôt que par componction, s'accrut par l'âge, l'oisiveté, l'habitude, et ne devint que plus étroite en devenant plus sincère. Par principe de prudence, comme par principe d'humilité, elle affecta de se rapetisser et de s'effacer au milieu de tant de grandeurs ; les calamités de toutes sortes, qui affligeaient la France et la famille de Louis XIV, lui inspirèrent un découragement trop naturel pour ne pas être vrai, qu'il entrait dans ses vues et ses manières d'exagérer encore. Il est curieux de la voir, dans cette correspondance, protester à tout propos contre l'idée qu'on pouvait avoir de son crédit : « Je ne suis qu'une particulière assez peu importante ; je ne sais pas les affaires, on ne veut point que je m'en mêle, et je ne veux point m'en mêler. » Tantôt elle se compare avec pruderie à une ingénue de quinze ans : « Je suis un peu comme Agnès, je crois ce qu'on me dit, et ne creuse pas davantage. » Tantôt elle se vieillit avec une complaisance qui fait sourire : « Si vous me voyiez, madame, vous conviendriez que je

fais bien de me cacher : je ne vois presque plus ;
j'entends encore plus mal ; on ne m'entend plus,
parce que ma prononciation s'en est allée avec mes
dents, la mémoire commence à s'égarer ; je ne me
souviens plus des noms propres, je confonds tous les
temps, et nos malheurs joints à mon âge me font
pleurer comme toutes les vieilles que vous avez vues. »
Sans croire tout à fait à ce renoncement absolu au
monde, on est pourtant forcé de reconnaître qu'il y a
dans ce langage de madame de Maintenon plus de
manie que d'hypocrisie, et qu'à force de se faire, en
paroles, insignifiante et inactive, elle l'était sur la fin
réellement devenue. Dévouée, jusqu'à la superstition, à
la volonté de Louis XIV, elle n'osait se commettre en
rien, de peur de lui déplaire ; un mot de sa bouche eût
sauvé Racine, et elle se garda de le risquer ; malgré
sa prédilection pour le maréchal de Villeroi, elle en
était venue à refuser sa protection à l'abbé de Villeroi
pour l'archevêché de Lyon : « Je ne le connais pas
assez, écrit-elle, pour me mêler de son établissement ;
les places dans l'Église intéressent un peu la conscience de ceux qui les donnent, et l'on a bien assez
de ses péchés sans avoir à répondre de ceux des autres. Il est vrai, ajoute-t-elle, que je n'aime pas à me
mêler d'affaires, que je suis naturellement timide ;
mais il est vrai que je ne m'en suis que trop mêlée.
C'est moi qui ai attiré M. l'abbé de Fénelon, sur la réputation de son mérite : quel déplaisir ne m'a-t-il pas

attiré ! C'est moi qui ai désiré ardemment l'archevêché de Paris : quelles terribles affaires avons-nous contre un prélat (le cardinal de Noailles) qui, étant irréprochable dans ses mœurs, tolère le plus dangereux parti qui pût s'élever dans l'Église ; qui désole sa famille, et afflige sensiblement le roi dans un temps où sa conservation est si nécessaire. » Il faut le dire, cependant, cette vénération excessive pour la personne du vieux monarque n'est souvent qu'un devoir d'épouse qui honore madame de Maintenon ; il semble que ce soit le seul sentiment capable d'enlever cette âme froide à elle-même, et d'en tirer des accents de véritable émotion. La lettre où elle rapporte la mort du dauphin et le deuil du roi est pleine de larmes, d'une simplicité parfaite et d'une onction pénétrante. Dans tout ce qu'elle écrit se mêle la pensée de Louis XIV ; elle en est absorbée ; sa sollicitude n'omet aucune circonstance sur la santé défaillante du vieillard ; une garde-malade n'en dit pas plus ; elle omettrait plutôt un succès de Villars qu'une prescription du médecin Fagon, et chaque fois que le roi prend sa *médecine de précaution*, madame des Ursins en est informée.

En général, madame de Maintenon ne s'élève pas au-dessus des détails, et même, dans ses plus grands chagrins, ne les perd pas de vue. Ses lettres sont remplies des nouvelles de la cour et de la ville, telles que les naissances, les mariages, et surtout les morts, qui font plus d'impression sur son âme attristée. « Je n'en tends parler que de morts, dit-elle ; M. le duc de Foix est mort ; madame la comtesse de Miossens est morte ; M. de Montpéroux, commandant la cavalerie, est mort ; l'archevêque de Lyon se meurt, et le marquis d'Effiat se mourait hier. Je m'en vais voir une reine que je trouverai bien affligée de n'être point morte. » On dirait qu'elle se complaît au milieu de tant de deuil. Cette reine, dont elle parle, est celle d'Angleterre, qui résidait à Saint-Germain, et qu'elle aimait à visiter pour causer ensemble des malheurs du temps. Le même besoin de condoléance et de chuchotage la rapprochait de Villeroi : « Notre maréchal de Villeroi et moi, écrit-elle avec une sorte de satisfaction chagrine, déplorons souvent nos pertes et critiquons tout ce qui se passe. » Le vieux favori mécontent compatissait de grand cœur, comme on peut croire, aux plaintes éternelles de sa désolée confidente, et tous deux se consolaient à l'envi dans ces épanchements lamentables.

Si madame des Ursins avait désiré se faire une souveraineté indépendante dans les Pays-Bas pour s'assurer une retraite, madame de Maintenon sut s'en préparer une, qui était plus à sa portée et dans ses goûts. Prêcheuse par tournure et habitude d'esprit, un peu pédante, de ce pédantisme dont on a dit qu'il était le *plus joli du monde*, elle avait de tout temps aimé à conseiller et à moraliser. En fondant Saint-Cyr, elle réalisa un doux rêve : avec Louis XIV, Saint-Cyr eut toute sa tendresse ; lui parler de Saint-Cyr et des trois cents enfants qu'elle y élevait, c'était l'attaquer par son endroit sensible. « Votre politesse, écrit-elle à madame des Ursins, veut donc aller jusqu'à m'en demander des nouvelles, connaissant la faiblesse des mères. » Elle avait fini par y passer toutes ses journées, et n'allait plus qu'au soir à Versailles. Ainsi retirée de la cour à moitié, la mort de Louis XIV ne la prit pas au dépourvu ; son asile était prêt, arrangé de ses mains avec une longue et attentive prévoyance, véritable sanctuaire décoré d'ombrages, de parfums et de cantiques pieux. Après que les grilles se furent fermées sur elle pour la dernière fois, elle parut seulement se recueillir plus longuement qu'à l'ordinaire. Dès lors son unique pensée est d'achever doucement de vivre, et de savourer à loisir la béatitude qu'elle s'est ménagée : dans sa lettre d'adieux à madame des Ursins, le rayonnement de l'amour-propre satisfait perce sous la froideur ascétique et les sentiments chrétiens : « Vous avez bien de la bonté, madame, d'avoir pensé à moi dans le grand événement qui vient de se passer ; il n'y a qu'à baisser la tête sous la main qui nous a frappés. Je voudrais de tout mon cœur, madame, que votre état fût aussi heureux que le mien. J'ai vu mourir le roi comme un saint et comme un héros ; j'ai quitté le monde que je n'aimais pas ; je suis dans la plus aimable retraite que je puisse désirer ; et partout, madame, je serai toute la vie, avec le respect et l'attachement que je vous dois, votre très-humble et très-obéissante servante. »

Nous ne pousserons pas plus loin ces citations, qui suffisent, ce nous semble, pour définir le caractère de madame de Maintenon. Il ne faut pas la faire pire qu'elle n'a été, en s'exagérant sa portée d'esprit. D'un tact consommé dans la société, ses vues ne s'élargirent pas avec sa fortune; elle eut moins d'hypocrisie que de petitesse, et elle est moins haïssable pour ses fautes que le gouvernement absolu qui les permit. Quant au mérite littéraire de sa correspondance et de celle de madame des Ursins, il est tel qu'on peut l'attendre de deux femmes de cet esprit, nourries au milieu des délicatesses d'un si beau siècle. Le mouvement de leur style diffère autant que la physionomie de leur pensée : plus vif et varié dans madame des Ursins, plus doux et monotone dans madame de Maintenon. Mais ce qui est commun à toutes deux, et ce qu'on retrouve également chez mesdames de Sévigné et de La Fayette, c'est cette franchise et cette naïveté d'un langage toujours pur, malgré ses négligences et ses familiarités. La prétention n'en approche jamais; on n'y rencontre même rien de cette précision utile, mais étroite, qu'ont introduite les analyses des philosophes et des moralistes du siècle dernier. L'expression, avant tout, y est large et abondante, jusqu'à paraître un peu vague et diffuse. « Le seul art dont j'oserais soupçonner madame de Sévigné, dit madame Necker, c'est d'employer souvent des termes généraux, et, par conséquent, un peu vagues, qu'elle fait ressembler, par la façon dont elle les place, à ces robes flottantes, dont une main habile change la forme à son gré. » La comparaison est ingénieuse ; mais il ne faut pas voir un artifice dans cette manière de madame de Sévigné, non plus que dans celle de mesdames des Ursins et de Maintenon : c'est la manière de l'époque et l'un des mérites inséparables de son style. Avant de s'ajuster exactement aux différentes espèces d'idées, le langage est jeté à l'entour avec une ampleur qui lui donne l'aisance et la grâce ; mais quand le siècle d'analyse a passé sur la langue et l'a travaillée à son usage, on ne peut plus qu'admirer et regretter ce charme à jamais évanoui du grand âge littéraire ; on essayerait en vain d'y revenir à force d'art ; et la critique, qui sent tout ce qu'il a d'exquis, est dans l'impuissance de le définir sans l'altérer.

novembre 1826

DUMOURIEZ

ET

LA RÉVOLUTION FRANÇAISE

PAR M. LEDIEU.

En annonçant cet ouvrage, nous l'avons déjà caractérisé. C'est un plaidoyer d'ami en faveur de Dumouriez; c'est un raisonnement à propos de sa vie; les faits n'interviennent que comme des pièces justificatives d'un syllogisme. *Le général Dumouriez a-t-il dû suivre le parti de la Révolution? le général Dumouriez a-t-il dû abandonner le parti de la Révolution?* M. Ledieu, après s'être posé ces questions, les discute abondamment et les résout pour l'affirmative. Cette conséquence était forcée dans sa bouche. Quelle que soit la droiture d'intention de l'apologiste et la pureté du sentiment qui l'a dirigé, on sent combien les faits ont dû se rétrécir et se fausser, en entrant de rigueur dans un pareil cadre. L'habile et flexible Dumouriez, l'agent de la diplomatie occulte sous Louis XV, le courtisan rompu aux mystères de la vieille monarchie, le républicain au demi-sourire, y prend par degrés la physionomie austère du citoyen le plus dévoué et du sujet le plus loyal; à force d'abstractions, il est devenu le type épuré du *royalisme constitutionnel*, ou, si l'on aime mieux, du *constitutionnel royaliste*. Dieu nous garde de calomnier la mémoire d'un sauveur de la patrie ! Mais Dumouriez n'a pas mérité à lui seul les deux réputations réunies de Malesherbes et de La Fayette. De bonne heure il avait renoncé aux principes absolus; les convictions qui remuent le plus puissamment les âmes ne faisaient qu'effleurer la sienne. Sûr de sa présence d'esprit, fort de sa merveilleuse sagacité, il s'abandonnait volontiers au cours des choses, et comptait, ainsi qu'à la guerre, sur les saillies du moment. Cet épicuréisme politique n'était pas une simple affaire de calcul ou d'indifférence : il y avait mieux chez lui; sans préjugés surannés, sans passions profondes, doué d'une conception éminemment prompte et lucide, Dumouriez était fait pour comprendre à merveille les divers partis de la scène révolutionnaire, et, si l'on excepte les jacobins stoïquement féroces, il lui était aisé de sympathiser plus ou moins vivement avec tous. En un seul jour, il eût pu, sans forcer son naturel, se jeter au château aux pieds de Marie-Antoinette, s'asseoir en patriote sincère à la table frugale de son collègue Roland, et, sortant le soir avec Danton par le bras, se prendre aux familières confidences du sans-culotte sans façon. Tel Dumouriez se dessine à nos yeux dans l'histoire, tel il ne se reproduit point dans l'ouvrage de M. Ledieu. En nous donnant, au lieu de Mémoires historiques un mémoire de barreau en bonne forme, l'auteur assoit en quelque sorte le vainqueur de l'Argonne sur la sellette ; et dès lors cette figure, si pleine de mouvement et de vie, prend un air d'apparat, comme devant les juges. Et qui donc songe à l'accuser aujourd'hui ? Il y a longtemps que les procès intentés par la Convention à Dumouriez et à La Fayette ont été cassés par une génération impartiale. Non pas sans doute que Dumouriez, en quittant son armée, ait obéi, comme La Fayette, à ce qu'il croyait un devoir. On peut assez le comprendre et l'excuser sans lui faire honneur d'une probité si inflexible. Son aversion pour la Montagne, ses craintes personnelles, des réminiscences monarchiques, une couronne de pacificateur à cueillir, voilà ce qui l'aveugla. Le patriotisme, sans être étranger à son âme, n'était chez lui que secondaire ; et c'est provoquer maladroitement la sévérité contre sa mémoire que de faire de lui un martyr. Mais pour traître, il ne l'a pas été davantage ; violemment placé entre l'échafaud de la Convention et les baïonnettes autrichiennes, il n'a pas échappé à l'indécision ni à l'imprévoyance ; son habileté l'a trahi dans une crise si rude. A ceux pourtant qui lui reprocheraient trop amèrement de s'être trompé, n'a-t-il pas droit de répondre aussi d'un seul mot : « A tel jour, à telle heure, j'ai sauvé la patrie ! »

M. Ledieu, dans la quatrième et dernière partie de

son livre, suit Dumouriez hors de France, et nous esquisse sa vie depuis 93 jusqu'en 1823. On désirerait toujours plus de détails et moins de réflexions, une solennité moins oratoire ; l'auteur est trop fidèle à la règle de ne nommer les choses que par les termes les plus généraux. Du reste, il annonce des Mémoires inédits de Dumouriez sur cette même époque ; espérons qu'il en fera jouir prochainement le public, et qu'il sacrifiera au culte de l'amitié des considérations, par trop scrupuleuses. Quoi qu'il en soit, son récit, réduit aux simples faits, donne une haute idée de la capacité prodigieuse et de l'infatigable activité du général proscrit. De nombreux écrits de circonstance adressés à la France ou à l'émigration, des pamphlets contre Bonaparte, des liaisons avec Moreau et Pichegru, des instructions militaires à l'Espagne, tout révèle en lui une ferveur d'esprit que l'âge ni l'infortune ne pouvaient glacer. On le vit dans sa retraite de Litlle-Ealing tracer d'une main octogénaire des plans de campagne pour la défense de l'Italie constitutionnelle, pour celle des Cortès d'Espagne et pour la cause des Hellènes. Il semblait, à mesure qu'il vieillissait dans l'exil, espérer de plus en plus fermement en l'avenir des peuples ; son âme, détrompée enfin des calculs d'autrefois et comme purifiée par les épreuves, s'attachait à la liberté avec la foi croissante de la jeunesse. Les habitudes de sa vie première s'effaçaient avec les années ; et celui qui n'aurait été qu'un second Belle-Isle sous l'ancien régime, devenait chaque jour plus ressemblant au vainqueur de Jemmapes. C'est ce spectacle sans doute qui a fait illusion à M. Ledieu ; il a conclu du présent au passé, et a interprété le Dumouriez de 93 par le Dumouriez de 1823. Mais il ne fallait pas oublier que les hommes d'une vaste intelligence, s'ils ne se rangent de bonne heure à des principes immuables, ne demeurent pas semblables à eux-mêmes aux diverses époques de leur vie, et qu'il en est de certaines âmes comme de ces rivières d'autant plus limpides qu'on les prend plus loin de leur source.

Citons de Dumouriez deux traits qui attestent l'élévation ou du moins la délicatesse de ses sentiments. Il continuait de recevoir, en Angleterre, la pension que l'archiduc Charles lui avait fait accorder en 1802. Mais à peine eut-il la certitude de l'alliance de l'Autriche avec Napoléon, qu'il envoya sa renonciation au traitement. Lors de la première Restauration, il crut avoir quelque droit à une récompense nationale pour les anciens services de son généralat en chef : d'ailleurs, ses efforts pour relever le trône constitutionnel contre la Convention devaient, ce semble, lui mériter la bienveillance des Bourbons : il aspirait au bâton de maréchal de France. On lui offrit *vingt mille livres de traitement comme lieutenant général en retraite;* et il préféra demeurer dans l'exil.

Que l'émigration en ait agi de la sorte avec Dumouriez au moment où celui-ci lui devenait inutile, on le conçoit sans peine : l'ingratitude appartient de droit aux cours encore plus qu'aux républiques. Mais ce qui est inouï, ce qui caractérise au naturel l'incapacité de cette émigration, sa mesquinerie de vues, sa lésinerie de moyens, ses rancunes invétérées, en un mot toute l'étroitesse de son bigotisme politique, c'est l'accueil hostile et outrageux qu'elle fit au général éminent qui avait tenté de relever, en y inscrivant le mot de Constitution, une bannière dépopularisée. M. de Metternich s'essayait dès lors à l'ignoble système de persécution qu'il n'a pas oublié depuis. Chassé d'Anvers, de Bruxelles, de l'Électorat de Cologne, et finalement de tous les États de l'empereur, repoussé même de la Grande-Bretagne, Dumouriez arriva, après deux mois de dangers et de misères, sur le territoire de Venise, où de nouvelles tracasseries l'attendaient. On le peignit, dans les gazettes, comme un conspirateur. M. de Metternich fit même arrêter Batiste, aide de camp du général ; et celui-ci n'eut que le temps de s'enfuir à Berne, que bientôt il fut forcé de quitter pour Hambourg. Il avait pour unique ressource la vente des ouvrages qu'il publiait sur la politique. C'est sur ces entrefaites que Louis XVIII, retiré à Mittau, jeta les yeux sur Dumouriez. M. de Saint-Priest, qui avait le titre de ministre des affaires étrangères de sa majesté très-chrétienne, fut chargé de nouer la négociation avec le général. Une correspondance s'engagea, et l'on parut s'entendre. Dumouriez voulait la Restauration ;

mais il la voulait par la France, pour la France, et avec des garanties. Louis XVIII semblait entrer dans ces vues; il fit venir Dumouriez à Mittau, le traita avec distinction, et le chargea d'une mission auprès de l'empereur de Russie, Paul. Mais dans la lettre dont il était porteur, Dumouriez vit avec étonnement qu'on ne lui donnait que le titre de maréchal de camp, et il en demanda la raison, en disant qu'il avait été nommé lieutenant général par Louis XVI. Le prince répondit que les nominations faites depuis la Révolution ne pouvaient être reconnues par lui. Cette réponse ajouta à l'étonnement de Dumouriez : il ne voulait pas être dégradé. On lui proposa un autre titre qu'il refusa. Bref, après bien des discussions, on éluda cette grave difficulté en le désignant simplement comme *le général Dumouriez :* cela n'engageait à rien. Mais, en se rendant à Saint-Pétersbourg, Dumouriez réfléchit beaucoup sur cette petite circonstance; il comprit que si on lui contestait si obstinément un grade, on n'était guère disposé à céder sur des points bien autrement importants; et dès lors il se tint sur la réserve avec la cour de Mittau.

2 janvier 1827.

VICTOR HUGO[1]

ODES ET BALLADES.

I

Dès les premiers instants de la Restauration et du sein même de ses souvenirs naquit en France une poésie qui frappa, quelque temps, par son air de nouveauté, ses promesses brillantes de talent et une sorte d'audace. De jeunes esprits, nourris du *Génie du Christianisme*, tournés par leur nature et leur éducation aux sentiments religieux et aux croyances mystiques, avaient pensé, à la vue de tant d'événements mémorables, que les temps marqués étaient accomplis et que l'avenir allait enfin se dérouler selon leurs vœux. Tout amoureux qu'ils étaient cependant des âges chevale-

---

[1]. Cet article et le suivant sont les deux premiers que M. Sainte-Beuve a écrits sur M. Victor Hugo. Il y renvoie le lecteur dans l'appendice de son article de 1835 (*Portraits Contemporains*, tom. I, page 433, édit. Michel Lévy).

resques et monarchiques, des légendes et des prouesses, le spectacle de nos exploits et de nos désastres récents, les grandes révolutions contemporaines, surtout la merveilleuse destinée de Napoléon et sa double chute, les avaient fortement remués : champions du vieux temps, et remplis d'affections modernes, ils étaient novateurs, même en évoquant le passé. On le vit bien dans leurs essais littéraires. Autour de deux ou trois idées fondamentales, s'organisa chez eux un système complet de poésie, formé du platonisme en amour, du christianisme en mythologie, et du royalisme en politique. L'intention politique leur semblait, en général, une partie essentielle de toute composition littéraire, et il fallait bien qu'il en fût ainsi, puisque, selon M. Hugo, *l'histoire des hommes ne présente de poésie que jugée du haut des idées monarchiques et des croyances religieuses.* Au milieu d'une société étrangère par ses goûts et ses besoins à ces sortes de théories, une vive sympathie dut bientôt réunir et liguer ensemble les jeunes réformateurs : aussi ne manquèrent-ils pas de s'agréger étroitement, et de se constituer envers et contre tous missionnaires et chevaliers de la doctrine commune. Voici ce qu'écrivait, dans la *Muse française*, M. Soumet, sur le ton solennel d'un prône ou d'un ordre du jour : « Les lettres sont aujourd'hui comme la politique et la religion ; elles ont leur profession de foi, et c'est en ne méconnaissant plus l'obligation qui leur est imposée que nos écrivains pourront se réunir, comme les prêtres d'un même culte, autour des autels de la vérité; ils auront aussi leur sainte alliance; ils n'useront pas à s'attaquer mutuellement des forces destinées à un plus noble usage; ils voudront que leurs ouvrages soient jugés comme des actions, avant de l'être comme des écrits; ils ne reculeront jamais devant les conséquences, devant les dangers d'une parole courageuse, et ils se rappelleront que le dieu qui rendait les oracles du temple de Delphes, avait été représenté sortant d'un combat. » Une fois qu'on en venait à un combat dans les formes avec les idées dominantes, on était certain de ne pas vaincre. La société se fâcha de n'être pas mieux comprise par une poésie qui se proclamait celle du siècle, et à son tour elle se piqua de ne pas la comprendre. Tant soit peu injuste par représailles, elle eut ses prédilections et ses antipathies : Casimir Delavigne et surtout Béranger furent ses poëtes; et ils le méritaient bien sans doute; mais d'autres aussi méritaient quelque estime, qui, après des succès de salon, n'obtinrent du public que peu d'attention et force plaisanteries. J'excepte ici la belle renommée de M. de Lamartine : elle n'appartient proprement à aucune école, et fut conquise, du premier coup, sur l'enthousiasme avec toute l'insouciance du génie. Il ne fallait pas moins que cette naïveté sublime de ses premières *Méditations* pour faire pardonner à l'auteur la teinte mystique de ses croyances, et, encore, le moment de la surprise passé, s'est-on bien tenu en garde contre un second accès de ravissement. Quant à l'école de la *Muse française*, elle manquait de semblables moyens de séduction. Procédant d'après des règles expresses de poétique et de politique, elle oubliait trop ce vœu d'un de ses talents les plus indépendants :

> Heureux qui ne veut rien tenter !
> Heureux qui ne vit que pour vivre,
> Qui ne chante que pour chanter !

Elle eut bientôt ses lieux communs, ses fadeurs mythologiques, sa chaleur factice, et la plupart des défauts qu'elle reprochait à l'ancienne poésie. Le style, qui frappe et enlève le grand nombre des lecteurs, lui a surtout manqué ; et, chez elle, la pensée, souvent belle et vraie, n'a presque jamais pu se dégager de ses voiles. Au tourment du langage et à l'impuissance d'expression, on aurait dit des prêtres sur le trépied ; et, à ce sujet, l'on se rappelle peut-être encore avec quelle loyauté, assurément bien méritoire, l'auteur du *Clocher de Saint-Marc* a porté sentence contre lui-même dans le *Mercure*. De cette lutte inégale entre quelques salons et l'esprit du siècle, qu'est-il arrivé ? Le siècle, de plus en plus ennemi de tout mysticisme, a continué sa marche et ses études. Se contentant de ses deux ou trois poëtes favoris, il s'est peu inquiété d'en acquérir de nouveaux ; de sa part, les encouragements, et même en dernier lieu les critiques, ont

presque entièrement cessé. La *Muse française* a donc
fini d'exister à titre d'école, et l'Académie, comme si
elle avait peur des revenants, a pris soin de la décimer.
Mais après la chute de leur théorie, un rôle assez beau
resterait encore aux jeunes talents qui, désabusés d'une
vaine tentative, abjurant le jargon et le système, se
sentiraient la force d'entrer dans de meilleures voies,
et de faire de la poésie avec leur âme. Cette fois, ils
pourraient rencontrer la gloire et mériter la reconnaissance du public : car, il ne faut pas s'y tromper, malgré ses goûts positifs et ses dédains apparents, le public
a besoin et surtout avant peu de temps aura besoin de
poésie ; rassasié de réalités historiques, il reviendra à
l'idéal avec passion ; las de ses excursions éternelles à
travers tous les siècles et tous les pays, il aimera à se
reposer, quelques instants du moins, pour reprendre
haleine, dans la région aujourd'hui délaissée des rêves,
et à s'asseoir en voyageur aux fêtes où le conviera
l'imagination. Eh! comment, par exemple, resterait-il
insensible à ces chants délicieux et purs, récemment
échappés à une épouse, à une mère, à une amie de la
France? Disons-le pourtant, si l'on voulait absolument
rapporter les poésies de madame Tastu à une école, et
rattacher son écharpe à quelque bannière, ce n'est qu'à
la *Muse française* qu'on en pourrait faire honneur.
Madame Tastu, par un délicat hommage d'amitié,
s'avoue l'élève de madame Dufresnoy; mais qu'il y a
loin de ses pieux et tendres accents à des élégies qui

ne sont le plus souvent que de pâles et sèches imitations de Parny ! A chaque instant, ses affections mélancoliques et chrétiennes nous la montrent en harmonie avec ces modestes poëtes qui ont pris pour devise le mot d'André Chénier :

Sur des pensers nouveaux faisons des vers antiques.

Elle-même se plaît à le reconnaître, en leur empruntant fréquemment ses épigraphes ; seulement, chez elle, tout vestige de système a disparu, et rien ne lui échappe qui n'ait passé par son cœur.

De tous ceux qui formaient la tribu sainte et militante à ses beaux jours d'ardeur et d'espérance, le plus indépendant, le plus inspiré, et aussi le plus jeune, était M. Victor Hugo. Dans le cercle, malheureusement trop étroit, où il se produisit, l'apparition de ses premières poésies fut saluée *comme l'un de ces phénomènes littéraires dont les muses seules ont le secret.* Il avait à peine atteint dix-sept ans lorsqu'il envoya son ode sur le rétablissement de la statue de Henri IV au concours des jeux floraux : l'églantine lui fut décernée, à la seule lecture, au milieu des applaudissements et des larmes d'admiration. M. Hugo devait cette étonnante précocité et à la trempe de son âme et aux circonstances de ses plus tendres années. Né dans les camps, élevé au milieu de nos guerriers, il avait de bonne heure parcouru l'Europe à la suite de nos drapeaux ;

son jeune cœur était déjà oppressé d'une foule d'ineffables sentiments, à l'âge ordinaire des jeux et de l'insouciance. Il nous a lui-même retracé fidèlement cette turbulence croissante de ses premières pensées à la vue de tant de grands spectacles. C'étaient des élans belliqueux, des accès de ferveur sainte : M. de Chateaubriand lui prédisait la gloire.

Le premier volume d'odes parut, et M. Hugo s'y montrait déjà tout entier. La partie politique y domine : ce sont des pièces sur *la Vendée*, sur *Quiberon*, sur *l'assassinat du duc de Berri*. A chaque page une haine violente contre la Révolution, une adoration exaltée des souvenirs monarchiques, une conviction délirante, plus avide encore de la palme de martyr que du laurier de poëte, et, pour peindre ces sentiments de feu, un style de feu, étincelant d'images, bondissant d'harmonie; du mauvais goût, à force de grandiose et de rudesse, mais jamais par mesquinerie ni calcul. Tel se révéla M. Hugo dans ses premières odes politiques : et, s'il n'y avait pas là de quoi faire un chantre populaire, si le siècle ne se pouvait prendre d'amour pour qui lui lançait des anathèmes, et si, en un mot, le La Mennais de la poésie ne devait pas prétendre à devenir le Béranger de la France, peut-être au moins il avait dans sa franchise et son talent des titres à l'impartialité et à la justice. Mais il s'était présenté l'injure à la bouche, et ne fut pas écouté ; sa voix se perdit dans le chant des *Messéniennes*, que redisait en

chœur la jeunesse. Une autre cause nuisit au succès :
à côté des odes de circonstance se trouvaient dans le
premier recueil des pièces telles que *la Chauve-Souris*
et *le Cauchemar*, qui trahissaient chez M. Hugo je ne
sais quel travers d'imagination contre lequel le goût
français se soulève. Oubliant que certaines images difformes, pour être tolérables en poésie, doivent y rester
enveloppées du même vague dans lequel elles glissent
sur notre âme, il s'est mis, de gaieté de cœur, et avec
toutes les ressources du genre descriptif, à analyser les
songes d'un cerveau malade; et il a traîné la chauve-souris au grand jour pour mieux en détailler la laideur. Il n'y aurait là qu'une orgie d'imagination jusqu'à un certain point excusable, si M. Hugo n'y revenait souvent. Mais dans son roman de *Han d'Islande*,
remarquable à tant d'autres égards, il a passé toutes
les bornes ; et son brigand est doué, grâce à lui, avec
un luxe et une prédilection qu'on ne sait comment
qualifier. Il en est résulté des impressions fâcheuses
contre l'auteur ; le ridicule s'est tourné de ce côté pour
se venger d'un poëte trop dédaigneux de la faveur
populaire ; et, laissant les nobles parties dans l'ombre,
on a fait de son talent, aux yeux de bien des gens, une
sorte de monstre hideux et grotesque, assez semblable
à l'un des nains de ses romans. Mais ce n'est là qu'une
ignoble et injuste parodie. Quand M. Hugo ne s'élève
pas jusqu'aux hauteurs de l'ode, il se délasse souvent
dans les rêveries les plus suaves, dont nul souffle étran-

ger n'altère la fraîcheur : il se plaira, par exemple, à montrer à son amie le nuage doré qui traverse le ciel, à le suivre de la pensée, à y lire ses destinées de gloire ou d'amour, puis tout à coup à le voir s'évanouir en brouillard ou éclater en tonnerre. Son style alors s'amollira par degrés, et l'harmonie, dans les instants de repos, ne sera plus qu'un murmure.

Lorsqu'il publia son second volume d'odes, M. Hugo n'avait que vingt-deux ans. Y avait-il progrès dans ce nouvel essai de son talent? Nous le croyons; ou du moins, quoi qu'on ait dit, ce second recueil n'était en rien inférieur au premier. La fougue du poète y est plus fréquemment tempérée par la grâce ; on peut citer *le Sylphe*, bien plus aimable que *le Cauchemar*, et *la Grand'mère*, qui appelle un piquant contraste avec son homonyme dans Béranger. Pourtant un défaut commun dépare ces jolies pièces : c'est l'abus d'analyse et de description. Ces petits enfants à genoux, qui prient Dieu pour leur aïeule, donnent des coups de pinceau à la Delille :

..... par degrés s'affaisse la lumière,
L'ombre joyeuse danse autour du noir foyer.

Ce sylphe transi, qui frappe aux vitres de la châtelaine, s'anatomise lui-même avec une complaisance par trop mignarde. L'auteur n'échappe jamais à ce défaut; déjà dans la belle ode où il fait parler Louis XVII, il s'était mis à chaque instant à la place de son personnage. L'un de ses romans surtout présente d'un bout à l'autre cette inadvertance à un incroyable degré. *Bug-Jargal*, en effet, n'est qu'un récit fait au bivouac par un jeune capitaine; or, ce récit est rempli de dialogues à la Walter Scott, dont le capitaine fait fort patiemment les frais; on y trouve même de longues pièces officielles, mais elles ont tellement frappé le capitaine qu'il assure les avoir retenues *mot pour mot*. Lorsque M. Hugo parle en son nom dans ses poésies, qu'il ne cherche plus à déguiser ses accents, mais qu'il les tire du profond de son âme, il réussit bien autrement. Qu'on imagine à plaisir tout ce qu'il y a de plus pur dans l'amour, de plus chaste dans l'hymen, de plus sacré dans l'union des âmes sous l'œil de Dieu; qu'on rêve, en un mot, la volupté ravie au ciel sur l'aile de la prière, et l'on n'aura rien imaginé que ne réalise et n'efface encore M. Hugo dans les pièces délicieuses intitulées *Encore à toi* et *Son nom :* les citer seulement, c'est presque en ternir déjà la pudique délicatesse. Un sentiment bien touchant qui respire dans ce même volume est celui de la tristesse et de la défaillance du poète à la vue des amertumes qu'il a rencontrées sur le chemin de la gloire. On comprend que le premier accueil l'a blessé au cœur, et qu'il avait mieux espéré de la vie. Il ne lance plus ses vers qu'avec défiance et comme par devoir. Lorsqu'il est las de chanter aux hommes, c'est au sein de Dieu qu'il va se reposer des fatigues et des dégoûts du message :

> Je vous rapporte, ô Dieu, le rameau d'espérance ;
> Voici le divin glaive et la céleste lance :
> J'ai mal atteint le but où j'étais envoyé.
> Souvent, des vents jaloux jouet involontaire,
> L'aiglon suspend son vol à peine déployé ;
> Souvent d'un trait de feu, cherchant en vain la terre,
> L'éclair remonte au ciel, sans avoir foudroyé.

Mais M. Hugo allait relever pour la troisième fois le glaive et la lance : comment, dans cette autre récidive, a-t-il réussi ?

9 janvier 1827.

VICTOR HUGO

ODES ET BALLADES.

II

Le troisième volume de M. Hugo contient deux parties. Sous le titre d'*Odes*, il a compris, nous dit-il, toute inspiration purement religieuse, toute étude purement antique, toute traduction d'un événement contemporain ou d'une impression personnelle; et il a rejeté, sous le nom de *Ballades*, des esquisses d'un genre fantastique, des scènes de magie, des traditions superstitieuses et populaires. D'un côté, il a placé la Bible et Jehovah, les rois oints du Seigneur, les pompes funèbres de Saint-Denis, Néron, Gustafson, Napoléon; il a mis de l'autre la légende dorée, les saints dans leurs châsses, les preux armés par leurs marraines, les espiègleries des lutins et les danses du sabbat. La plus lyrique des odes est celle des *Deux*

Iles, comme la plus pittoresque des ballades est celle de *la Fée et la Péri*. Les beautés et les défauts qu'on peut y remarquer se retrouvent plus ou moins dans toutes les pièces du recueil. Nous insisterons sur les défauts en particulier : quoique divers en apparence, ils se rattachent presque tous à une cause commune qu'il faut rechercher et combattre dans la nature même du talent de M. Hugo et dans sa manière de composer.

Il n'est aucune âme tant soit peu délicate et cultivée qui ne se sente émue à l'aspect de certaines scènes de la nature ou au spectacle de certains événements historiques. Cette émotion ne ressemble à nulle autre ; ce n'est pas une émotion de colère, de haine, d'espérance, ni rien de pareil. Profondément distincte de ce qui tient aux passions personnelles, au milieu et comme au travers de leurs impressions, elle nous arrive plus désintéressée et plus pure, et ne nous parle que du beau, du sublime, de l'invisible. Pour apercevoir, par exemple, dans la destinée de Napoléon autre chose qu'un objet d'amour ou de haine, qu'un phénomène politique utile ou funeste, pour y voir une force énergique, immense, majestueuse, qui saisit et subjugue, il n'est pas besoin d'être poëte, et il suffit d'être homme, de même encore que cela suffit pour voir dans une belle nuit ou dans une tempête autre chose que du sec ou de l'humide, du vent qui rafraîchit ou de la pluie qui enrhume. La plupart des esprits en sont là et s'y tiennent. Le beau leur apparaît par lueurs, et les lueurs une fois passées, ils n'y songent plus. Mais que ces révélations, d'ordinaire fugitives et rares, se succèdent et se reproduisent incessamment dans une âme; qu'elles se mêlent à toutes ses idées et à toutes ses passions ; qu'elles jaillissent, éblouissantes et lumineuses, de chaque endroit où se porte la pensée, des récits de l'histoire, des théories de la science, des plus vulgaires rencontres de la vie; que, cédant enfin à ces innombrables sensations qui l'inondent, l'âme se mette à les répandre au dehors, à les chanter ou à les peindre, là est le signe, là commence le privilége du poëte. Le plus souvent, par malheur, ce passage de la pensée à l'expression n'est rien moins qu'un épanchement abondant et facile : mille obstacles l'arrêtent. Il faut que la volonté intervienne, qu'elle fasse effort ; et l'effort tue la poésie. Ces fantômes légers et capricieux, qui voltigent en pleine liberté au sein de l'intelligence, pâlissent et se dissipent devant le regard de l'attention. Si celle-ci ne les surprend et ne les enchaîne, en quelque sorte, par une expression rapide et flexible, qui leur donne à l'instant de la couleur et du corps, tout lui échappe aussitôt, et il ne lui reste plus qu'à combiner ensemble des syllabes et des rimes pour se consoler ou du moins s'étourdir. Lors même que plus heureux ou plus habile, on parvient à reproduire en partie ce que l'âme a conçu, il y a souvent encore mécompte par quelque endroit. Ou bien l'expression n'a retenu de la pensée qu'une faible réminiscence qu'elle laisse à peine entrevoir sous sa pâleur, ou bien elle a prêté à cette pensée trop d'éclat, trop de saillie, et l'a altérée en y ajoutant : c'est même là le défaut ordinaire d'un esprit impétueux et fort. Son activité s'imprime sans ménagement à tout ce qui tombe sous sa prise; sa brusque imagination, pour une ou deux fois qu'elle rencontre avec bonheur, est vingt fois en défaut, froissant ce qu'elle ne devait que toucher, dépassant ce qu'il lui suffisait d'atteindre. De là une physionomie particulière de talent qu'il nous sera plus aisé de retracer d'après M. Hugo, car c'est lui-même que nous venons de signaler. Et d'abord, hâtons-nous de le reconnaître, la pensée qui respire au fond de toutes ses compositions est éminemment poétique. Quel autre qu'un poëte en effet aurait pu, dans un mot échappé à l'histoire, retrouver le chant de Néron à la vue de Rome en flammes? quel autre aurait pris garde à ce roi déchu, oublié par ses pairs au grand jour des restaurations légitimes, et se promenant depuis lors à travers l'Europe, avec son signe ineffaçable sur le front, sans être ni maître, ni sujet, ni citoyen? Quel autre encore aurait songé à s'introduire dans l'ombre au sabbat de minuit, pour y psalmodier en chœur et y danser en ronde avec les démons? La plupart des idées de M. Hugo, avant d'être mises en français et en vers, ont été dans sa tête des rêveries originales, et quelques-unes de sublimes rêveries. Mais en passant à l'état de style et de poésie proprement dite, elles ont subi le plus souvent d'étranges violences. Loin de s'affaiblir et de s'effacer, comme il arrive chez certains talents impuissants à rien reproduire, elles se sont forcées et chargées outre mesure. Ce n'est pas que le poëte se forme du beau une image grossie et exagérée : bien au contraire, il nous semble intimement pénétré par instants des plus franches délicatesses de l'idéal. Mais, sensible et ardent comme il est, la vue d'une belle conception le met hors de lui ; il s'élance pour la saisir, et s'il ne l'a pas enlevée du premier coup à son gré, il revient sur ses traces, s'agite en tous sens et se fatigue longuement autour de la même pensée, comme autour d'une proie qui lui échappe. A l'aspect de cette poursuite opiniâtre, on finit, il est vrai, par compatir à l'angoisse du poëte, et par démêler sous ses efforts ce je ne sais quoi d'ineffable auquel il aspire. Mais plus on entre avant dans son rêve, plus, en même temps, on regrette dans son œuvre cette mollesse primitive de nuances et de contours qu'il n'a pas assez respectée. En poésie, comme ailleurs, rien de si périlleux que la force : si on la laisse faire, elle abuse de tout ; par elle, ce qui n'était qu'original et neuf est bien près de devenir bizarre ; un contraste brillant dégénère en antithèse précieuse ; l'auteur vise à la grâce et à la simplicité, et il va jusqu'à la mignardise et à la simplesse ; il ne cherche que l'héroïque, et il rencontre le gigantesque ; s'il tente jamais le gigantesque, il n'évitera pas le puéril.

M. Hugo pourrait nous en fournir des preuves : c'est dans les détails de ses compositions qu'il les faudrait prendre. Car, nous l'avons dit, l'inspiration première en est constamment vraie et profonde. Tout le mal vient de comparaisons outrées, d'écarts fréquents, de raffinements d'analyse ; et qu'on ne nous reproche pas d'imputer beaucoup trop à des bagatelles : *Hæ nugæ seria ducunt.* Ces bagatelles tuent en détail les plus heureuses conceptions. On se rappelle *le Chant de Néron,* et les *concetti* qui le déparent. Lorsque l'image du parricide et de l'incendiaire apparut pour la première fois au poëte, elle était, à coup sûr, bien autrement grande et terrible. Pâle, l'œil égaré, à demi couché dans sa litière, promenant ses doigts mal assurés sur sa lyre, le lâche fanfaron de crime pouvait bien déjà demander des roses et du falerne, mais ce devait être d'une voix troublée qui trahissait l'ivresse et le remords. Absorbé dans son atroce jouissance, dont le réveillait par instants un cri lointain arrivé à ses oreilles, il ne s'amusait guère à énumérer par leurs noms et qualités Pallas l'affranchi, le Grec Agénor, Aglaé de Phalère et Sénèque, *qui, tout en louant Diogène, buvait du falerne dans l'or.* Au lieu de ces souvenirs classiques que M. Hugo n'a songé que plus tard à lui rappeler, au lieu de ces descriptions un peu superficielles de flammes ondoyantes, de fleuves de bronze, etc., etc., où l'auteur a pris insensiblement la place de son personnage, c'était l'âme du tyran qu'il s'agissait surtout de nous révéler dans toutes ses profondeurs, avec ses joies dépravées et ses cuisantes tortures, telle en un mot que l'éclairait l'incendie criminel où elle trouvait à la fois un supplice et une fête. Je me figure que M. Hugo l'avait conçu de la sorte ; mais en approchant de la scène, son imagination l'a entraîné ; il s'est fait involontairement spectateur, et la pompe de l'incendie l'a bien plus occupé que le cœur de Néron.

Lorsque M. Hugo n'a pas à sortir de lui-même, et qu'il veut rendre seulement une impression personnelle, nous avons déjà remarqué que ses défauts disparaissent. Plus de divagations alors, plus d'exagération ; il ne perd point de vue, il n'altère point ce qu'il sent ; le tableau se compose sans efforts, et chaque idée apporte avec elle sa couleur. Telles nous semblent les stances à cette *jeune fille* que le poëte engage à jouir de son enfance et à ne pas envier un âge moins paisible. Il n'y a que vingt vers ; mais ils sont parfaits de naturel et de mélodie : on dirait le doux et mélancolique regard par lequel l'homme qui a souffert répond aux caresses d'un enfant. Quand on a fait ces vingt vers, on doit comprendre qu'il est un moyen de laisser voir la pensée, sans s'épuiser à la peindre.

Une autre sorte de composition dans laquelle M. Hugo excelle souvent est le genre fantastique. Vague et sans limites, cette région lui convient à merveille : l'imagination y vit à l'aise, et peut s'y ébattre comme en son logis. Elle a beau se donner essor :

il n'est guère ici pour elle d'écarts à craindre ni de caprice à réprimer. Je ne fais que rappeler *la Fée et la Péri*. Le lutin *Trilby*, adressé à M. Charles Nodier, est un petit chef-d'œuvre de grâce et de gentillesse. Espèce de colombe messagère entre les deux amis, Trilby arrive un soir chez le poëte, porté sur un rayon du couchant; et, avant la nuit, il repart avec le message du retour; surtout il est bien prémuni contre les dangers du voyage :

> N'erre pas à l'aventure,
> Car on en veut aux Trilbys.
> Crains les maux et la torture
> Que mon doux Sylphe a subis.
> S'ils te prenaient, quelle gloire !
> Ils souilleraient d'encre noire,
> Hélas ! ton manteau de moire,
> Ton aigrette de rubis ;
>
> Ou, pour danser avec Faune,
> Contraignant tes pas tremblants,
> Leurs satyres au pied jaune,
> Leurs vieux sylvains pétulants,
> Joindraient tes mains enchaînées
> Aux vieilles mains décharnées
> De leurs naïades fanées,
> Mortes depuis deux mille ans.

On remarquera, en passant, l'agilité et la prestesse du rhythme. Ces trois rimes féminines qui se suivent permettent d'exprimer tour à tour ce qu'il y a de sémillant et de vif dans les allures du lutin, d'éblouissant dans ses nuances, et de frémissant dans son murmure. Tout à côté du *Trilby*, quoique dans un ton bien différent, il faut placer sans hésiter l'admirable *Ronde du sabbat*. Jamais orgie satanique n'a été conçue ni rendue avec plus de verve : l'argot des diables, leurs rires bruyants, leurs bonds impétueux, tout cela se voit et s'entend. Aux gens timorés dont le goût crierait au scandale, il n'est qu'une réponse à faire : « Honnêtes gens, restez au coin du feu, et n'allez point au sabbat. » Je n'en dirai pas autant de la ballade du *Géant*. Non pas que cette conception poétique me paraisse au fond plus à réprouver que celle des lutins et des diables : l'esprit humain a toujours eu un faible pour les géants, et notre enfance a été bercée avec des contes d'ogres. Mais le géant de M. Hugo ne ressemble à aucun autre : à son air de prétention et d'apparat, on croirait voir une sorte de *miles gloriosus*, un vrai Bayard de tragédie. Il se décrit lui-même fort complaisamment, comme a fait autrefois le sylphe, et comme font assez volontiers tous les personnages du poëte. D'abord il nous raconte que son père est vieux et faible, si faible et si vieux

> Qu'à peine il peut encor déraciner un chêne
> Pour soutenir ses pas tremblants.

Pour lui, dans son adolescence, ses jeux étaient de prendre les aigles dans ses mains, d'éteindre les éclairs en soufflant dessus, de chasser devant lui les baleines, etc., etc. ; l'hiver, il faisait mordre ses membres gelés par les loups-cerviers, dont les dents blanches se brisaient dans la morsure. Mais aujourd'hui qu'il est devenu un homme-géant,

<blockquote>Ces plaisirs enfantins n'ont plus pour lui de charmes.</blockquote>

C'est aux pauvres humains qu'il en veut. Il fond sur les armées comme un cormoran, et de son poing fermé les écrase comme d'une massue. Toujours nu, dédaignant les armures, il n'emporte au combat que sa *pique de frêne*,

<blockquote>Et ce casque léger que traîneraient sans peine
Dix taureaux au joug accouplés.</blockquote>

S'il vient à mourir, il veut une montagne pour tombeau. On voit que l'auteur a, d'un bout à l'autre, observé géométriquement les proportions de son sujet. Maître Rabelais s'est montré moins conséquent sans doute : son Pantagruel et son Gargantua se rapetissent et s'humanisent assez fréquemment ; mais du moins quand ils sont géants, ils le sont de meilleure foi et avec plus de bonhomie que celui de M. Hugo.

Si, dans l'abus de décrire, dont cette ballade offre un exemple, l'auteur a porté de la combinaison et du calcul, le plus ordinairement néanmoins la faute n'appartient qu'à son imagination. Cette imagination est si rapide en effet qu'elle se meut sur chaque point à la fois, et qu'elle met la main à tout ; elle devient analytique à force d'être alerte et perçante. Ce que Delille et ses disciples faisaient à froid et par système,

M. Hugo le fait surtout par inadvertance et illusion ; c'est une sorte de simplicité enfantine qui se laisse prendre par les yeux. Au milieu de l'énumération des peuples soumis à Napoléon, à côté du Mameluk, du Turc, il mettra le Polonais qui *porte une flamme à sa lance*. Jamais il ne rencontrera une tour dont il ne compte les angles, les faces et les pointes :

Ce ne sont que festons, ce ne sont qu'astragales.

De là un éclat brillanté qui blesse ; nulle gradation de couleurs, nulle science des lointains : le pli d'un manteau tient autant de place que la plus noble pensée.

L'harmonie du style est soutenue dans M. Hugo et quelquefois un peu redondante, non pas cette harmonie attentive qui lie habilement les mots entre eux, mais celle qui marque le mouvement de la pensée et cadence la période. La rime est toujours d'une extrême richesse, et l'on a même à regretter souvent qu'elle n'en ait rien cédé pour subvenir aux nécessités bien autrement impérieuses de la langue et du goût. En général, l'auteur paraît avoir beaucoup réfléchi sur le mécanisme et les ressources de notre versification. Peut-être plusieurs des cacophonies de détail ne sont-elles, dans son intention, que des essais de poésie imitative ; peut-être, quand il a dit d'un rocher :

Son front de coups de foudre fume,

n'a-t-il voulu que rendre au naturel le sifflement

du tonnerre qui tombe. Si telle a été son idée, il s'est mépris sur le génie de notre langue, qui, à tort ou à raison, repousse expressément ces combinaisons sonores.

On a beaucoup reproché à M. Hugo l'incorrection et les licences du style. Son style pourtant ne blesse jamais la grammaire ni le vocabulaire de la langue, et ne présente ni mots, ni tours inusités. Les fautes habituelles sont des fautes de goût, et on les déduit même aisément des précédentes critiques : de la trivialité pour du naturel, du précieux pour de la force. Ainsi, dans l'ode à M. de Lamartine :

> Ton bras m'a réveillé, c'est toi qui m'as dit : *Va !*

Ainsi, dans l'*Hymne oriental :*

> Les *tout petits enfants* écrasés sous les dalles ;

dans l'ode à M. de Chateaubriand :

> Toi qu'on voit à chaque disgrâce
> *Tomber plus haut encor* que tu n'étais monté.

Dans la pièce, si charmante d'ailleurs, de la *Promenade :*

> Plus de vide en mes jours! pour moi tu sais peupler
> Tous les déserts, *même les villes.*

Ajoutons quelques métaphores mal suivies, de l'impropriété dans les termes, trop d'ellipses dans la série des idées, des incidences prosaïques au milieu d'une éclatante poésie, et nous aurons terminé avec M. Hugo le compte rigoureux, mais nécessaire, que nous imposait notre estime même pour son talent. Ce talent est tellement supérieur, et il y aurait si peu à faire pour le rendre, sinon toujours égal, du moins toujours soutenu, que la critique serait coupable de dissimuler avec lui. Comme conseil de style, on n'a qu'à renvoyer à l'auteur ses propres paroles : « Un écrivain qui a quelque souci de la postérité, dit-il dans sa remarquable préface, cherchera sans cesse à purifier sa diction, sans effacer toutefois le caractère particulier par lequel son expression révèle l'originalité de son esprit; le néologisme n'est d'ailleurs qu'une triste ressource pour l'impuissance. Des fautes de langage ne rendront jamais une pensée ; et le style est comme le cristal : sa pureté fait son éclat. » Quant à la composition même de ses odes et à l'invention lyrique, que M. Hugo se garde surtout de l'excès de sa force; qu'à l'heure de la méditation, il sache attendre à loisir ses propres rêves, les laissant venir à lui et s'y abandonnant plutôt que de s'y précipiter; qu'à l'heure de produire, il se reporte sans cesse aux impressions naïves qu'il veut rendre, les contemple longuement avant de les retracer, et plus d'une fois s'interrompe en les retraçant pour les contempler encore ; que, n'épuisant pas à chaque trait ses couleurs, il approche par degrés de son idéal, et consente, s'il le faut, à rester au-dessous plutôt que de le dépasser, ce qui est la pire manière de ne pas l'atteindre. Cette impuissance d'expression dont on a conscience est triste, mais souvent inévitable. Quel poëte, vraiment poëte, a jamais pu réaliser ce qu'il avait dans l'âme, et comparant son œuvre à sa pensée, s'est osé rendre ce témoignage proféré par Dieu seul, lorsqu'au milieu des splendeurs naissantes de l'univers, *il vit que ce qu'il avait fait était bon* ? Quel poëte, au fond du cœur, n'a senti murmurer cette plainte, qu'une muse brillante n'a point rougi de confier à M. Hugo lui-même :

. . . . D'un cri de liberté
Jamais comme mon cœur mon vers n'a palpité ;
Jamais le rhythme heureux, la cadence constante,
N'ont traduit ma pensée au gré de mon attente ;
Jamais les pleurs réels à mes yeux arrachés
N'ont pu mouiller ces chants de ma veine épanchés?

Racine lui-même, j'oserai l'affirmer, Racine, dans les chœurs d'*Esther* et d'*Athalie*, n'a pas fait passer tout ce que son âme avait conçu de mélodie céleste et d'onction sacrée. Et quelle aisance pourtant dans ces admirables chœurs, quelle quiétude, quelle sérénité de génie ! C'est qu'il a senti combien devant l'impuissance humaine, il valait mieux encore se résigner que se débattre : là où il a désespéré d'être excellent, il a mieux aimé rester un peu faible, en voilant sa faiblesse d'une molle et noble douceur, que de s'épuiser en vains efforts pour retomber de plus haut. C'était la seule manière d'être parfait en poésie, autant qu'il est donné à l'humanité de le devenir.

1er mars 1827.

ANACRÉON

ODES, TRADUITES EN VERS FRANÇAIS AVEC LE TEXTE EN REGARD, PAR M. VEISSIER-DESCOMBES.

———

Si l'on parle d'Anacréon, même aux gens les moins lettrés, tout le monde le connaît : c'est un vieillard à barbe longue et blanche, qui passe sa vie sous des platanes, la tête couronnée de roses, la coupe en main, et au milieu de jeunes esclaves d'Ionie. A ses côtés est une lyre, dont il joue par instants, pour accompagner ses chants d'insouciance et de plaisir. L'histoire ne contredit en rien cette idée classique et populaire qu'on se fait du chantre de Téos. On le voit arriver, à titre de *poëte lauréat*, dans la cour de Polycrate, tyran de Samos, tandis que Pythagore attristé s'en éloigne. Polycrate mort, il est appelé à Athènes par les fils de Pisistrate ; et quand Hipparque tombe sous les coups d'Harmodius et d'Aristogiton, quand se prépare la délivrance d'Athènes, Anacréon, qui ne croit pas apparemment que les myrtes fleurissent pour cacher des poignards, ni que le *plaisir* soit le *doux enfant de la liberté,* s'en retourne bien vite à Téos, d'où il s'enfuit encore à la vue de l'Ionie soulevée contre Darius. La peur des troubles doit avoir été bien puissante sur son esprit, puisqu'il alla se cacher, pour plus de sécurité, jusqu'en Thrace, parmi les Abdéritains. C'est là que la tradition le fait mourir, étranglé par un pepin de raisin, genre de mort anacréontique s'il en fut jamais. Tout le prouve donc, Anacréon fit du loisir sa principale affaire ; comme Simonide son contemporain, et comme plus tard Horace et La Fontaine, il était d'avis qu'on ne peut trop louer trois sortes de personnes, *les dieux, sa maîtresse et son roi.* Il fut poëte autrement qu'Eschyle et Tyrtée.

Par la grâce naïve, par l'inspiration spirituelle et tendre, par l'émotion voluptueuse et philosophique à la fois qui animent ses pièces légères, le génie d'Anacréon se rapproche du génie français, tel surtout que nous le retrouvons dans nos vieux rimeurs. Déjà, sur le fumier de Villon, au milieu des obscénités de taverne, on aperçoit quelques-unes de ces fleurs qu'on croirait tombées d'une couronne antique. Mais dans Clément Marot, dont la muse s'était épurée à la cour de François Ier et de Marguerite de Navarre, la ressemblance devient frappante. Je dis la ressemblance, et non pas l'imitation : le gentil maître Clément, en effet, ne connaissait point le poëte grec, dont la première édition ne fut donnée par Henri Estienne qu'en 1554, et Marot était mort dix ans plus tôt. Pourtant ne dirait-on pas une pensée d'Anacréon écrite en bon gaulois ?

> Amour trouva celle qui m'est amère
> (Et j'y étois, j'en sais bien mieux le compte) :
> Bonjour, dit-il, bonjour, Vénus, ma mère.
> Puis tout à coup il voit qu'il se mécompte,
> Dont la couleur au visage lui monte,
> D'avoir failli, honteux, Dieu sait combien !
> Non, non, Amour, ce dis-je, n'ayez honte :
> Plus clairvoyants que vous s'y trompent bien.

Lorsque Henri Estienne donna son édition, l'école de Ronsard avait remplacé celle de Marot. Répudiant l'humble patrimoine de l'ancienne poésie nationale, les écrivains de cette école nouvelle s'étaient voués superstitieusement au culte de l'antiquité, et ils consumaient de beaux talents dans une imitation servile. Mais Anacréon leur réussit bien mieux à imiter que Pindare ou Virgile, ils retrouvaient en lui des sentiments déjà familiers à notre poésie, et que la langue de Marot était capable d'exprimer sans innovation grecque et latine. Je pourrais citer de Joachim Du Bellay plus d'une chanson agréable dans le goût d'Anacréon. Je me bornerai à l'imitation suivante, dans laquelle Ronsard a substitué à l'idée de l'auteur grec une idée tout aussi gracieuse, et l'a revêtue de formes encore plus charmantes :

> Les Muses lièrent un jour
> De chaînes de roses Amour;

Et, pour le garder, le donnèrent
Aux Grâces et à la Beauté,
Qui, voyant sa desloyauté,
Sur Parnasse l'emprisonnèrent.

Sitôt que Vénus l'entendit,
Son beau ceston elle vendit
A Vulcain, pour la délivrance
De son enfant ; et tout soudain,
Ayant l'argent dedans la main,
Fit aux Muses la révérence.

« Muses, déesses des chansons,
Quand il faudroit quatre rançons,
Pour mon enfant je les apporte ;
Délivrez mon fils prisonnier. »
Mais les Muses l'ont fait lier
D'une chaîne encore plus forte.

Courage doncques, amoureux ;
Vous ne serez plus langoureux ;
Amour est au bout de ses ruses.
Plus n'oseroit, ce faux garçon,
Vous refuser quelque chanson,
Puisqu'il est prisonnier des Muses.

Cependant, lorsqu'un des amis de Ronsard, Remi Belleau, essaya de traduire Anacréon d'un bout à l'autre, il ne fut guère plus heureux que ne l'ont été, depuis, ses nombreux successeurs. Ce n'était pas le talent qui lui manquait, car Belleau a fait d'ailleurs de fort jolies choses. Ronsard prétendait que son ami était trop sobre pour se mesurer avec l'ivrogne de Téos. Mais il y a d'autres causes à cette mauvaise réussite, et, osons le dire, à celle de toute traduction en vers d'Anacréon, qui ne sera pas l'œuvre d'un grand poëte.

Je conçois qu'on traduise exactement en vers un

poëme didactique, tel que celui de Lucrèce ou les *Géorgiques* de Virgile : la difficulté, bien qu'extrême, n'est pas au-dessus du talent d'un versificateur habile, ni des ressources et artifices du métier. Si l'on s'attaque à un lyrique, la question change, et il est permis de douter que la même manière convienne. Ici le sentiment et le mouvement de l'original sont essentiels à reproduire ; il faut y atteindre à tout prix, même au prix de l'exactitude secondaire des détails. J.-B. Rousseau n'aborde le génie de David qu'avec le secours de la paraphrase ; mais quand le lyrique qu'on traduit est Anacréon, que faire ? La ressource même de la paraphrase et de l'imitation libre devient un écueil. La brièveté de l'idée originale fait partie de sa grâce ; et chaque chef-d'œuvre ne contient, pour ainsi dire, qu'une goutte d'essence, qui, dès qu'on veut l'en séparer, s'évapore. Anacréon n'a pas composé ses chansons avec une verve bien turbulente, ni dans un délire de bien longue haleine. Du sein de son loisir, il ne prend d'autre soin que de saisir au passage et d'écrire en vers ses pensées riantes ou tendres, à mesure qu'elles traversent son âme ; et la plupart de ses pièces sont des *impromptus* de volupté, qui, au milieu de ses jeux, lui échappent sans plus d'effort que les roses effeuillées de sa guirlande. Il jette les yeux sur sa coupe, et le voilà qui se met à en célébrer les élégantes ciselures. Une colombe a passé dans les airs, et soudain il a prêté à cette douce messagère un babil plein de sentiment et d'ingénuité. Il entend bourdonner une abeille, et l'idée lui vient que cette abeille peut bien avoir piqué l'Amour. Une cigale a chanté, et presque aussitôt le poëte a répondu par un hymne mélodieux à cette reine invisible des bois, dont il envie le bonheur, *puisqu'elle s'enivre de rosée, et qu'elle chante tout le jour.* Cette cigale, cette colombe, cette abeille, tous êtres légers et brillants, nourris de nectar et de parfums, pour être transportés parmi nous, demandent à la poésie une foule de soins délicats, d'attentions ingénieuses ; la moindre rudesse ou la moindre fadeur les ferait mourir. Aussi, depuis Remi Belleau, tous les traducteurs en vers d'Anacréon, et Longepierre, et Lafosse, et Gacon, et Poinsinet de Sivry, et Anson, et bien d'autres encore, ont-ils échoué, tous également détestables en ce sens qu'aucun n'est excellent : ici surtout, en effet, point de degrés du médiocre au pire, point de milieu entre le chétif et l'exquis. En 1811, quand M. de Saint-Victor publia sur papier vélin sa traduction splendide, tirée à un très-petit nombre d'exemplaires, avec les gravures de Girardet d'après les dessins de Girodet, on crut, sur la foi de critiques bienveillants, qu'un superbe démenti était donné à feu M. de La Harpe, qui avait déclaré Anacréon intraduisible : de là grande rumeur, comme on peut l'imaginer, et grande vogue pour l'ouvrage. Mais, en y regardant de plus près, on reconnut que le travail de M. de Saint-Victor, pour être supérieur à celui de ses devanciers, ne rendait guère mieux son modèle, et que le plus souvent la pensée grecque, si pure et si simple, disparaissait sous un amas d'épithètes oiseuses et d'élégances communes. M. Veissier-Descombes a compris ce défaut, et a tâché de s'en garder. Plus fidèle à son auteur, il doit quelquefois à cette exactitude même d'assez heureuses rencontres, témoin ces vers de l'ode suivante :

>   L'oiseau fend l'air ; le poisson nage ;
>   Le lièvre, au défaut de courage,
>   Sait déployer l'agilité ;
> L'homme seul eut pour lui la prudence en partage.
>   A la femme qu'est-il resté ?
>
>   Que reçut-elle ? la beauté,
>   Voilà son armure fidèle,
>   Ses javelots, son bouclier ;
> La flamme dévorante et le fer du guerrier,
>   Tout doit lui céder..... elle est belle.

Il nous serait aisé de citer plusieurs autres morceaux aussi estimables. Toutefois, l'abus des épithètes et des faux enjolivements se remarque trop fréquemment encore :

>   ... Dans leur cours *sinueux*,
>   Les flots *légers* d'une *onde pure*, etc.

Surtout la versification n'est pas exempte de rudesse, ni le style d'incorrection. Par exemple, M. Veissier pense-t-il qu'on puisse dire :

>   A la rose, qu'*il entrelace*,
>   Vois-tu combien donne de grâce
>   Ce lys éclatant de blancheur ?

On *entrelace* le lis à la rose, le lis *s'entrelace* à la rose, mais il ne *l'entrelace* pas. Cette traduction d'ailleurs, qui peut aider à l'interprétation de l'auteur grec, est accompagnée d'un texte élégant, et suivie des nombreuses imitations anacréontiques tirées de nos meilleurs poëtes.

28 avril 1827.

M. A. THIERS

HISTOIRE DE LA RÉVOLUTION FRANÇAISE

VIIe et VIIIe volumes.

I

LA CONVENTION APRÈS LE 9 THERMIDOR.

Dans ces deux volumes nouveaux, M. Thiers continue le récit de la Révolution depuis le 9 thermidor et le poursuit jusqu'à la fin de l'année 1796 ; il nous donne la dernière moitié de la Convention et le commencement du Directoire. Cette époque était vraiment critique pour l'historien qui avait à la peindre, comme elle le fut pour les partis qui la subirent. Au 9 thermidor, la dictature républicaine a cessé, et pour la seconde fois l'anarchie recommence, non plus cette anarchie vive, confiante, aventureuse, animée au fond d'une seule pensée et d'une seule espérance, telle qu'on la vit du 14 juillet au 10 août, dans les luttes du peuple avec le trône ; mais une anarchie plus triste et parfois même hideuse, plus en proie aux petites intrigues qu'aux grandes passions, pleine de peurs et de remords, de mécomptes et de rancunes, de découragement et de désespoir, espèce d'acharnement misérable entre des vaincus et des blessés sur un champ de bataille tout sanglant. Voilà quelle apparaît d'abord, cette seconde anarchie dont il fallait sortir pour arriver enfin au régime légal, et gagner le peu de liberté qui, à peine acquis, fut sitôt perdu. Parmi tant d'épreuves pénibles et rebutantes, au milieu de ces convulsions furieuses des partis expirants, de ces révoltes populaires qui n'étaient que des révoltes et n'étaient plus des révolutions, à l'aspect d'un gouvernement estimable par ses intentions sans doute, mais qui ne savait plus être tyrannique avec génie et qui n'osait encore être libre avec franchise, il était à craindre que l'historien ne prît de la lassitude et du dégoût. Lui, qui jusque-là avait suivi avec une infatigable constance le mouvement républicain, quelque part qu'il allât, pourvu qu'il allât en avant, il aurait pu ne pas se prêter aussi bien à la brusque retraite de cette Révolution qui, venue à son terme et s'effrayant d'elle-même, reculait en désordre devant ses propres excès. Ne rencontrant sur la scène politique, après la chute du parti dominateur, que d'anciens partis déjà vaincus et presque épuisés, il courait risque de se blaser, pour ainsi dire, et de ne plus voir son sujet avec la même netteté d'intelligence, la même franchise de patriotisme. Aussi rendons-lui grâces de ne s'être laissé ni fatiguer ni refroidir, et d'avoir traversé les lâchetés de la réaction tel qu'il avait traversé les atrocités de la dictature, démêlant ce qu'il y avait de grand et de glorieux sous d'ignobles apparences, de même qu'il avait compris ce qu'il y avait de sublime et de méritoire sous d'épouvantables forfaits. Remercions-le d'avoir réhabilité dans nos souvenirs ces jours incertains, où l'orage grondait toujours, où la liberté luisait déjà, et d'avoir montré qu'après tout, s'ils ne manquèrent pas d'excès ni de fautes, ils ne manquèrent non plus ni de civisme, ni de vertus, ni de victoires, ni de rien de ce qui honore une nation. Telle qu'elle se peint dans le récit de l'historien, la seconde moitié de la Convention ne dépare pas la première, elle en est digne, et quoique le jugement dans notre esprit ne soit pas pleinement un éloge, c'est encore moins une injure. La part faite au blâme, et faite aussi large qu'on voudra, il reste assez de place pour l'admiration; on sent qu'on serait fier d'avoir siégé jusqu'au dernier jour dans cette Assemblée de bourgeois, qui si souvent brava les poignards populaires et qui brava toujours l'Europe conjurée. L'on n'est guère tenté vraiment de se montrer plus sévère, plus dédaigneux à son égard, que ces ambassadeurs étrangers qui, dans les horribles journées de germinal et de prairial, s'empressaient d'accourir dans son sein pour partager ses périls, être mentionnés à son procès-verbal et dire en-

suite avec orgueil aux rois qui les avaient envoyés :
« Nous aussi, nous y étions. » Le Directoire lui-même,
observé de près, semble moins inhabile et moins méprisable qu'on n'a coutume de se le figurer à distance, sur la foi du royalisme et de l'impérialisme qui
l'ont décrié après l'avoir détruit. S'il est aisé de concevoir pour une nation libre un gouvernement meilleur, il est encore plus aisé d'en concevoir un pire.
Sous lui du moins la liberté était sauve, sans que la
gloire militaire cessât d'être florissante ; nous avons
eu depuis de plus mauvais jours. Pour mieux faire
apprécier ces temps et leur historien, nous voudrions,
d'après lui et sous l'impression qu'il nous a laissée,
donner une esquisse de son magnifique tableau. Mais
il serait aussi imprudent qu'inutile de tenter un résumé qu'on trouve tout tracé d'avance par M. Mignet :
qu'il nous suffise de signaler quelques points.

Le lendemain du 9 thermidor, trois partis étaient en
présence dans la Convention. D'abord, les héros du
jour, les thermidoriens, Tallien à leur tête, la plupart
anciens amis de Danton, gens sans principes, sans considération personnelle, voulant au fond la république,
mais capables de trop d'indulgence par faiblesse, de
trop de rigueur par mauvaises passions ; en face d'eux,
les Montagnards décidés, la plupart républicains convaincus, austères et fanatiques, les uns croyant encore
à la vertu de Robespierre, les autres n'y croyant plus,
mais n'en tenant pas moins au système qu'il avait

fondé ; enfin, entre ces deux côtés ennemis, les hommes du Marais, qui commençaient à lever la tête, à demander des garanties et des amnisties, gens longtemps inertes et muets par peur, mais qu'on allait voir se ranimer, grandir de jour en jour, et expier leur nullité coupable par des services éminents, par du génie et même par de l'héroïsme : Sieyès et Boissy d'Anglas en étaient. La réaction antijacobine, commencée par les thermidoriens, et à laquelle la masse de la Convention prit part jusqu'au 29 prairial de l'année suivante, frappa tour à tour les choses et les hommes de la Terreur. Elle frappa les choses, en réorganisant sur un nouveau plan le tribunal révolutionnaire et les comités, en épurant et en réprimant les sociétés populaires, en rapportant la loi des suspects, le décret d'expulsion contre les nobles et les prêtres, en supprimant le *maximum*, etc., etc. Pour ces détails, c'est à l'historien qu'il faut recourir. Nous n'insisterons ici que sur la réaction contre les hommes. Par la manière dont il la raconte, M. Thiers en fait jaillir autant d'instruction que d'intérêt ; son récit est à la fois un drame et une leçon, sans jamais cesser d'être un récit, tant il a su y mettre de compassion et d'impartialité tout ensemble. Certes il lui convenait mieux qu'à personne, à lui qui avait si bien prouvé les immenses services de la Montagne, de saluer d'un regret et d'une larme les hommes de ce parti, qui, à la fleur de l'âge et du talent, étrangers aux crimes et aux faveurs de la dictature, et coupables seulement d'exaltation républicaine, étaient proscrits au nom de la modération comme des brigands, et mouraient comme des martyrs en désespérant de la liberté. Au reste, ce ne fut point par eux qu'on commença. Les premiers cris de vengeance qui s'élevèrent furent poussés contre Fouquier-Tinville et Lebon, et il faut avouer que, si dans les révolutions les victimes expiatoires servaient à apaiser les hommes ou les dieux, le choix ne pouvait tomber sur des têtes plus maudites. Par malheur, les victimes n'apaisent jamais personne. Bientôt Barrère, Collot d'Herbois, Billaud-Varenne, furent accusés à leur tour. En vain le montagnard Goujon, récemment arrivé des camps, s'écriait : « C'est la Convention qu'on accuse, c'est au peuple qu'on fait le procès, parce qu'ils ont souffert l'un et l'autre la tyrannie de Robespierre. » En vain Robert Lindet, dans un éloquent rapport sur la situation politique de la France, disait à ses collègues : « Cessons de nous reprocher nos malheurs et nos fautes. Avons-nous toujours été, avons-nous pu être ce que nous aurions voulu en effet? Nous avons tous été lancés dans la même carrière; les uns ont combattu avec courage, avec réflexion; les autres se sont précipités, dans leur bouillante ardeur, contre tous les obstacles qu'ils voulaient détruire et renverser. Qui voudra nous interroger et nous demander compte de ces mouvements qu'il est impossible de prévoir et de diriger? La Révolution est faite, elle est l'ouvrage de tous. Quels généraux, quels soldats n'ont jamais fait dans la guerre que ce qu'il fallait faire, et ont su s'arrêter où la raison froide et tranquille aurait désiré qu'ils s'arrêtassent? N'étions-nous pas en état de guerre contre les plus nombreux et les plus redoutables ennemis? Quelques revers n'ont-ils pas irrité notre courage, enflammé notre colère? que nous est-il arrivé qui n'arrive à tous les hommes jetés à une distance infinie du cours ordinaire de la vie? » On applaudissait un instant ces belles paroles, puis on en revenait aux récriminations. L'infâme Carrier, dans le cours de son procès, lâcha un mot effrayant de vérité : « Tout le monde est coupable ici, dit-il à la Convention, jusqu'à la sonnette du président. » Mais ce mot-là ne le sauva pas, ni les autres, et l'accusation de Billaud, de Collot et de Barrère n'en fut pas moins soutenue avec acharnement par Lecointre de Versailles, Tallien, Bourdon de l'Oise, tous impitoyables comme d'anciens complices, hommes de boue qui déclamaient avec emphase contre *les hommes de sang*. Sur ces entrefaites, les soixante-treize rentrèrent au sein de la Convention, et, quoiqu'ils promissent de déposer au seuil leurs ressentiments passés, ils ne purent tous se tenir en garde contre d'odieux souvenirs. Les Girondins, rappelés aussi peu de temps après les soixante-treize, ne restèrent pas toujours fidèles à l'engagement solennel et touchant que Chénier prenait pour eux en votant leur retour : « Non, non, Condorcet, Rabaut-Saint-

Étienne, Vergniaud, Camille Desmoulins, ne veulent pas d'holocaustes, et ce n'est point par des hécatombes qu'on apaisera leurs mânes. » Mais l'oubli des torts est moins facile que celui des services. On le vit bien quand, par une démarche généreuse, Robert Lindet, Carnot et Prieur de la Côte-d'Or réclamèrent, comme membres de l'ancien gouvernement, leur part de responsabilité dans l'accusation de Billaud, Collot et Barrère ; la signature de Carnot et de Prieur se trouvait en effet sur les ordres les plus reprochés aux accusés. Des ingrats se lassèrent d'entendre ces hommes respectables énumérer des actes glorieux qui justifiaient bien des excès, et l'on alla jusqu'à dire du long discours de Lindet, qu'il fallait l'imprimer aux frais de l'orateur, parce qu'il coûterait trop à la République. Le procès continua, il provoqua en partie l'insurrection du 12 germinal, espèce de 20 juin tenté contre l'Assemblée par les Jacobins des faubourgs ; et cette insurrection, à son tour, hâta l'issue du procès. Billaud, Collot et Barrère subirent la déportation, et un certain nombre d'agitateurs montagnards, comme Amar, Duhem, Choudieu, furent condamnés à une détention au château de Ham. Jusque-là du moins, s'il y avait d'affligeantes représailles, les victimes n'inspiraient guère par elles-mêmes un intérêt bien touchant. Excepté l'intègre Cambon, qui se trouvait compris parmi les détenus de Ham, aucun autre peut-être n'aurait eu des titres personnels à invoquer contre la persécution. Mais l'insurrection du 1ᵉʳ prairial, qui suivit de près, leva les scrupules qui restaient et déchaîna les haines. Battus sur tous les points, chassés du gouvernement, des clubs, des sections, relancés et comme bloqués dans les faubourgs, les Jacobins avaient résolu un dernier effort pour reprendre le pouvoir, et rétablir cette Constitution de 93, qui n'avait été décrétée que pour être à l'instant suspendue. Nulle révolte n'offrit un spectacle aussi terrible que cette *échauffourée* de détresse et de désespoir. Pour la première fois, la salle de la Convention fut envahie, ensanglantée par un combat, traversée par des balles, et souillée par l'assassinat d'un représentant. Lorsque enfin les sections eurent à grand'peine décidé, sur le soir, la défaite des factieux, et que l'Assemblée, dans sa séance de nuit, put repasser à loisir les attentats du jour, l'indignation éclata unanime; on cherchait des yeux, on montrait au doigt, on traînait à la barre les députés de la Montagne qui avaient siégé, délibéré et voté selon le vœu de la multitude : instruments bien plutôt que complices, ils avaient suivi le mouvement populaire, sans l'avoir provoqué ni prévu. Mais on n'examinait pas alors, et l'on condamnait d'entraînement. On arrêta donc sur l'heure Ruhl, Romme, Bourbotte, Goujon, Duroy, Duquesnoy, Soubrany, et huit jours après, par un redoublement de sévérité, on les déféra à une Commission militaire; il n'y eut d'excepté que le vieux Ruhl, dont plusieurs membres attestèrent la sagesse et les vertus. En même temps, la déportation déjà prononcée contre Billaud, Collot et Barrère, parut trop douce, et l'on décida de les soumettre à un nouveau jugement, c'est-à-dire de les envoyer à la mort. Carnot, Robert Lindet, Prieur de la Côte-d'Or, jusque-là inviolables et révérés comme des sauveurs de la patrie, furent dénoncés avec une affreuse violence par le girondin Henri Larivière, et l'irréprochable Lindet n'échappa point à l'arrestation. David, que son génie avait fait absoudre, fut de nouveau repris avec les autres membres des anciens comités. « Certes, écrit M. Thiers, il n'était pas besoin de tels sacrifices pour satisfaire les mânes du jeune Féraud : il suffisait des honneurs touchants rendus à sa mémoire. La Convention décréta pour lui une séance funèbre. La salle fut décorée en noir; tous les représentants s'y rendirent en grand costume et en deuil; une musique douce et lugubre ouvrit la séance; Louvet prononça ensuite l'éloge du jeune représentant, si dévoué, si courageux, sitôt enlevé à son pays; un monument fut voté pour immortaliser son héroïsme. On profita de cette occasion pour ordonner une fête commémorative en l'honneur des Girondins. Rien n'était plus juste : des victimes aussi illustres, quoiqu'elles eussent compromis leur pays, méritaient des hommages; mais il suffisait de jeter des fleurs sur leur tombe; il n'y fallait pas du sang. Cependant on en répandit à flots : car aucun parti, même celui qui prend l'humanité pour devise, n'est sage dans sa vengeance. Il semblait, en effet, que, non contente de ses pertes, la Convention voulût elle-même y en ajouter de nouvelles. Les députés accusés, traduits d'abord au château du Taureau pour prévenir toute tentative en leur faveur, furent ramenés à Paris, et leur procès instruit avec la plus grande activité. Le vieux Ruhl, qu'on avait seul excepté du décret d'accusation, ne voulait pas de ce pardon; il croyait la liberté perdue, et il se donna la mort d'un coup de poignard. Émus de tant de scènes funèbres, Louvet, Legendre, Fréron, demandèrent le renvoi à leurs juges naturels des députés traduits devant la commission; mais Rovère, ancien terroriste devenu royaliste fougueux, Bourdon de l'Oise, implacable comme un homme qui avait eu peur, insistèrent pour le décret, et le firent maintenir. Malgré les recherches les plus soigneuses, la Commission n'avait découvert aucun trait qui prouvât la connivence secrète des accusés avec les factieux. Il était difficile, en effet, qu'on en découvrît, car ils ignoraient le mouvement, et ils ne se connaissaient même pas les uns les autres; Bourbotte seul connaissait Goujon pour l'avoir rencontré dans une mission aux armées. Il était prouvé seulement que, l'insurrection accomplie, ils avaient voulu faire légaliser quelques-uns des vœux du peuple. Ils furent néanmoins condamnés à mort. Romme était un homme simple et austère; Goujon était jeune, beau et doué de qualités heureuses; Bourbotte, aussi jeune que Goujon, joignait à un rare courage l'éducation la plus soignée ; Soubrany était un ancien noble sincèrement dévoué à la cause de la Révolution. A l'instant où on leur prononça l'arrêt, ils remirent au greffier des lettres, des cachets et des portraits destinés à leurs familles. On les fit retirer ensuite, pour les déposer dans une salle particulière avant de les conduire à l'échafaud : ils s'étaient promis de n'y pas arriver. Il ne leur restait qu'un couteau et une paire de ciseaux qu'ils avaient cachés dans la doublure de leurs vêtements. En descendant l'escalier, Romme se frappe le premier, et, craignant de se manquer, se frappe plusieurs fois encore, au cœur, au cou, au visage. Il transmet le couteau à Goujon, qui, d'une main assurée, se porte un coup mortel, et tombe sans vie. Des mains de Goujon, l'arme libératrice passe à celles de Duquesnoy, Duroy, Bourbotte et Soubrany. Malheureusement, Duroy, Bourbotte et Soubrany n'ont pas réussi à se porter des atteintes mortelles; ils sont traînés tout sanglants à l'échafaud. Soubrany, noyé dans son sang, gardait, malgré sa douleur, le calme et l'attitude fière, qu'on avait toujours remarqués en lui. Duroy était désespéré de s'être manqué : « Jouissez, s'écriait-il, jouissez de votre triomphe, messieurs les royalistes ! » Bourbotte avait conservé toute la sérénité de la jeunesse ; il parlait avec une imperturbable tranquillité au peuple. A l'instant où il allait recevoir le coup fatal, on s'aperçut que le couteau n'avait pas été remonté ; il fallut disposer l'instrument : il employa ce temps à proférer encore quelques paroles; il assurait que « nul ne mourait plus dévoué à son pays, plus attaché à son bonheur et à sa liberté. »

Depuis le désastre de prairial, le jacobinisme perdit le rang de parti, et retomba à l'état de secte, jusqu'à l'affaire de Gracchus Babeuf, où il acheva de se dissoudre. Quelques affreux souvenirs qu'il ait laissés à bon droit, on aurait tort de s'en armer contre la mémoire de ces jeunes hommes ardents, mais sincères, qui furent ses derniers défenseurs et qui périrent pour sa cause. Si, dans l'enivrement de l'âge et du patriotisme, leur imagination s'exagéra les périls et se méprit sur les remèdes, le temps et l'expérience auraient fini par tempérer cette fougue généreuse, et la Révolution eût conservé en eux des vertus civiques d'autant plus utiles qu'elles allaient devenir plus rares, et qu'on touchait à une époque de tiédeur et de corruption. Au reste, leurs morts sanglantes, qui viennent les dernières après tant de morts illustres, sont dignes de figurer avec elles sur les mêmes tables de proscription, et de clore ces listes funèbres aussi déplorables que glorieuses. Les noms de Ruhl, de Romme, de Goujon, de Bourbotte et de Soubrany ne font pas honte à ceux de Camille Desmoulins, de Roland, de Valazé, de Barbaroux, et pour devenir aussi célèbres il ne leur a manqué peut-être que des amis pieux qui recueillissent leurs cendres et relevassent leur mémoire. Mais ils appartenaient à un parti extrême, et un tel parti n'a jamais deux règnes dans une même Révolution : une fois tombé, il ne se relève pas; il est maudit; et ceux qui meurent à son service, fussent-ils dignes de regrets, ne peuvent espérer pour eux pitié et réparation qu'après un long temps et auprès de la postérité.

En assistant à tant de catastrophes inévitables, en voyant passer et s'accomplir sous ses yeux ce grand drame de la Révolution, où la fatalité plane comme dans une tragédie d'Eschyle, toute âme honnête se plaît, dans le calme de la raison et de la conscience, à imaginer un rôle de conciliation, de justice et de miséricorde, rôle inutile et sublime, que nul n'a rempli, que nul ne pouvait remplir, mais dont à cette distance et par une illusion bien permise on ose se croire capable, si les destins recommençaient. M. Thiers l'a rêvé aussi, ce rôle idéal; il s'en fait l'interprète pour tous, et de même que dans les chants du chœur antique, dans ces vœux, ces prières, ces conseils jetés au milieu de l'action sans la hâter ni la ralentir, le spectateur aimait à entendre le cri de la nature humaine et à reconnaître ses propres impressions, de même, en lisant l'historien, on éprouve une vive et continuelle jouissance à retrouver partout l'accent simple et vrai d'une émotion qu'on partage et à sentir un cœur d'homme palpiter sous ces attachants récits.

Nous continuerons dans un prochain article l'examen de ces deux volumes encore plus remarquables que les précédents.

12 mai 1827.

M. A. THIERS

HISTOIRE DE LA RÉVOLUTION FRANÇAISE

VIIe et VIIIe volumes.

II

LA CONVENTION APRÈS LE 1er PRAIRIAL. — LE COMMENCEMENT DU DIRECTOIRE.

Depuis le 9 thermidor, la Convention ne voulait plus la Terreur ; mais elle voulait toujours la République. Placée à la fois entre les jacobins et les royalistes, elle tint tête aux uns et aux autres. La lutte avec les jacobins dura jusqu'au 1er prairial, et ceux-ci mis hors de combat, la lutte avec les royalistes s'engagea aussitôt. Quels étaient ces hommes qui, pour la première fois depuis le 10 août, reparaissaient comme parti politique ? Sortaient-ils tous des cachots ou de l'exil ? Forcés pour un temps de briser et d'enterrer leur bannière véritable, avaient-ils combattu, quelques-uns du moins, sous d'autres bannières? avaient-ils pris un masque pour tromper la proscription? Sans que l'historien se soit posé ces questions sous une forme dogmatique, on trouve répandus dans son récit tous les éléments pour les résoudre, et le jeu assez compliqué des intrigues contre-révolutionnaires y est débrouillé nettement. D'abord du 10 août au 9 thermidor, l'influence directe des royalistes fut nulle; tout le monde en convient : le nom de royaliste alors n'était plus qu'un mot vide de sens, que les partis se jetaient à la tête comme une injure et une menace. Quant à l'influence indirecte, elle a été vivement controversée. Plusieurs témoins respectables y ont cru et y croient encore; ils n'ont vu dans le sans-culottisme que le travestissement d'une faction ennemie de la liberté, et dans la Terreur que l'égarement du peuple par quelques meneurs à intentions perfides. Cette opinion aujourd'hui ne serait soutenable que pour un petit nombre de meneurs subalternes; car la conviction et, si l'on veut, la frénésie sincère et profonde des principaux ne saurait être révoquée en doute : eux aussi ils ont rendu témoignage sur l'échafaud. Or, qu'il y ait eu dans les rangs des plus furieux jacobins quelques agents obscurs, poussant à des excès ceux qui s'y précipitaient déjà, et surtout prenant grand soin de cacher leur qualité de *ci-devant* sous la carmagnole populaire, aplatissant leurs cheveux, laissant pousser leurs moustaches, et grossissant leur voix dans les clubs, c'est ce qui est assez vraisemblable, et assez insignifiant pour qu'on ne puisse ni le nier, ni s'en prévaloir. Les efforts de pareils individus se perdaient alors dans le tourbillon universel ; les passions déchaînées suivaient leur développement fatal ; elles étaient l'âme de la Révolution, le moteur aveugle, irrésistible de cette machine vaste et puissante. Malheur à qui voulait lutter contre elle ! il était sur l'heure anéanti, et ceux qui, comme les mystérieux agents dont nous parlons, essayaient de porter la main aux rouages pour les accélérer, ceux-là couraient risque aussi de se briser avec toute leur malice, sans hâter d'une seule ligne le mouvement qui s'accomplissait sous une loi plus haute. Mais à la fin le ressort trop tendu éclata ; les passions s'épuisèrent et se dispersèrent : ce fut le signal pour recommencer d'agir. En 91, les royalistes avaient tout espéré des puissances étrangères et des victoires de l'Europe. En 94, désabusés de leurs premières illusions, ils cherchèrent un appui dans l'insurrection vendéenne, jusque-là délaissée, et dans les conspirations intérieures, jusque-là impossibles. Charette, d'une part, et le journalisme, de l'autre, devinrent leurs ressources, et prêtèrent des armes à leur cause. Mais cette double attaque, tentée dans l'Ouest par les chefs vendéens et dans Paris même par les journalistes, ne fut pas conduite des deux côtés avec une égale habileté et une égale réussite. L'Ouest ne manquait pas de partisans braves et fidèles, de chefs intelligents et intrépides : on les mit en avant à la légère, on les leurra de vaines promesses. Le prétendant, du sein de sa cour sédentaire de Vérone, leur envoya des cordons et des titres; la cour errante du comte d'Artois leur garantissait des secours et l'épée du prince; son panache seul aurait fait des miracles, mais on donna au prince d'autres conseils. Les secours furent insuffisants et intempestifs; des ordres contradictoires arrivèrent à la fois des deux petites cours rivales, et déconcertèrent les opérations commencées; en deux conjonctures tristement mémorables, à Quiberon et à l'Ile-Dieu, de misérables scrupules de vanité empêchèrent d'adopter le genre de guerre qui convenait le mieux à la nature de la contrée et aux habitudes des paysans. Il semblait, en vérité, que ce fût une chose indigne et par trop roturière de chouanner dans les bois de la Bretagne, ou dans les marais et les bruyères de la Vendée. « Et pourtant, dit éloquemment M. Thiers, un prince sorti de ces retraites pour remonter sur le trône de ses pères n'eût pas été moins glorieux que Gustave Wasa sorti des mines de la Dalécarlie. » Tout manqua donc, grâce à tant de fautes, grâce surtout au génie guerrier et pacificateur de Hoche. Les principaux chefs insurgés furent pris, et périrent; et aujourd'hui qu'on élève des mausolées à ces victimes, aujourd'hui qu'on voudrait faire retomber leur sang sur ceux qui eurent le droit de le verser, il est bon de remarquer qu'après tout, les affligeants trépas des Sombreuil et des Charette ne doivent pas être imputés seulement à la valeur républicaine, et que, si les héros exhalèrent en mourant des ressentiments et des plaintes, ces plaintes et ces ressentiments s'adressaient à d'autres qu'à leurs vainqueurs. Battu et désarmé en Vendée, le royalisme était plus heureux à Paris et dans une grande partie des provinces. Ses doctrines, répandues par la presse, professées dans les clubs et les sections, reprenaient crédit auprès des esprits modérés et de la masse qui voulait enfin du repos. Cette renaissance pourtant n'eut pas lieu tout d'un coup. Elle se déguisa d'abord sous la réaction, frivole en apparence, qu'afficha la classe riche et moyenne de Paris contre les mœurs et les modes de la Terreur. Ce fut une marque de civisme, aussitôt après le 9 thermidor, de remplacer la *carmagnole* par un habit carré et décolleté, les cheveux sales et plats par des *cadenettes* et un peigne, de passer sa journée au Palais-Royal à lire *l'Orateur du peuple* de Fréron et les brochures politiques; d'aller le soir, avec un crêpe au bras, au *Bal des victimes* ou au salon de madame Tallien; d'entendre le chanteur Garat à Feydeau, ou La Harpe déclamant au Lycée contre le *tutoiement* révolutionnaire. Il y eut, en un mot, des *muscadins*, comme il y avait eu des *sans-culottes;* mais ces muscadins étaient armés de bâtons courts et plombés en forme d'assommoirs, et en faisaient un fréquent usage contre les jacobins dans toutes les rencontres. Ils gouvernaient les sections, y maintenaient l'autorité du parti thermidorien, et servaient la Convention de leurs personnes, durant ses sanglants débats avec les insurgés des faubourgs. Jusqu'aux journées de prairial, les royalistes, et ceux qui sortaient des cachots, et ceux qui rentraient du dehors, et ceux, de plus fraîche date, qui étaient des révolutionnaires convertis, demeurèrent dans les rangs de cette *jeunesse dorée*, et servirent sous les ordres de la faction thermidorienne. Mais la réaction qui continuait les enhardit; voyant les jacobins poursuivis, immolés sans relâche et sans pitié, ils se hasardèrent à relever leur vrai drapeau et à combattre pour leur propre compte. A peine remise des attentats et des vengeances de prairial, privée d'un grand nombre de ses membres condamnés ou compromis, et aussi mutilée qu'au plus fort de la Terreur, la Convention avait repris son rôle paisible d'Assemblée législative, et la Commission des *Onze* lui présentait cette belle et sage Constitution de l'an III, qui devait pacifier la France, si la France alors avait pu être pacifiée par une Constitution. Il s'offrait ici une question grave. La Constituante, par un mélange de faste et de candeur patriotique qui ne se voit qu'au commencement des révolutions, s'était exclue de l'Assemblée législative; de tels scrupules allaient mal à la Convention; elle s'en affranchit, et décrète, le 5 fructidor, que les deux tiers de ses membres feraient partie de la législation suivante. Restait à savoir si elle désignerait elle-même les deux tiers à conserver, ou si elle laisserait le choix aux assemblées électorales.

Ce dernier mode de réélection fut décrété le 13 fructidor. La mesure était politique, sinon légale; elle déjouait les royalistes, qui comptaient obtenir la majorité aux élections prochaines, et avoir bon marché de la Constitution nouvelle. Les meneurs des sections, les agents de Lemaître, les clubistes lettrés, se coalisèrent, et ne virent rien de mieux que d'insurger la capitale, en accusant la Convention de prolonger sa dictature, et d'attenter à la souveraineté du peuple. Ils firent le 13 vendémiaire. Mais le jeune Bonaparte, choisi par Barras pour veiller à la défense de l'Assemblée, ne se laissa pas prendre au dépourvu; il manœuvra autour des Tuileries avec autant de résolution qu'au milieu d'un champ de bataille, et, selon l'expression de M. Thiers, tira sur la population parisienne comme sur des bataillons autrichiens. Il sauva la Révolution ce jour-là, se réservant de la dévorer plus tard, quand il serait assez fort contre elle, et qu'elle serait assez mûre pour lui. De même que les royalistes avaient levé le masque après le 1er prairial, les jacobins semblèrent se réveiller au bruit du canon de vendémiaire. Soit effroi réel, soit calcul d'ambition, l'ancien parti thermidorien, avec Tallien son chef, revint presque à la Montagne, proposa de suspendre la Constitution, et d'exclure le tiers, librement choisi, qui l'avait été dans le sens des réactionnaires. Tous les républicains modérés et sages, qui aspiraient au régime légal et sentaient que la France y aspirait aussi, s'opposèrent à ces violences superflues.

Seulement, pour donner plus de garanties à la Révolution, il fut décidé de ne choisir les prochains directeurs que parmi les conventionnels régicides. Ainsi cette Assemblée terrible, sans peur et sans repentir, se montrait à sa dernière heure encore fidèle au mot d'ordre du 10 août ; ainsi elle gardait, même en finissant, quelque chose d'illégal, et il y avait, jusqu'au bout, de la colère dans sa manière de fonder la liberté.

Toutefois, si elle semblait craindre d'émanciper la France et de l'abandonner trop tôt à elle-même, il faut avouer que l'avenir n'a que trop confirmé ses prévisions. Tant que les cinq directeurs constitutionnels restèrent au pouvoir, tant que les deux tiers conventionnels eurent la majorité dans les Conseils, en un mot, tant que les auteurs de la Constitution furent là pour la surveiller et la pratiquer, tout alla bien ; les Conseils et le gouvernement vécurent en harmonie ; on vit la prospérité renaissante au dedans, au dehors d'immortelles victoires qui n'ont pas été surpassées depuis. Le vaisseau de l'État vogua quelque temps avec bonheur sous l'impulsion de la main puissante, qui l'avait reconstruit et lancé. Mais les intrigues des ennemis de la Constitution continuaient sourdement. Hommes la plupart habiles, cultivés, réputés amis de l'ordre, quelques-uns éminemment vertueux, ils triomphaient sans peine d'une masse déjà indifférente, avide surtout de la vie privée et des jouissances domestiques, que la

Terreur avait blasée sur ses droits, et qui repoussait le
fantôme du jacobinisme à tout prix. On en eut la
preuve aux élections de l'an V. Sitôt que ces élections
eurent introduit dans le Corps législatif une majorité
royaliste, et que le Corps législatif eut porté au gouvernement un chef royaliste aussi, la division éclata entre
le Directoire et les Conseils, et jusqu'au sein du Directoire. Celui-ci conservait pourtant sa majorité conventionnelle; il en fit usage au 18 fructidor contre lui-même
et contre les Conseils pour sauver la Constitution ;
mais il ne la sauva qu'en la violant, et, après cette première violation, aussi nécessaire que funeste, il ne sut
plus prolonger son existence qu'à force de coups d'État.
M. Thiers n'a pas atteint cette fâcheuse époque du
18 fructidor, où les patriotes sincères virent leurs espérances encore une fois déçues, et le régime de la liberté
légale indéfiniment ajourné. Il n'a eu à raconter jusqu'ici que les premiers temps du Directoire, et il les a
vivement réhabilités. Bien différent du commun des
historiens, il expose avec autant d'intelligence que de
clarté toutes les opérations de finances et de guerre. La
guerre surtout lui plaît; il excelle à la décrire. On
dirait, en le lisant, qu'il l'a faite et qu'on la fait avec
lui. C'est après avoir ainsi retracé les victoires toutes
républicaines de la première campagne d'Italie, que,
jetant les yeux sur la France, alors si florissante et
pourtant dévouée à de si prochains malheurs, il couronne son récit par cet éloquent épilogue, par cet

hymne enivrant dont le ton poétique sied encore à la voix de l'histoire :

« Jours à jamais célèbres, à jamais regrettables pour nous ! A quelle époque notre patrie fut-elle plus belle et plus grande ? Les orages de la Révolution paraissaient calmés ; les murmures des partis retentissaient comme les derniers bruits de la tempête. On regardait ces restes d'agitation comme la vie même d'un État libre. Le commerce et les finances sortaient d'une crise épouvantable ; le sol entier, restitué à des mains industrielles, allait être fécondé. Un gouvernement, composé de bourgeois nos égaux, régissait la république avec modération ; les meilleurs étaient appelés à leur succéder. Toutes les voix étaient libres. La France, au comble de la puissance, était maîtresse de tout le sol qui s'étend du Rhin aux Pyrénées, de la mer aux Alpes. La Hollande, l'Espagne, allaient unir leurs vaisseaux aux siens et attaquer de concert le despotisme maritime. Elle était resplendissante d'une gloire immortelle. D'admirables armées faisaient flotter ses trois couleurs à la face des rois qui avaient voulu l'anéantir. Vingt héros, divers de caractère et de talent, pareils seulement par l'âge et le courage, conduisaient ses soldats à la victoire. Hoche, Kléber, Desaix, Moreau, Joubert, Masséna, Bonaparte, et une foule d'autres, s'avançaient ensemble. On pesait leurs mérites divers ; mais aucun œil encore, si perçant qu'il pût être, ne voyait dans cette génération de héros les malheureux ou les coupables : aucun œil ne voyait celui qui allait expirer à la fleur de l'âge, atteint d'un mal inconnu, celui qui mourrait sous le poignard musulman ou sous le feu ennemi, celui qui opprimerait la liberté, celui qui trahirait sa patrie; tous paraissaient grands, purs, heureux, pleins d'avenir! Ce ne fut là qu'un moment; mais il n'y a que des moments dans la vie des peuples, comme dans celle des individus. Nous allions retrouver l'opulence avec le repos : quant à la liberté et à la gloire, nous les avions!... Il faut, a dit un Ancien, que la patrie soit non-seulement heureuse, mais suffisamment glorieuse. Ce vœu était accompli. Français, qui avons vu depuis notre liberté étouffée, notre patrie envahie, nos héros fusillés ou infidèles à leur gloire, n'oublions jamais ces jours immortels de liberté, de grandeur et d'espérance! »

Pour mêler quelques critiques aux éloges qui sont dus à M. Thiers, nous répéterons ici ce que nous avons déjà dit à propos des volumes précédents. Nul historien de nos jours n'a, ce nous semble, un sentiment aussi vif, une intelligence aussi naïve de son art. On pourrait reprocher aux uns d'être trop raisonneurs, aux autres d'être trop chroniqueurs; pour lui, son talent est naturellement pittoresque. Par malheur, il n'en tire pas tout le parti possible. S'abandonnant à la facilité de son esprit et à l'entraînement des choses, il jette, en courant, de grands tableaux, de belles couleurs, d'admirables traits; mais il ne compose pas, et, dans ses pages les plus pleines de vie, on sent toujours je ne sais quoi d'épars et d'inachevé : on dirait par moment l'insouciance de M. de Lamartine. Observons pourtant qu'en histoire, les faits étant du domaine de tous, l'historien, s'il veut que son œuvre soit durable, doit la marquer fortement de son empreinte, et y apposer en chaque endroit comme un sceau ineffaçable. Le sculpteur Phidias, nous dit-on, s'était représenté lui-même sur le bouclier de Minerve, et, par un ingénieux mécanisme, sa figure tenait tellement à l'ensemble qu'on ne pouvait l'enlever sans décomposer et détruire toute la statue : c'est là un symbole qui s'applique à l'historien.

Mais sans chercher à prévoir les destinées à venir de l'œuvre de M. Thiers, affirmons hardiment qu'aucune histoire ne mérite à plus juste titre la vogue contemporaine. On parle beaucoup depuis quelque temps dans le monde et dans les journaux du livre de M. de Montgaillard. Nous ne le mentionnons ici, que parce que, sur la foi des louanges qu'il a obtenues et qu'il mérite en partie, on pourrait croire qu'il ressemble au livre de M. Thiers autrement que par le fond du sujet. Qu'on nous permette donc, non pas de comparer, mais de séparer les deux ouvrages. Vieillard goutteux et quinteux, M. de Montgaillard a écrit des Mémoires originaux, caustiques, fréquemment remplis d'anecdotes douteuses ou controuvées. Suivant que sa goutte monte ou descend, sa bile s'épanche plus ou moins âcre et mordante. Il n'est pas jusqu'à ses disgrâces naturelles qui n'influent sur le ton de son récit, et comme le disait il y a peu de temps notre poëte populaire, le portrait mis en tête du livre en devient la pièce justificative, le commentaire essentiel. Telle est en somme l'Histoire qu'il ne faut pas plus comparer à celle de M. Thiers, qu'on ne comparera bientôt les Mémoires de d'Aubigné ou le Journal de l'Étoile à l'Histoire de la Ligue par M. Mignet.

31 mai 1827.

M. DE SÉGUR

MÉMOIRES, SOUVENIRS ET ANECDOTES.

Tome III.

Nous avons laissé, dans le second volume des *Souvenirs*, M. de Ségur ambassadeur en Russie auprès de Catherine. Il s'y conduit à la fois en diplomate habile et en courtisan déjà consommé. Il cherche à plaire avant tout, et fait servir ensuite sa faveur personnelle aux intérêts de sa mission. Ainsi, quand il rime une épitaphe pour la petite chienne favorite, quand il joue au loto avec l'impératrice, ou qu'il cause, des heures entières, avec Potemkin, sur le schisme grec et les conciles œcuméniques, ne le blâmez pas de légèreté, ne lui reprochez pas l'oubli de devoirs plus graves; ces frivoles moyens le mènent sûrement à négocier et à conclure un traité de commerce utile à la France. Enfin le traité est conclu, et nous trouvons, au commencement de ce volume, l'aimable ambassadeur en route pour la Crimée, à la suite de Catherine. On sait assez les détails de ce voyage d'apparat, dont Potemkin avait d'avance ménagé les accidents et préparé les décorations. M. de Ségur, dont l'esprit toujours jeune semble encore sous le charme, compare cette marche triomphale de la *Cléopâtre du Nord* à un chapitre des *Mille et une Nuits*. Nous la comparerons plutôt à l'une de ces représentations classiques qui avaient lieu à la fin du dernier siècle sur les théâtres de Russie et de Pologne. Depuis que le czar Pierre s'était imaginé que la perruque à la Louis XIV était une pièce essentielle de la civilisation européenne, la cour avait adopté l'étiquette et les modes françaises; elle rougissait des mœurs du peuple, desquelles les siennes au fond se rapprochaient beaucoup. Il convenait à Potemkin d'épargner à l'impératrice philosophe l'affront sensible d'avoir honte de ses sujets devant les ambassadeurs d'Europe. Grâce à lui donc, en toute hâte et pour quelques heures seulement, une première couche de civilisation fut donnée, à droite et à gauche du chemin, sur la barbarie des Moscovites, des Cosaques, des Tartares; et chaque voyageur, du fond de sa voiture, se prêta à l'illusion d'aussi bonne volonté qu'on s'y prête à l'Opéra. Rien alors ne manquait à l'orgueil ni à la vanité de Catherine, comme femme et comme reine. Pendant que son vieux ministère se démenait jour et nuit, inépuisable à lui inventer des surprises et des fêtes, son jeune aide de camp Momonoff ne la quittait pas; le roi Stanislas implorait d'elle une entrevue qu'elle lui accordait en courant, et l'empereur Joseph II venait en personne lui apporter des complaisances et des hommages.

Un jour que M. de Ségur était assis vis-à-vis d'elle dans sa voiture, elle lui témoigna le désir d'entendre quelques morceaux de poésie légère qu'il avait composés. Enhardi par la familiarité du voyage, par la présence de l'aide de camp favori, et surtout par les habitudes philosophiques de Catherine, M. de Ségur hasarda un conte galant, un peu léger, toutefois décent, qui avait fort bien réussi à Paris auprès du duc de Nivernais, du prince de Beauvais, et même de plusieurs dames dont la vertu s'était permis d'y sourire. Mais soudain, à la grande surprise du poëte, Catherine changea de visage, et, par une question tout à fait hors de propos, déplaça brusquement le sujet de la conversation. Était-ce pruderie calculée, affectation de bienséance, caprice de despote? était-ce qu'un trait malin de la pièce avait été au cœur de la femme adultère et homicide?

Malgré ces petits inconvénients, auxquels une tactique spirituelle parait sans peine, ou qu'elle réparait du moins, le voyage eut beaucoup d'agréments pour M. de Ségur et ses compagnons. Celui de tous qui semble lui avoir laissé de plus chers souvenirs est le célèbre prince de Ligne, si étonnant par ses saillies, ses impromptus, et les grâces intarissables de ses lettres et de sa conversation. L'on devine et l'on sent presque revivre sous la plume de M. de Ségur l'attrait de ces causeries brillantes et superficielles dont le seul but était de plaire, où l'on parlait de tout sans prétendre rien prouver, où l'on passait tour à tour, avec une érudition finement moqueuse ou adulatrice, de la France à l'Attique, de l'Angleterre à Carthage, de l'empire de Cyrus à celui de Catherine. A mesure qu'on approchait du terme, la gaieté et la verve redoublaient; les réminiscences de la mythologie et de l'histoire se réveillaient en foule à l'aspect de l'antique Tauride. Oreste et Pylade, Diane, Hercule et Mithridate étaient mêlés avec le sultan, le grand visir et les pachas; et d'un même ton de légèreté ironique, on disait son mot sur le rétablissement des républiques grecques, ou sur le bon roi Thoas et la pauvre Iphigénie.

Le voyage terminé, les affaires et les intrigues diplomatiques recommencèrent. M. de Ségur insistait fort auprès du Cabinet de Versailles pour un projet de quadruple alliance entre la France, la Russie, l'Espagne et l'Autriche. Ce projet souriait à Catherine, qui espérait par là ramener la Turquie à un système pacifique et protéger la Hollande menacée par la Prusse et l'Angleterre. Mais le ministère français avait déjà d'autres soins plus pressants que ceux de la politique extérieure, et les embarras des finances ne lui permettaient pas de s'exposer aux chances d'une nouvelle guerre. Comme pourtant Louis XVI était assez porté de lui-même à soutenir par les armes la Hollande, son alliée, contre les Anglais et les Prussiens, tout l'art de M. de Brienne, alors principal ministre, se tourna à éluder une délibération définitive et à temporiser jusqu'à l'issue des événements. Voici donc le stratagème puéril qu'il tenta et qui lui réussit; c'est à M. de Ségur qu'on en doit la révélation piquante :

« Le roi, par sympathie de vertu et de bonté, aimait personnellement M. de Malesherbes, ministre d'État qu'il venait de rappeler au Conseil. M. de Malesherbes, comme la plupart des grands hommes, avait son faible : c'était celui de se plaire à raconter les nombreuses anecdotes dont sa riche mémoire était meublée, et il faut convenir que personne ne racontait mieux que lui. Il attachait dans ses récits par la philosophie de sa raison, par la bonhomie de son caractère, et par la finesse doucement maligne de son esprit. Quand il avait une fois commencé, il s'arrêtait difficilement, et aucun de ses auditeurs n'était tenté de mettre le signet. » Or, comme à chaque séance du Conseil, M. le maréchal de Ségur soumettait à la délibération l'affaire de Hollande et sollicitait une décision prompte, l'archevêque, s'emparant adroitement de la parole, trouvait moyen d'interpeller M. de Malesherbes sur quelque événement passé, analogue aux circonstances présentes; et celui-ci, selon son usage, commençait à raconter. Vainement les maréchaux de Ségur et de Castries voulaient mettre fin à l'épisode. Le roi se plaisait à écouter ; il était tard lorsqu'on engageait la discussion, et l'affaire principale était renvoyée à un autre Conseil. On perdit de la sorte quatre séances, c'est-à-dire quinze jours, et l'on finissait à peine d'arrêter les mesures, lorsqu'on apprit l'invasion du duc de Brunswick, la terreur des Hollandais, la défection du prince de Salm, qui les commandait, la prise de leurs villes et l'achèvement complet d'une révolution qui livrait cette république au stathouder et à l'Angleterre.

Une telle politique s'accordait mal avec celle de Catherine. Aussi durant la dernière époque de sa mission, M. de Ségur eut-il besoin de tout son esprit pour se maintenir au même degré de faveur qu'auparavant. C'est dans son livre qu'il faut suivre en détail les finesses de cette conduite diplomatique, aussi habile que décente, et dans laquelle se nuancent merveilleusement la flatterie, l'élégance et la dignité. On trouvera aussi une galerie variée de portraits originaux que nous ne pouvons qu'indiquer ici ; l'Espagnol Miranda, aventurier remuant, qui intriguait alors à Saint-Pétersbourg comme il intrigua plus tard en France, et qui fut en Amérique le précurseur de Bolivar ; l'Écossais Paul Jones, que l'animosité anglaise poursuivait d'infâmes calomnies jusqu'au milieu de ses triomphes sur la mer Noire ; le prince de Nassau, qui cherchait par toute l'Europe des périls à courir, des lances à briser, et qui semblait le dernier de ces paladins fabuleux rajeunis par Tressan. M. de Ségur a conduit son récit jusqu'au moment de son retour en France, où la Révolution était déjà commencée. Espérons qu'il sera bientôt en état de le poursuivre, et qu'échappé à une maladie qui menaçait de le ravir aux lettres et aux libertés publiques, il trouvera encore de longs jours pour se souvenir et pour raconter. Il est du petit nombre de ces hommes qu'on aime toujours à entendre sur les personnages et sur les choses d'autrefois ; et, pour lui appliquer à lui-même ce qu'il a dit de M. de Malesherbes, quand il cause avec son lecteur, personne n'est tenté de mettre le *signet*.

26 juin 1827.

TACITE[1]

Il y a une quinzaine d'années environ qu'un critique aussi instruit que spirituel, chargé, dans le *Journal de l'Empire*, d'examiner les traductions nouvelles qui paraissaient alors en foule, s'avisa un matin, comme par boutade et pour couper court à sa tâche, de signifier nettement que les grands écrivains de l'antiquité étaient et seraient à jamais intraduisibles, et qu'il y avait bien de la simplicité à se donner sérieusement le soin ingrat de les reproduire. De là grande rumeur, comme on peut penser, et réclamations sans nombre. Le paradoxe était criant en effet; il attaquait mille amours-propres en masse, et d'ailleurs le monde n'était pas encore, comme depuis, accoutumé à en-

---

1. Œuvres complètes, traduction nouvelle, avec le texte en regard, des variantes et des notes, par M. Burnouf, professeur d'éloquence latine au collége de France, tome IV.

tendre, à tolérer, à embrasser les paradoxes. Peu s'en fallut même qu'on ne taxât le méfait de *romantisme*, et Dieu sait ce que ce mot renfermait d'infamant en 1812. Par bonheur pour l'aristarque, ses antécédents littéraires étaient irréprochables et le mettaient hors de soupçon; jusque dans les paradoxes de M. Dussault il entrait un je ne sais quoi de classique et d'universitaire qui commandait le respect et l'examen. A part, d'ailleurs, un léger ton de persiflage qui ne nuisait pas à l'agrément, les raisons et arguments sur lesquels il appuyait son assertion ne manquaient ni de solidité ni d'évidence. On nous permettra donc de revenir un peu longuement sur une opinion si pleine d'autorité en pareille matière, d'autant plus, selon nous, que, bien comprise, modifiée en quelques points et réduite à ses vrais termes, elle nous semble fort recevable, sans que, pour cela, il en résulte rien de fâcheux pour les prétentions des traducteurs vulgaires, et encore moins pour l'honneur des traducteurs éminents comme M. Burnouf. Ce dernier même, qui donne, en apparence, à la théorie de Dussault, un si superbe démenti, nous saura quelque gré peut-être de montrer que cette théorie au fond ne contrarie nullement l'hommage dû au plus digne interprète de Tacite, et que, puisqu'elle put s'accommoder autrefois avec le *Pline* de M. Guéroult, elle ne saurait blesser aujourd'hui le disciple et l'émule de ce maître habile.

Dussault distingue d'abord chez les Anciens le fond

et la forme, la partie technique et la partie littéraire :
la première, selon lui, tombant complétement sous la
prise du traducteur ; la seconde, lui échappant toujours plus ou moins. Qu'on puisse traduire Platon ou
Cicéron comme on traduit Aristote ou Vitruve, c'est
ce qu'il ne nie point ; mais qu'on espère reproduire leur caractère et leurs beautés, c'est ce qui
lui paraît chimérique. « Vous croyez, dit-il, apprendre
« à connaître Tacite dans une traduction : eh bien,
« désabusez-vous ; vous ne le connaissez pas, vous ne
« le connaîtrez jamais par ce moyen ; on vous montre
« un fantôme, et l'on veut vous persuader que vous
« voyez Tacite : n'en croyez rien ; ce n'est pas lui, ce
« n'est pas même son ombre. » Dans la première ferveur du paradoxe, il ne tient nul compte de cette amélioration progressive, de cette sorte de perfection chronologique par laquelle la traduction la plus récente
l'emporte presque nécessairement sur ses aînées. Les
degrés vers le mieux ne sont pour lui que des quantités
infiniment petites, tendant à une limite qu'elles n'atteindront jamais, et de laquelle, toutes ensemble, elles
n'approchent pas sensiblement ; ce sont des pas de
Lilliputiens pour gravir une immense montagne. En
reconnaissant que la plupart des traductions ne fournissent que trop de preuves à l'appui de ce système,
nous nous garderons bien de l'accueillir en des termes aussi tranchants, aussi dédaigneux ; nous ne le
pourrions sans la plus grande injustice et qu'en fai-

sant violence au vrai sens qu'il avait dans l'esprit de Dussault. Non, sans doute, il n'est pas indifférent de lire le Platon de Dacier ou celui de M. Cousin, le Pline de Poinsinet ou celui de M. Guéroult, le Tacite de La Bletterie ou celui de M. Burnouf; mais, d'un autre côté, est-il indifférent de lire le Tacite de M. Burnouf, le Pline de M. Guéroult, le Platon de M. Cousin, ou les écrivains originaires eux-mêmes? Voilà en quoi consiste la question véritable, ou plutôt il n'y a pas là de question. En effet, pour qu'une résurrection si miraculeuse de l'auteur original fût possible, il faudrait entre son traducteur et lui non-seulement une égalité, mais une identité de talent; et, quand on l'obtiendrait par une sorte de métempsycose, le peu d'analogie qu'il y a du *traduire* au *produire*, surtout le peu de ressemblance des idiomes, suffirait encore pour empêcher fréquemment le succès. Fénelon n'excelle pas dans les traductions d'Homère, ni Rousseau dans celles de Tacite. Avant que notre idiome fût fixé, et quand déjà il sortait de sa première indigence, du temps d'Amyot et pendant tout le XVIe siècle, il abondait en ressource pour traduire les Anciens; il se modelait sur eux avec ampleur et souplesse, et en prenait de vives et fidèles empreintes, jusque sous des mains médiocrement habiles. Avec Malherbe, Coeffeteau, Vaugelas, une ère nouvelle pour les traductions commença. Alors, on se piqua de les écrire avec pureté, correction, élégance, et d'en faire des thèmes de beau langage avant tout. Cette première fleur de rhétorique une fois fanée, la pureté et la correction du style, avec la fidélité au texte, furent longtemps les seuls mérites que parurent ambitionner les traducteurs et les seuls qu'ils rencontrèrent quelquefois. Rollin, dans les nombreux morceaux traduits en ses histoires, nous semble le type de cette manière simple, facile et agréable, quoique faible. Ce ne fut guère qu'à la fin du XVIII° siècle qu'on s'en écarta, et que la traduction devint une lutte véritablement littéraire, pleine de fatigue et d'honneur. Or, dans une lutte aussi inégale, la seule victoire à espérer est de n'être pas constamment vaincu; la seule ressource dans la défaite, lorsqu'on ne peut l'éviter, est de la dissimuler avec art, et, puisqu'il faut tomber, de tomber du moins avec grâce. Ces conditions remplies par le traducteur, on a droit de proclamer son œuvre excellente, non pas qu'elle exprime jamais l'original, si l'original est d'un grand maître, non pas même qu'elle en approche de fort près, mais parce qu'elle en approche d'aussi près, parce qu'elle l'exprime aussi bien que le comportent la différence des procédés et celle des idiomes. La perfection du genre consiste donc à atteindre ce degré extrême de l'approximation, à ôter ainsi aux traducteurs à venir l'espoir raisonnable d'aller au delà, et à donner dans une langue moderne le dernier mot sur un grand écrivain de l'antiquité. C'est ce qu'ont fait Delille pour les *Géorgiques*, Guéroult pour ses fragments de Pline ; c'est ce que M. Burnouf va faire pour Tacite, à en juger par les deux livres des *Histoires* qu'il vient de publier.

Nous n'énumérerons pas ici tant d'infructueux essais de traductions, depuis le président Claude Fauchet, qui donna en 1582 une version complète, critiquée dès son apparition par Étienne Pasquier, jusqu'au janséniste La Bletterie, qui fit parler son auteur, dit Voltaire, en bourgeois du Marais. Le culte d'admiration qui environna au XVIIIe siècle l'historien de Néron et de Tibère amena dans la lice des émules plus dignes de lui ; mais ils n'y tinrent pas longtemps : d'Alembert se borna à des morceaux de choix ; Rousseau n'acheva que le premier livre des *Histoires*, et il avoue qu'un si rude jouteur l'eût bientôt lassé. Tacite retomba donc aux mains de traducteurs de profession. L'oratorien Dotteville refit l'œuvre de la Bletterie, et la diction de ce doux vieillard, pure, châtiée, coulante et tout à fait dans le goût de Rollin, a du moins l'avantage de se laisser lire avec un plaisir continu. M. Dureau de La Malle, qui vint après, profita amplement du travail de Dotteville ; mais, adoptant un système plus ambitieux, il visa à l'énergie, à l'éclat, à la concision de son modèle ; et comme, malgré un talent incontestable, il n'était pas de force à réussir, il ne rencontra que roideur, bizarrerie, obscurité. On sent qu'il se hausse, pour ainsi dire, jusqu'à Tacite, et cet effort d'impuissance choque encore plus le lecteur que la résignation modeste du bonhomme Dotteville. Depuis M. Dureau, quelques traductions partielles ont été tentées, et l'on se rappelle les *Tableaux* de Tacite, publiés récemment par M. Letellier. Mais ces estimables essais disparaissent aujourd'hui devant l'ouvrage complet de M. Burnouf.

Si l'on est attentif à l'impression littéraire qu'on éprouve à la lecture de Tacite, si on la dégage de tant d'autres émotions non moins vives qui la compliquent, voici ce qu'on observe, je crois. L'historien vous parle une langue si rapide, si forte, si poignante, qu'il vous enlève, vous tire à lui, vous force de penser avec lui en cette langue qui lui est propre, et, fût-on un latiniste assez vulgaire, pourvu qu'on comprenne, se fait comprendre face à face, sans trucheman, sans aucune de ces traductions sous-entendues que Cicéron en ses longs développements laisse à son lecteur tout le temps de faire. Qu'on essaie pourtant de traduire, et l'on sentira confusément qu'il y a, malgré la difficulté extrême de les saisir, bien des tours français répondant à ceux de l'historien latin, et que la traduction d'une phrase de Cicéron ou de Tite-Live, si elle est plus facile à commencer, est aussi plus difficile à finir.

Entre toutes les qualités d'un écrivain, la force et l'énergie se prêtent le mieux à ce passage toujours violent d'un idiome dans un autre ; elles offrent plus de corps, pour ainsi dire, à la main qui les déplace, et il suffit que cette main et l'instrument qu'elle manie ne fléchissent pas sous le fardeau. Voyez Davanzati, avec quelle simplicité unie et franche il a rendu Tacite dans la langue de Machiavel! Mais bien que l'énergie et la force caractérisent Tacite, on se tromperait fort de penser qu'elles soient les uniques mérites de son style, et que les autres parties, l'éclat, l'abondance, le nombre, y aient été sacrifiées. Ce qu'on doit peut-être le plus admirer en lui, c'est l'enchaînement étroit et continu, la contexture serrée et impénétrable qui fait qu'en ses récits tout se tient, et que les traits les plus saillants, les sentences les plus hardies, sortent du fond, y rentrent, et ne paraissent jamais qu'amenés et soutenus. Ces membres qu'au premier coup d'œil on croirait rompus, épars, simplement pressés les uns contre les autres, un lien invincible les unit, une vie commune les meut, un seul et même souffle de pensée les anime. Les traducteurs, surtout ceux de Tacite, n'ont rien à quoi ils doivent plus s'attacher qu'à cette continuité du discours. Distraits en effet à chaque pas par des difficultés de détail, forcés de reprendre souvent haleine, et de cheminer péniblement phrase à phrase ; de plus, dénués de verve personnelle, et revenant puiser sans cesse à celle de l'original, ils courent risque, s'ils n'y prennent garde, de laisser trace en leur ouvrage de ces allées et venues perpétuelles, et de fatiguer le lecteur par leur marche inégale et heurtée. M. Burnouf s'est préservé, à force d'art, de ce défaut, que n'avait pas évité Dureau de La Malle. Il a ménagé avec un soin infini les liaisons les plus légères, les transitions les plus délicates, et a presque effacé par son industrieuse élégance la marque de ses longs et laborieux efforts. Cette attention, au reste, qui ne l'a jamais abandonné, ne l'a pas détourné de chercher à propos et de rencontrer fréquemment le nerf et la vigueur. Il est superflu de louer l'extrême fidélité au texte, que le nom de M. Burnouf certifie beaucoup mieux que tous nos éloges : c'est assurément bien assez de tant de mérites réunis pour classer cette traduction au premier rang.

Nous nous permettrons cependant de soumettre avec doute et respect au savant interprète quelques critiques légères, dont il appréciera la valeur. Il nous a semblé que son élégance, parfois un peu scrupuleuse, se refusait trop ces expressions familières et fortes, ces tours vifs et francs, que notre vieille langue offrait en foule à son choix, et qui s'adaptaient si naturellement à Tacite. Non pas que nous pensions qu'il faille systématiquement refaire l'énergie de Montaigne, non plus que la naïveté d'Amyot. L'exemple de Paul-Louis Courier vient d'être réfuté par des raisons trop solides et trop ingénieuses, pour être renouvelé de longtemps ; et d'ailleurs cette sorte d'espiéglerie érudite, de laquelle il se tirait si bien, ne convenait qu'à lui seul ; mais, sans se réduire, ainsi qu'il le faisait, aux ressources du vieux langage, on ne doit pas absolument se les interdire. Quand Alfieri voulut se mesurer avec

Salluste, il retrempa l'idiome toscan aux sources primitives; quand Rousseau s'attaqua à Tacite, il s'était muni de la lecture des *Vies* de Plutarque et de celle des *Essais*. En examinant sous le rapport du style ce premier livre des *Histoires*, traduit par l'illustre auteur, nous l'avons trouvé plus digne qu'on ne croit de Tacite et de lui, par le ton libre et ferme qui y respire, et je ne sais quelle séve de grand écrivain qui y circule ; on sent qu'il y traite son émule d'égal à égal, et que même, au besoin, il s'inquiète assez peu de le brusquer. M. Burnouf nous pardonnera de préférer la version de Jean-Jacques à la sienne sur trois ou quatre points que nous indiquerions, si nous ne voulions épargner à nos lecteurs des détails toujours inutiles et fastidieux. Mais certes, ils ne sauraient nous reprocher d'avoir longuement fixé leur attention sur un de ces hommes si rares de nos jours, purs d'ambition et d'intrigues, voués pour la vie à la science et à l'enseignement, participant de cœur et d'âme aux progrès, aux vœux d'une jeunesse qu'ils ont formée et qui les révère, et s'étonnant ensuite avec une véritable candeur quand la réputation qu'ils méritent vient couronner leurs solides et précieux travaux.

23 juillet 1827.

WALTER SCOTT

VIE DE NAPOLÉON BONAPARTE [1].

I

Le génie est revêtu d'une sorte d'inviolabilité qui commande le respect, même dans ses écarts et ses chutes; il serait quelquefois cruel et presque impie de lui appliquer à la rigueur les sentences d'une critique trop austère. En s'élevant à une immense hauteur, il prend d'avance le droit de faiblir, et, après avoir ravi l'enthousiasme, il peut à son tour réclamer l'indulgence comme une justice. Si nous avions eu l'honneur d'être contemporains des derniers jours du grand Corneille, si nous avions eu à parler de ces productions malheureuses dans lesquelles sa vieillesse

---

1. Vie de Napoléon Bonaparte, empereur des Français, précédé d'un Tableau préliminaire de la Révolution française par sir Walter Scott.

se complaisait avec une candeur si naïve, il nous semble que nous n'eussions pas dit toute notre pensée, et que nous n'eussions pas dû la dire. L'*Agésilas* et l'*Attila* se seraient offerts à nous escortés et protégés des souvenirs du *Cid*, de *Pompée*, des *Horace*. Si un *hélas!* nous fût tout bas échappé, nous eussions retenu du moins ce *holà!* si dur et si mortel au cœur du vieil athlète. Quand l'auteur octogénaire de *Tancrède* et de *Zaïre* recevait en plein théâtre une couronne et un triomphe, qui songeait à censurer *Irène*? qui songeait à l'écouter? Et qu'une critique même équitable et modérée de cette triste pièce, si elle eût paru le lendemain de la représentation, eût à bon droit été jugée chétive, misérable, et digne à peine d'un Fréron ou d'un Clément! Sans remonter si haut, si de nos jours le vénérable Goëthe, dérogeant une fois à cet esprit de sagesse et d'à-propos qu'il sait porter en toutes choses, s'avisait sur la fin de sa carrière d'un effort malencontreux, qui de nous aurait le courage ou plutôt la lâcheté de relever sans pitié l'illusion du grand poëte, et de rompre par de rudes et inutiles vérités le calme religieux dans lequel il jouit de sa gloire? Tout en admirant chez Walter Scott un génie rare que nous avons assez exalté, nous ne prétendons pas le placer encore parmi ces deux ou trois privilégiés de chaque siècle, qui méritent d'être abordés jusqu'à leur dernier jour avec tant d'égards, de ménagements, de complaisance, et envers qui l'on a déjà les sentiments graves de la postérité confondus avec ce je ne sais quoi d'affectueux et de reconnaissant qu'inspire un grand homme aux contemporains dignes de l'entendre. Quoiqu'il ait parcouru la plus brillante moitié de sa route, et qu'il ne doive point, selon toute apparence, se surpasser désormais, il n'a pas atteint cet âge où une critique sévère afflige en pure perte ; et, dès qu'elle peut encore lui être utile, elle reste suffisamment légitime. D'ailleurs la distance des lieux autorise bien des familiarités qu'on ne se permettrait pas de près avec le génie, et il arrive ici précisément l'inverse du fameux adage : *Major e longinquo reverentia*. On en a déjà fait la remarque dans ce journal : ce qu'on ne dirait pas sans inconvenance à Paris au plus célèbre, au plus éloquent, au plus chéri de nos écrivains, on le dira fort civilement, d'un rivage à l'autre de la Manche, à un baronnet écossais. Mais cette franchise elle-même a des bornes, et l'homme qui s'est immortalisé par vingt chefs-d'œuvre ne perd jamais ses prérogatives. L'auteur des *Eaux de Saint-Ronan* et du *Château de Woodstock* est toujours celui des *Puritains* et d'*Ivanhoë*; et il ne faut pas qu'en lui présentant à nu, et, pour ainsi dire, en disséquant devant lui ses chétifs derniers-nés, on le contraigne trop malignement à rougir des marques de l'infirmité humaine. Il n'y aurait qu'un cas où toutes ces distinctions, qu'on trouvera peut-être subtiles, mais qui se rattachent, selon nous, à la partie morale de la critique, deviendraient aussi funestes que ridicules, et où la vérité seule devrait parler, dure, amère, inexorable. C'est celui où l'homme de génie, cédant à d'ignobles motifs, et par cupidité ou mauvaise foi, ferait de méchants livres qui seraient de méchantes actions, et, soit pour satisfaire ses haines, soit pour payer ses dettes, s'en irait à la légère ou sciemment altérer des faits, dénaturer des intentions, calomnier, rapetisser des générations fortes et grandes, en un mot dans une compilation indigeste falsifier l'histoire au profit de ses préjugés, ou qui pis est à son profit. Quand Voltaire, pour attaquer le christianisme, tronquait et supprimait des textes, il obéissait à la haine ; et, quoiqu'il soit fort peu philosophique de haïr, c'est là du moins une passion qui, à la prendre en un certain sens, peut s'appeler désintéressée. Walter Scott dans sa *Vie de Bonaparte* n'a plus même en sa faveur, je ne dirai pas cette excuse, mais cette sorte d'explication qui convenait aux *Lettres de Paul :* il a été poussé cette fois par quelque chose de plus simple et de plus vulgaire encore que la haine ; chez lui, ç'a été calcul, et non colère. Il a spéculé en grand sur sa renommée, et il a tout bonnement voulu escamoter une souscription à l'Europe. Par malheur, on s'est douté d'avance du manége. Depuis un an environ que les journaux répètent de mois en mois la fastueuse annonce, chacun se demande avec défiance quels documents officiels, quels personnages instruits, Walter Scott a consultés, quelles communications particulières il a reçues. Un voyage de huit jours à Paris durant lequel le discret auteur s'est constamment tenu sur la défensive contre les renseignements qui allaient à sa rencontre, n'a fait illusion à aucun d'entre nous, *badauds* de Paris, comme il nous appelle. L'Histoire paraît enfin, qui confirme et surpasse toutes les conjectures. De la légèreté, de la précipitation, de l'ignorance, de la mauvaise foi, un reste de vieille rancune, pas un trait de talent, un ton et un goût détestables, en voilà le sincère et triste résumé. On concevra maintenant pourquoi de notre part tant de préliminaires. Nous sentions le besoin de justifier, aux yeux de nos lecteurs et aux nôtres, les expressions de profond mépris qui éclateront plus d'une fois dans notre jugement sur ce pitoyable ouvrage. Tant pis après tout pour l'homme de génie qui ne respecte ni le public, ni la vérité, ni lui-même : il délie les autres du devoir de le respecter.

Sir Walter Scott a parfaitement compris que l'histoire de Napoléon ne commence pas, comme celle d'un individu obscur, le jour même de sa naissance, et qu'avant de l'introduire sur la scène du monde, il importe de décrire cette scène, destinée à le recevoir, ce XVIIIe siècle, dont il partagea les opinions, cette Révolution française dont il suspendit les effets. Mais il a compris la chose en auteur qui veut allonger son livre, et non le composer : c'est pourquoi il a entassé dans son Introduction force anecdotes, bons mots, récits de détails, exposés de doctrines religieuses ou politiques, sarcasmes croisés contre les philosophes et les papistes ; nulle part, il n'a placé ces vues générales qui caractérisent l'historien et révèlent en lui l'intelligence de son sujet. On s'étonnera, par exemple, qu'il considère la Révolution comme terminée à la mort de Robespierre. Pour nous, avouons-le, nous ne sommes pas fâché de la bévue, car si le fécond écrivain avait soupçonné que cette maudite Révolution continuait toujours même après la Terreur, il aurait pu, par mégarde, laisser couler de sa plume une couple de volumes de plus, et en vérité le nombre en est déjà bien honnête.

Faire, à propos d'un pareil livre, une critique d'ensemble serait perdre sa peine : il suffit pour le ruiner d'en extraire quelques passages. Qu'on ne croie pas, au reste, que nous songions à épuiser la matière. Ce que nous citons est sans préjudice pour ce que nous ne citons pas. Si l'on voulait relever tout ce qu'il y a de faux et d'inexact dans les six volumes in-8° que nous avons sous les yeux, il en faudrait écrire au moins six autres.

*Tome I*ᵉʳ, *pages* 53 *et suivantes :* « Reçus dans la
« société des nobles et des riches, à titre de tolé-
« rance, les gens de lettres du XVIIIᵉ siècle n'y te-
« naient pas un rang beaucoup plus élevé que les

« musiciens ou les artistes dramatiques, parmi les-
« quels se sont trouvés souvent des hommes de talent
« et de réputation que les meilleures sociétés attirent
« à elles, pendant que la profession à laquelle ils appar-
« tiennent reste généralement exposée au mépris et à
« l'humiliation. » A quoi pensaient donc MM. de
Montesquieu, de Buffon, de Saint-Lambert, de Vau-
venargues, de Tressan, Helvétius, Hénault, de Chastellux, de Boufflers, de Condorcet, de Mirabeau père
et fils, etc., etc., en briguant la livrée de gens de
lettres ?

Voilà vraiment de bien bonnes familles déshonorées.
« Les dames de qualité, tout en accordant un sourire
« (*Il est modeste le sourire!*) aux hommes de lettres ; et
« les personnages titrés, en les admettant à leur inti-
« mité, n'en demeuraient pas moins persuadés que ces
« hommes n'étaient point formés comme eux des élé-
« ments choisis de la terre (*from porcelain clay of
« earth*). » A quoi pensiez-vous donc, mesdames du
Châtelet, de Tencin, du Deffant, de Puisieux, d'Épinay,
d'Houdetot, etc., etc., d'accorder de si charmants *sourires* à des êtres formés d'un si grossier limon? « Sous
« le poids accablant de cette infériorité humiliante,
« l'homme de lettres devait quelquefois aussi comparer
« d'un œil jaloux ces palais somptueux, ces tables
« splendides où on lui faisait la grâce de l'admettre,
« avec son modeste appartement garni et ses moyens
« précaires d'existence. » Les châteaux de La Brède, de

Montbard, de Ferney, de Voré, des appartements garnis ! Peste ! vous êtes difficile, monsieur d'Abbotsford ; mais peut-être vous êtes-vous rappelé que d'Alembert avait chez sa vitrière une chambre garnie, laquelle, par parenthèse, il ne voulut échanger ni contre un entresol à Postdam, ni contre un beau logement à l'hôtel de Tencin. « De là ces recherches fréquentes de l'origine « des distinctions parmi les hommes, ce système d'op- « position violente au régime existant, ces appels à « l'état primordial de la société, ces revendications « de l'égalité primitive ; de là ces ingénieux arguments, « ces éloquentes tirades en faveur de la sauvage indé- « pendance des premiers temps. » Admirez-vous maintenant l'influence des appartements garnis sur les cerveaux humains et les destinées sociales ? « Les patriciens « lisaient ces écrits, et leur accordaient volontiers ce « sourire de compassion qu'ils eussent donné aux rê- « veries d'un poëte en délire. » L'heureux temps pour les gens de lettres ! Tout à l'heure les grandes dames leur souriaient par complaisance, et voilà que les grands seigneurs leur sourient par *compassion :* si les pauvres diables avaient eu tant soit peu d'esprit, il y avait là de quoi les faire mourir de rire. Un peu plus loin, il est vrai, l'auteur paraît regretter que le patronage qu'exerçaient les grands envers les philosophes soit souvent allé *jusqu'à l'intimité réciproque;* que devient la *compassion*, alors ? « Plus le XVIIIe siècle avançait, plus les lit- « térateurs acquéraient d'importance et de crédit. Cer-

« tains de leur influence sur une société qui ne pouvait goûter que par eux les plaisirs de l'esprit, ils réunirent leurs communes prétentions à ce qu'on appelait dès lors la dignité d'un homme de lettres. Sous ce rapport ils dépassèrent bientôt toutes les bornes, et manifestèrent, jusque dans le salon de leurs patrons, un fanatisme d'opinion, une hauteur dogmatique, et un langage qui obligea le vieux Fontenelle lui-même à confesser qu'il était épouvanté de cet excès de suffisance que l'on remarquait partout dans la société. » L'auteur a bien raison de dire le *vieux* Fontenelle : car aux sombres couleurs qu'il emploie, nous, nous pensions déjà à la fin du xviii° siècle, et la longévité de Fontenelle aurait peine à y atteindre. Faut-il rappeler à l'historien que le philosophe était mort en 1757, et qu'on ne peut, sans un grossier anachronisme, donner une interprétation aussi grave au mot satirique du spirituel et poli vieillard? Mais sir Walter Scott n'y regarde pas de si près; et deux pages plus loin, pour prouver l'immoralité du siècle, il allègue les Mémoires de madame Roland, dont il compare le ton à celui d'une *courtisane de haut parage*. « Quelques écrivains du premier ordre, Montesquieu lui-même, se sont délassés de leurs profondes recherches sur l'origine des gouvernements, et de leurs abstractions philosophiques, par des contes impudiques, propres à enflammer les passions. » Serait-ce le piquant badinage des *Lettres persanes*? Serait-ce la fade et froide

allégorie du *Temple de Gnide*, qui scandalise si fort la pruderie du romancier presbytérien? Aurait-il été déterrer le mauvais conte d'*Arsace et Isménie* pour avoir le droit de ranger Montesquieu parmi les conteurs *impudiques*? Et Rousseau aussi! Rousseau accusé de *blesser la décence, d'outrager la morale!* Mais pourquoi s'étonner? Quand sir Walter Scott en viendra à la campagne d'Italie et à la correspondance de Bonaparte avec Joséphine, il comparera le style étincelant de ces lettres au langage d'un berger arcadien, et il ajoutera ces singulières paroles qu'on croirait entendre sortir des lèvres froncées d'une milady autour d'une table à thé :
« Nous ne pouvons nous dispenser de dire que dans
« certains passages, qu'assurément nous ne citerons
« pas, cette correspondance offre un ton d'indélicatesse
« (*indelicacy*) que, malgré l'intimité du lien conjugal,
« un mari anglais n'emploierait pas, et qu'une femme
« anglaise ne regarderait pas comme l'expression con-
« venable de l'affection conjugale. » *Risum teneatis...*

Maintenant que nous avons un échantillon du xviiie siècle selon sir Walter Scott, prenons une idée du Tableau qu'il trace de la Révolution française :

« La définition du *tiers état* par Sieyes fit fortune, au
« point que les notables demandèrent que les députés
« du tiers fussent égaux en nombre aux députés de la
« noblesse et du clergé réunis, et formassent ainsi la
« moitié numérique des délégués aux États généraux. »
Mais on sait que l'Assemblée des notables se prononça

contre le doublement du tiers, et que le bureau présidé par *Monsieur* fut le seul qui vota pour cette mesure. L'ouvrage fourmille d'erreurs de faits aussi palpables. D'ailleurs, à quoi bon attribuer à une brochure une puissance qu'elle ne tirait elle-même que de l'opinion publique? Il semble que, dans cette portion du livre, l'auteur se soit proposé le problème d'expliquer les grands effets par les petites causes, les insurrections populaires par la toute-puissance d'une *caisse* occulte, les révolutions législatives par les couteaux des *dames de la Halle*, les entraînements de parti par des calculs de peur ou de vanité, les épouvantables convulsions de 93 par l'ascendant malin des trois *ogres*, Danton, Marat et Robespierre, qui jouent à peu près ici le rôle des nains mystérieux de ses romans. Le tour de force n'était pas facile, et l'homme de génie n'a pas réussi à s'en tirer même en homme d'esprit. Ce pauvre Louvet, à qui sir Walter Scott en veut tant, et dont l'imagination romanesque voyait aussi partout complots, machinations, arrière-pensées, arrangeait beaucoup plus habilement les choses, et mettait plus d'art à combiner son rêve. Comme sir Walter aime à la folie les comparaisons, il me permettra d'en faire une, et de trouver que sa manière de comprendre notre Révolution ressemble exactement à la manière dont le matérialiste Lamettrie comprenait l'homme physiologique, par des poids, des leviers, des soupapes et tout le gros attirail d'une mécanique vulgaire. Cabanis, assez semblable à Louvet, allait plus avant que le médecin mécanicien, et descendait jusqu'aux rouages délicats de l'organisation. Mais ni Cabanis ni Lamettrie n'appréciaient dans l'homme cette force souveraine et profonde qui lui donne la vie et l'âme.

Sir Walter Scott, avons-nous dit, prononce la clôture de la Révolution à la mort de Robespierre; mais il ne tient pas à lui qu'elle n'ait été terminée plus tôt, et les projets de répression qu'il expose à ce sujet n'eussent pas manqué, si on les avait suivis, de tout rétablir dans l'ordre dès la journée du 14 juillet, qu'il appelle par inadvertance *le 12 juillet*. En effet, « Nous
« tenons d'un témoin oculaire digne de confiance que,
« pendant l'attaque de la Bastille, une voix cria au mi-
« lieu de la foule que le régiment de Royal-Allemand
« s'approchait. Les mutins se montrèrent alors si dis-
« posés à prendre la fuite, qu'ils se fussent *assurément*
« dispersés, si un corps de troupes eût paru. » Et ailleurs, « Il est bien vrai que, si la sortie des Suisses
« (au 10 août) eût été appuyée par un corps suffisant de
« *cavalerie*, la Révolution eût pu être terminée ce jour-
« là. » Et ailleurs, « Cinq cents hommes distingués par
« leur rang et leur bravoure, cinq cents...., cinq cents
« seulement.... de ceux qui cueillaient sous Condé des
« lauriers stériles ou vivaient de la pitié des nations
« étrangères, réunis alors (après le 10 août et avant le
« 21 janvier) dans Paris, auraient été probablement
« soutenus par les habitants de cette ville, et, en atta-

« quant franchement les fédérés, auraient peut-être,
« par un coup de main hardi, réussi à leur arracher
« leur victime. » Et ailleurs, « La *facilité* avec laquelle
« les jacobins furent dispersés par les sections (au 1er
« prairial) fit voir combien, à d'autres époques, avec
« de l'*accord* et de la résolution, il eût été *aisé* de triom-
« pher du crime. Si La Fayette eût attaqué franchement
« le club des jacobins, il n'eût pas éprouvé plus de ré-
« sistance que ces jeunes gens exaltés, et il eût épar-
« gné au monde une longue suite d'horreurs. »

Jusqu'à présent, on s'imaginait en France connaître passablement l'Assemblée constituante, l'esprit qui l'avait animée, et les partis divers qui s'y étaient combattus. Mais voici de nouvelles et importantes révélations qui sont dues à l'historien écossais. Et d'abord, le jour de la première séance, il nous montre « tous les
« yeux fixés sur les représentants du *tiers état*, vêtus
« d'un habit modeste, conformes à leur humble nais-
« sance et à leurs occupations habituelles. » Il nous apprend que, parmi ces représentants, si modestement vêtus, se trouvaient beaucoup de gens de lettres « qu'on
« y avait appelés, parce qu'on les savait partisans de
« systèmes, la plupart incompatibles avec l'état présent
« des choses; — que, dans le principe, ces gens de
« lettres avaient été tenus à l'écart par les avocats et les
« financiers, leurs collègues; mais qu'à la fin ils avaient
« repris le dessus et s'étaient faits républicains décidés; »
— que pourtant ces républicains décidés, lesquels

étaient « d'un ordre plus élevé et de sentiments plus ho-
« norables » que les jacobins de club, avaient surnommé ceux-ci « les enragés » ; — que néanmoins il y avait
dans l'Assemblée de furieux démagogues, désignés sous
le nom de *Montagne;* et que, « quand les jacobins de la
« *Montagne* s'efforçaient d'interrompre Mirabeau par
« leurs rugissements, celui-ci s'écriait d'une voix de
« tonnerre : Silence aux trente voix ! et qu'à cet ordre
« le volcan rentrait dans le repos, etc., etc. » C'est
ainsi que, dans les Mémoires récents, publiés sur madame la princesse de Lamballe par une noble lady, on
est informé qu'au sein de l'Assemblée constituante
Robespierre menaça un jour Barnave de le faire guil-
lotiner !

Parmi tant de graves découvertes, sir Walter Scott
ne néglige pas les plus menus détails ; il affecte d'entre-
mêler son style de locutions françaises, et n'est pas
moins heureux investigateur sur ce point que dans le
reste. « L'Assemblée (constituante) abolit toutes les dis-
« tinctions honorifiques, toutes les armoiries, jusqu'aux
« titres insignifiants de *monsieur* et de *madame,* locutions
« de pure courtoisie, si l'on veut, mais qui, réunies à
« d'autres semblables, rendent plus douces les relations
« ordinaires de la vie, et entretiennent cette urbanité
« de mœurs que les Français désignaient par l'expres-
« sion heureuse de *petite morale.* » Notez ce mot en
passant, MM. de l'Académie ; et vous tous qui étudiez
l'histoire, n'oubliez pas que l'Assemblée constituante

abolit les titres de *monsieur* et de *madame*. Sir Walter Scott ne dit pas si elle décréta le *tutoiement*.

Nous ne pousserons pas davantage aujourd'hui cette facile et dégoûtante critique. Une autre fois, nous aborderons la Vie même de Napoléon ; mais elle ne nous fournira malheureusement pas l'occasion de rétracter notre premier jugement et de faire amende honorable aux pieds du génie qui tant de fois reçut nos hommages sincères. Si cette principale partie de l'ouvrage offre moins d'absurdités choquantes et puériles, elle n'est pas écrite avec plus de vérité, ni surtout plus de talent. Quoiqu'il y ait une sorte d'impertinence à décider du style d'après une traduction, il est impossible de ne pas remarquer que sir Walter Scott, comme à plaisir et pour combler son œuvre de tous les ridicules, a pris un singulier travers. Personne ne doutait jusqu'ici que l'auteur des Vies de Dryden et de Swift n'eût le don des comparaisons ingénieuses : seulement on lui supposait assez de goût pour ne pas les prodiguer sans mesure ni les appliquer sans convenance. C'était trop bien présumer. Ce qu'un discours de Sancho Pança est en fait de proverbes, l'histoire de Walter Scott le réalise en fait de comparaisons. Toutes celles qu'il a recueillies dans son commerce avec les classiques grecs et latins, avec les voyageurs et les poëtes du jour, avec les oiseleurs, les chasseurs au renard, les pâtres et les braconniers de ses romans, il les entasse pêle-mêle dans cette production de détresse, à peu près comme au mo-

ment du naufrage on jette à l'eau bagages et trésors :
Médée, Minerve, Prospero, Robin-Hood, des magiciens,
des meutes, des lévriers, des corbeaux, des tigres,
l'énorme serpent *Anaconda*, l'Οὔτις [1] d'Homère, le *Lope
d'Aguirre*, le *Thalaba* de Southey, et cela en présence
de pareils événements et de pareils hommes ! on peut
juger de la bigarrure : il n'y manque plus que la girafe.

1. On sait le jeu de mot sur lequel roule l'aventure d'Ulysse enfermé dans la caverne du cyclope Polyphème. Ulysse avait dit qu'il se nommait Οὔτις, ce qui veut dire : *Personne*. Lorsqu'il fut sorti de la caverne après avoir crevé l'œil unique du cyclope, celui-ci répondait à ceux qui, accourus à ses cris, lui demandaient de qui il avait tant à se plaindre, — de Οὔτις (de Personne).

WALTER SCOTT
VIE DE NAPOLÉON BONAPARTE.

II

Le livre de sir Walter Scott est jugé en France, et le public doit commencer à être las du concert unanime de réprobation qu'excite depuis trois semaines cette production malheureuse. Si nous revenons sur un sujet aussi fastidieux que facile, c'est moins pour nous acharner aux côtés faibles et honteux d'un homme de génie, que pour confirmer notre critique dans l'esprit de nos lecteurs, et justifier, s'il est besoin, notre jugement. Une sorte de pudeur nous défendra d'insister outre mesure, et cette fois, comme précédemment, il nous suffira presque d'extraire et de citer pour réfuter.

Les premières années de Napoléon Bonaparte sont retracées confusément et sans couleur. L'auteur arrive de suite au siége de Toulon, dont il embrouille les détails en les abrégeant, et au 13 vendémaire, dont il méconnaît les causes secrètes. Selon lui, en effet, « la « Constitution de l'an III eût été acceptée volontiers « par la nation en général, si les thermidoriens n'a- « vaient voulu, par un artificieux égoïsme, la mutiler « et la rendre illusoire dès son principe, en y glissant « le moyen de se continuer dans l'exercice de leur au- « torité arbitraire. » Oubliant que les hommes les plus modérés et les plus sages de l'époque redoutaient une transition trop brusque et voulaient en amortir le choc, il se déclare violemment contre les décrets de prudence, qui maintenaient les deux tiers de la Convention dans la législature suivante. Tous ceux qui faisaient partie de ces deux tiers, « véritables comé- « diens ambulants qui changèrent de nom et d'habit « en même temps que de rôle », lui paraissent « indi- « gnes non-seulement de gouverner, mais encore de « vivre. » Il reconnaît pourtant qu'en voyant meilleure compagnie ils se sont amendés sous quelques rapports, et que, pour tout dire, « ils ont fait à peu « près comme ces malheureuses femmes, qui, ramas- « sées dans les carrefours et dans les prisons de la ca- « pitale, sont envoyées dans les colonies étrangères, où, « quoique leur jeunesse se soit écoulée dans le désor- « dre, elles adoptent une nouvelle vie, redeviennent « honnêtes, et, grâce à de nouvelles habitudes, dans « une position nouvelle, sont encore des membres to-

« lérables de la société. » Le rapprochement n'a rien de flatteur ni de délicat; mais l'illustre baronnet n'y regarde pas de si près ; il a même tant d'affection pour ces sortes d'images, que plus tard l'arrangement du premier consul avec ses ministres lui semblera « pareil « aux mariages contractés par les colons espagnols ou « les boucaniers avec les malheureuses créatures en- « voyées pour peupler les colonies », et qu'il trouvera les moyens en un endroit de comparer, je ne sais trop pour quelle raison, M. de Talleyrand à une *vivandière*.

On a la relation de la première campagne d'Italie écrite sous la dictée de Napoléon : tout y est simple, clair, et grand comme ce qu'il y raconte. Sir Walter Scott a tronqué et obscurci à plaisir ces beaux faits d'armes ; il s'est cru même obligé, en patriote fervent, d'égayer son récit par une critique littéraire des proclamations du jeune général, et d'y relever l'enflure et les *sesquipedalia verba*. Ainsi Bonaparte dit à son armée, pour la pousser en avant, que rien n'est fait tant que Milan appartiendra aux Autrichiens, et que les *cendres des vainqueurs des Tarquins seront souillées par la présence des assassins de Basseville*. « Il paraîtrait, remarque « sir Walter Scott, que les allusions classiques sont « familières aux soldats français, ou bien que, sans « être plus savants que d'autres, ils sont flattés qu'on « les suppose capables de les comprendre. Ceux de l'ar « mée d'Italie trouvèrent que la harangue de leur il- « lustre chef était du bon style militaire, et en excel-

« lents termes de commandement. Le soldat anglais à
« qui on eût adressé de pareilles phrases d'éloquence,
« ou s'en serait moqué, ou aurait cru qu'on lui avait
« donné un comédien extravagant pour général. Mais
« c'est là un trait des Français, qu'ils prennent au pied
« de la lettre tout ce qui est compliment. Sous bien des
« rapports ils paraissent avoir fait entre eux l'espèce de
« convention tacite que le spectateur fait en entrant
« au théâtre, de prendre l'apparence des choses pour
« la réalité. Ils ne s'informent jamais si un arc de
« triomphe est bâti en pierre ou en bois, si un écusson
« est de métal solide ou s'il n'est que doré, et si un
« discours dont le but est de flatter la vanité nationale
« contient une véritable éloquence ou seulement une
« enflure extravagante. » Et tout cela, parce que les
soldats français en 96 ne savaient pas ce qu'étaient les
Tarquins ! Sir Walter Scott, qui d'ailleurs est très-
fort en antiquités grecques et romaines, et qui compare Pie VI armant contre Bonaparte au vieux Priam
lançant un javelot contre Pyrrhus, a l'air très-jaloux
de démontrer cette ignorance de nos soldats et de nos
chefs en matière d'érudition ou de beaux-arts ; et il ne
tient pas à lui que nous ne soyons, durant nos triomphes en Italie, une horde de Gaulois sous un Brennus
ou un Bellovèse. A propos de l'enlèvement des tableaux et des statues, contre lequel il se déchaîne avec
plus d'emportement qu'il ne sied au compatriote et à
l'ami de lord Elgin, « Il est certain, dit-il, que les

« Français ne ressemblaient nullement à ces peuples
« dont le génie créa les premiers chefs-d'œuvre de
« l'art ; au contraire, le prototype classique de Bona-
« parte dans cette circonstance fut ce Mummius, con-
« sul romain qui dépouilla violemment la Grèce de ses
« trésors, dont lui-même et ses compatriotes étaient
« incapables d'apprécier le véritable mérite. » Cette
mauvaise humeur de l'historien se mêle même aux
éloges que lui arrache une admiration involontaire. On
sait qu'à la fin du siége de Mantoue, Bonaparte, arrivé
de la veille, assista à l'écart, et le visage caché dans son
manteau, à la conférence qui eut lieu entre Serrurier,
commandant du blocus, et Klenau, envoyé de Wurm-
ser, et qu'il ne se découvrit qu'au dernier moment, en
accordant au vieux maréchal des conditions plus honorables qu'il ne lui était permis d'en espérer. Sir
Walter Scott sait gré au jeune vainqueur du respect et
de la pitié que lui inspira le guerrier à cheveux blancs,
mais ce n'est pas sans ajouter quelque épigramme
contre le *coup de théâtre du manteau.*

Veut-on une idée de la manière triviale et burlesque
dont un poëte éminent, comme sir Walter Scott, n'a pas
rougi de travestir cette merveilleuse expédition d'É-
gypte, si féconde en prestiges, d'un grandiose si imposant, et d'une inutilité si glorieuse ? « Des ânes, » dit-
il avec un tour particulier d'atticisme que nous ne
pensions pas de mise dans l'illustre Édimbourg, « des
« ânes, seules bêtes de somme qu'on puisse se pro-

« curer facilement en Égypte, servaient de monture
« aux savants attachés à l'expédition, et portaient leurs
« instruments scientifiques. Le général avait donné
« l'ordre qu'on veillât à leur sûreté, et il fut obéi ;
« mais comme ces citoyens avaient peu d'importance
« aux yeux des soldats, de longs éclats de rire partaient
« de tous les rangs, lorsque, se préparant à recevoir
« les mameluks, les généraux de division criaient
« avec le laconisme militaire : — « Placez les ânes et les
« savants au milieu du carré. » — Les soldats s'amu-
« saient aussi à appeler les ânes des demi-savants :
« mais, dans les moments difficiles, ils injuriaient ces
« malheureux serviteurs, et les savants avaient leur
« part aux reproches du soldat, qui s'imaginait que le
« but de l'expédition était de satisfaire leur passion pour
« des recherches auxquelles le militaire prenait fort
« peu d'intérêt. » — Il ne sait donc pas, celui qui a
écrit ces lignes, que cette noble armée, de laquelle il
lui plaît de faire une cohue de goujats, prenait aussi sa
part des souvenirs magnifiques dont elle était environnée,
qu'elle enterrait ses morts avec orgueil au pied de la
colonne de Pompée, et qu'elle battait des mains avec
enthousiasme à la vue des ruines de Thèbes ! Si, de
l'anecdote des ânes, nous passons à la bataille des pyramides, nous reconnaîtrons mieux encore l'intention
dénigrante et jalouse qui a dominé l'historien : « Bo-
« naparte fit ses dispositions ; il étendit sa ligne vers
« la droite, de manière à la mettre hors de la portée

« du canon, et à n'avoir à soutenir que le choc de la
« cavalerie. Murad-Bey vit ce mouvement, et, pré-
« voyant quelles en seraient les conséquences, il se
« disposa à charger avec sa brillante cavalerie, disant
« qu'il fendrait les Français en deux comme des ci-
« trouilles. Bonaparte fit former son infanterie en
« carré pour recevoir l'attaque, et dit à ses soldats : —
« Du haut de ces pyramides quarante siècles vous con-
« templent. » — Les mameluks fondirent sur les
« Français, etc., etc. » Sir Walter Scott, en opposant
le mot de Bonaparte à celui de Murad-Bey, a voulu
faire une sorte d'antithèse, très-plaisante apparemment :
il est dommage que la vérité historique ne s'y prête
pas. L'armée française partit d'Om-Dinar le 3 thermidor, à deux heures du matin ; elle rencontra bientôt, pour la première fois depuis Chébréis, un corps de mameluks ; c'était l'arrière-garde de Murad-Bey, qui se replia avec ordre et sans rien tenter. A cette vue, les soldats reprirent courage, espérant atteindre enfin un ennemi qui reculait sans cesse. Lorsque le soleil parut sur l'horizon et frappa de ses premiers feux les pyramides, tous posèrent leurs armes, et firent une halte spontanée pour contempler le spectacle sublime dont ils étaient témoins. C'est alors que Bonaparte, se tournant vers eux, prononça le mot célèbre que son historien a l'air de vouloir escamoter. Il était dix heures quand on aperçut de loin l'ennemi en bataille, et deux heures et demie quand les deux armées se trouvèrent

en présence. Lorsqu'il en est venu à la défaite des mameluks, sir Walter Scott la caractérise en disant que « la bataille ressemble alors, à quelques égards, à « celle qui, environ vingt ans après, fut livrée à Wa- « terloo. » Le rapprochement, comme on voit, exige un long effort de mémoire, et trahit encore plus de maladresse que de malveillance.

Nous ne suivrons pas l'auteur dans ses récits du Consulat, de l'Empire, des Cent jours et des deux captivités. Comme l'état de la France se dessine de plus en plus nettement, et que d'ailleurs les souvenirs abondent, les erreurs matérielles y sont moins capitales que dans les premières parties de l'ouvrage, et elles se simplifient, en quelque sorte, avec le cours des événements. Il y a bien encore çà et là de petites inadvertances assez drôles, des *tricoteuses au* 18 *brumaire*, la Convention mentionnée comme subsistant toujours, Chénier auteur de *la Marseillaise*, M. Portalis père confondu avec M. son fils, etc., etc. Ajoutez force jactance, injures, des digressions sans motif, des omissions sans excuse, jamais un trait de talent, sinon dans quelques comparaisons ingénieuses. Mais, en somme, cette dernière portion de l'histoire est plutôt médiocre que détestable ; l'on peut même en retirer quelques notions nouvelles sur la diplomatie anglaise et les diverses négociations auxquelles elle eut tant de part. Nous devons surtout signaler deux documents confidentiels, où est rapportée avec beaucoup de détails la conduite de Bonaparte envers Bernadotte au 18 brumaire et après l'élection du maréchal comme prince royal de Suède : on comprend assez de quelle part nous viennent ces révélations, dont les deux personnages intéressés avaient seuls le secret. Un autre fait, dont personne assurément ne se doutait avant le livre de sir Walter Scott, ne manquera pas de fixer l'attention : c'est l'imputation étrange et grave lancée par lui contre M. le général Gourgaud. Toute réflexion nous est interdite à ce sujet. Nous espérons que le général ne tardera pas à répondre lui-même, et nous souhaitons vivement qu'il le fasse avec succès.

En lisant et en jugeant la *Vie de Napoléon Bonaparte*, nous avons tâché plus d'une fois de séparer dans notre esprit l'historien du romancier, et de ne pas souffrir que notre sévérité pour l'un retranchât rien à notre admiration pour l'autre. Cependant, comme l'auteur d'*Ivanhoë* et des *Puritains* l'est aussi de cette déplorable histoire, nous étions ramené sans cesse et involontairement à nous expliquer cette singulière communauté d'origine autrement que par les préjugés nationaux et la rapidité du travail. Et nous nous disions : Si, au lieu d'une Vie de Napoléon Bonaparte, Walter Scott avait eu l'idée d'écrire un roman historique où ce personnage eût joué un rôle, s'il avait saisi cette occasion pour peindre des scènes de la Révolution française et pour montrer en action quelques-uns des caractères principaux qui s'y rencontrent, il eût fait un ouvrage plus intéressant à coup sûr que son histoire, mais également plein de vues fausses, de descriptions superficielles, et de portraits de fantaisie : et pourtant Walter Scott a eu sur cette période contemporaine autant et plus de renseignements que sur les époques d'Ivanhoë, de Quentin Durward, d'Élisabeth, de Cromwell et des Puritains. Que penser donc de cette extrême fidélité historique qu'on a trop exclusivement célébrée dans ses admirables romans ? Il est bien vrai qu'à une distance éloignée, la fidélité du romancier, et même celle de l'historien, ne saurait être qu'approximative. Mais Walter Scott a-t-il atteint toujours la limite d'approximation possible ? et lorsqu'il s'adresse à des temps plus rapprochés et mieux connus de nous, à ceux de Cromwell et de Louis XI, par exemple, n'est-il pas évident qu'il les altère, sans beaucoup de scrupules, au gré de son caprice, et qu'il est, avant tout, inventeur d'intrigues, conteur d'aventures, créateur de figures originales et tour à tour terribles, grotesques ou ravissantes, en un mot romancier et poëte ? Entendu de cette façon, il nous semble que le talent fécond, brillant et pittoresque de Walter Scott, abordant le genre austère de l'histoire, a bien pu s'égarer, comme il l'a fait, à la merci de passions mesquines et de préjugés aveugles ; égarement miraculeux et de tout point incompréhensible, si l'on reconnaît à l'auteur cette intelligence profonde des époques et ce sens historique pénétrant dont on l'a jusqu'ici trop libéralement doué. Qu'on ne croie pas, au reste, que cette manière de voir contrarie le moins du monde l'admiration si justement décernée au plus enchanteur des génies contemporains : elle la laisse subsister tout entière, et ne fait que l'interpréter diversement.

29 novembre 1827.

M. A. THIERS

HISTOIRE DE LA RÉVOLUTION FRANÇAISE

IXe et X^e volumes.

GOUVERNEMENT DIRECTORIAL. — CARNOT. — LA RÉVELLIÈRE-LEPAUX. — 18 FRUCTIDOR. — 18 BRUMAIRE.

Hâtons-nous, pendant que nous le pouvons encore, de signaler à l'attention de nos lecteurs ces deux derniers volumes, qui complètent la belle et patriotique histoire de M. Thiers. D'ici à quelques jours, tout mot sincère sur notre glorieuse Révolution, tout hommage à son jeune et digne historien nous seront peut-être interdits[1];

1. Le mois de novembre 1827 venait d'être troublé par des émeutes et des répressions sanglantes dans les rues Saint-Denis et Saint-Martin, après le triomphe de l'Opposition constitutionnelle aux récentes élections parisiennes. « C'était la première fois, a dit à ce propos M. Saint-Marc Girardin, que le sang coulait dans Paris depuis les journées de la Révolution (*Souvenirs et réflexions politiques d'un journaliste*, page 8). »

peut-être notre comité de salut public aura repris sa tâche.

M. Thiers poursuit son récit à partir de l'an V, et le termine au 18 brumaire. Durant cette période, les évé nements militaires deviennent de plus en plus prédominants et finissent par obscurcir les débats intérieurs. La Révolution, longtemps sur la défensive et ne combattant d'abord que pour ses foyers, prend goût à la lutte, s'anime à la conquête ; toute son énergie semble refluer et déborder aux frontières. Au dedans ce ne sont en apparence que de mesquines et sourdes intrigues, des conflits d'amour-propre et de cupidité, en un mot des chicanes d'avocats et de procureurs derrière les trophées de l'héroïsme et de la victoire. Aussi le gouvernement directorial a-t-il été communément jugé avec beaucoup de sévérité, de mépris, mais en même temps, il faut le dire, avec bien peu d'étude et d'intelligence. Par cela même qu'il en a saisi l'esprit, la marche et les ressorts, et qu'il s'est mis, pour le juger, au vrai point de vue des conjonctures, M. Thiers a redressé beaucoup d'imputations injustes, expliqué et concilié beaucoup de témoignages contradictoires. Chez lui, cette portion de notre histoire politique, jusqu'à présent si ténébreuse et si compliquée, s'éclaircit, se dénoue d'elle-même ; tout y devient simple et lucide ; ici encore on sent l'historien qui est toujours placé au cœur de son sujet, c'est-à-dire au cœur de la France.

Sous la sauvegarde des cinq Directeurs régicides et

des deux tiers conventionnels, la Constitution de l'an III put être mise en vigueur et observée quelque temps. Mais les élections de l'an V, en portant à la législature un grand nombre de députés royalistes, donnèrent le signal de la désunion entre les Conseils et le Directoire. Celui-ci, malgré sa formation toute républicaine et conventionnelle, était lui-même en état de discorde intestine. D'une part, Rewbell, Barras et La Révellière-Lepaux tenaient pour la Constitution et voulaient imprimer au gouvernement une direction moyenne, également éloignée de l'écueil du jacobinisme et de celui du royalisme ; d'autre part, Carnot ligué avec Letourneur d'abord, puis avec Barthélemy, qui remplaça Letourneur, semblait prendre à tâche de contrecarrer ses collègues et de plaider sur tous points la cause de l'opposition. Cet homme, naguère si grand et si utile, d'un caractère fort, d'un génie profond et spécial, mais à idées fixes, irritable d'orgueil aussi bien qu'étroit d'intelligence, s'était laissé circonvenir et duper par la faction astucieuse qui rôdait autour de Moreau, achetait Pichegru et conspirait contre la république. L'idée de corrompre Carnot eût été par trop absurde ; mais, disposé comme il l'était en ce moment, lassé du régime des coups d'État, troublé peut-être de quelques importuns souvenirs, et, par une sorte d'expiation, voulant désormais l'ordre légal avec autant d'énergie qu'il avait voulu la dictature, il y avait moyen de l'entreprendre et de l'abuser. Alors, ainsi qu'on l'a vu depuis, le stratagème des ennemis de la liberté consistait à revêtir ses armes pour mieux la combattre. C'était au nom des principes, au nom de la liberté de la presse, de la liberté des cultes que l'opposition des Conseils machinait la ruine de la Constitution. Elle avait l'air de ne pas comprendre qu'au sortir du règne violent de la Convention, on ne pouvait abolir sans danger toutes les mesures de prudence, et que les ressorts politiques se seraient brisés dans cette brusque détente. L'opposition reprochait encore au Directoire la continuation de la guerre et le délabrement des finances. Une pareille tactique avait l'avantage de réussir auprès de la masse, qui ressentait plus vivement que jamais le besoin du repos et du bien-être; elle réussissait aussi auprès de quelques républicains sincères, comme Carnot, et de quelques têtes jeunes, ardentes et généreuses, comme Camille Jordan. Cependant, de plus en plus resserrée dans son pouvoir et entravée dans sa marche, la majorité du Directoire recourut à la force, comme à son unique ressource. Barras, Rewbell et La Révellière se coalisèrent plus étroitement entre eux, et après avoir pour la dernière fois convié Carnot à une réconciliation sincère, ils se décidèrent, le trouvant rebelle, à agir sans lui et contre lui. Le plus actif, le plus nécessaire et le plus méritant des cinq membres, vers cette époque du 18 fructidor et durant les vingt mois qui suivirent, celui qui représente du gouvernement directorial toute la partie bonne et honnête, de même que Barras en représente toute la

partie cupide et honteuse, est La Révellière, au nom
duquel se rattache, comme un ridicule, le souvenir des
théophilanthropes, et dont jusqu'ici on s'est plu à nous
faire une espèce d'abbé de Saint-Pierre, tour à tour
occupé de sa botanique et de ses hymnes à l'Être suprême. M. Thiers a noblement relevé ce pur et courageux citoyen du reproche d'incapacité dont on a trop
généralement chargé sa vertu. Nous aimons à le voir,
au milieu de ses collègues, conciliateur empressé autant qu'habile, corriger l'âpreté de Rewbell, relever le
moral de Barras, faire appel au patriotisme de Carnot.
Aussi inaccessible aux craintes qu'aux séductions, aux
menaces d'assassinat qu'aux insinuations amicales, il
persiste dans ses projets de fructidor, une fois qu'il les
a jugés nécessaires à la liberté, et, sous les poignards
des chouans, continue paisiblement ses promenades
de chaque soir au Jardin des plantes. S'il ne recule pas
devant les coups d'État indispensables, il recule encore moins devant d'autres devoirs plus conformes à
l'équité ; il réprime avec vigueur la licence et la déprédation jusqu'au sein de nos armées victorieuses, et tient
bon jusqu'au bout contre l'insubordination militaire.
C'est lui qui, dans une vive discussion sur l'entreprise
d'Égypte, répond à Bonaparte, qui prononce le mot
de démission : — « Je suis loin de vouloir qu'on vous
« la donne ; mais si vous l'offrez, je suis d'avis qu'on
« l'accepte. » Enfin, s'il succombe lui-même au 30
prairial, si les Conseils, prenant la revanche du 18 fruc-

tidor, l'expulsent par violence d'un poste où il défend intrépidement une Constitution dont on ne veut plus, ce n'est pas à la peur ni aux prières qu'il cède, c'est à la conviction de son impuissance, au vœu trop manifeste de ses concitoyens, et, en se retirant, pauvre, à pied, dans sa petite maison d'Andilly, il emporte avec lui la dignité et la force du Directoire. Comme La Fayette, comme Bailly, comme Pétion, comme Carnot, La Révellière fut l'homme d'un des systèmes qui régnèrent durant notre Révolution ; il comprit ce système, le pratiqua, le soutint et ne l'abandonna qu'à la dernière heure. Il eût bravé la proscription pour sa cause; mais alors le temps des proscriptions était passé. Le 18 fructidor y avait mis fin. Nous citons le jugement de M. Thiers sur cette journée célèbre :

« On a dit que le coup d'État du 18 fructidor était
« devenu inutile à l'instant où il fut exécuté, que le
« Directoire, en effrayant la faction royaliste, avait
« déjà réussi à lui imposer, qu'en s'obstinant à faire le
« coup d'État, il avait préparé l'usurpation militaire,
« par l'exemple de la violation des lois. Mais, comme
« nous l'avons déjà dit, la faction royaliste n'était in-
« timidée que pour un moment ; à l'arrivée du pro-
« chain tiers, elle aurait infailliblement tout renversé,
« et emporté le Directoire. La guerre civile eût alors
« été établie entre elle et les armées. Le Directoire,
« en prévenant ce moment, et en la réprimant à pro-
« pos, empêcha la guerre civile ; et s'il se remit sous

« l'égide de la puissance militaire, il subit une triste
« mais inévitable nécessité. La légalité est une illusion
« à la suite d'une Révolution comme la nôtre. Ce n'est
« pas à l'abri de la puissance légale que tous les par-
« tis pouvaient venir se soumettre et se reposer; il
« fallait une puissance plus forte, pour les réprimer,
« les rapprocher, les fondre, et pour les protéger tous
« contre l'Europe en armes; et cette puissance, c'était
« la puissance militaire. Le Directoire, par le 18 fruc-
« tidor, prévint donc la guerre civile et lui substitua
« un coup d'État exécuté avec force, mais avec le
« calme et la modération possibles dans les temps de
« révolution. »

Le 18 fructidor tua en France le parti royaliste en tant que conspirateur, et il ne reparut plus désormais qu'en 1814, la Charte en main, avec des paroles d'amnistie et de liberté. Mais les débris de l'ancienne faction montagnarde, et les mécontents de toute espèce que suscitait contre lui le nouveau gouvernement formaient une opposition suffisamment redoutable, qui grossissait de jour en jour. Le Directoire en effet, composé de cinq bourgeois, plus ou moins dignes d'estime, n'avait rien, en ces temps d'effervescence, qui pût éblouir et subjuguer. On savait gré des victoires à nos généraux, et on ne lui imputait que les revers. S'il tolérait les dilapidations, on l'accusait de complicité et de faiblesse; s'il les réprimait sans ménagement, on le taxait de ladrerie, et nos armées s'irri-

taient d'être frustrées d'un butin légitime. S'il concluait la paix, il avait toujours consulté trop peu la dignité de la République, il avait sacrifié des alliés fidèles ; s'il poursuivait la guerre, il épuisait la France et méconnaissait les besoins du peuple. « Du reste, disons-le
« avec M. Thiers, c'est dans un intérêt d'équité que
« l'histoire doit relever l'injustice de ces reproches :
« mais tant pis pour un gouvernement, quand on lui
« impute tout à crime. L'une de ses qualités indispen-
« sables, c'est d'avoir cette bonne renommée qui re-
« pousse l'injustice. Quand il l'a perdue et qu'on lui
« impute les torts des autres, et ceux mêmes de la for-
« tune, il n'a plus la faculté de gouverner, et cette
« impuissance doit le condamner à se retirer : que de
« gouvernements ne s'étaient pas usés depuis le com-
« mencement de la Révolution ! L'action de la France
« contre l'Europe était si violente qu'elle devait dé-
« truire rapidement tous ses ressorts. Le Directoire
« était usé comme l'avait été le comité de salut public,
« comme le fut depuis Napoléon lui-même. Toutes
« les accusations dont le Directoire était l'objet prou-
« vaient, non pas ses torts, mais sa caducité. »

Les élections de l'an VI et de l'an VII furent républicaines, mais contraires au gouvernement ; et la majorité des Conseils se déclara encore une fois de l'opposition. Cependant le Directoire, composé de Barras, Rewbell, La Révellière, ses premiers membres, et de Treilhard et Merlin, qui avaient remplacé Carnot et

Barthélemy, pouvait tenir quelque temps et opposer une résistance compacte aux empiétements des Conseils. Mais, cette année, le sort désigna Rewbell comme membre sortant, et Sieyes lui succéda, Sieyes, dédaigneusement jaloux de toute Constitution qu'il n'avait pas faite, et à qui il était échappé un jour de dire, en manière d'éloge, que dans celle de l'an III *il y avait de l'instinct*. C'était introduire l'ennemi dans la place. Barras, lâche à son ordinaire, dès qu'il sentit où était la force, abandonna ses collègues. Les Conseils en permanence destituèrent Treilhard, parce qu'on s'aperçut alors pour la première fois qu'il n'y avait pas eu, suivant la lettre de la Constitution, un an complet révolu entre ses fonctions législatives et directoriales. Merlin et La Révellière, pressés de tous côtés et cédant aux circonstances, se démirent, le 30 prairial, d'un pouvoir qui n'était plus en leurs mains qu'une occasion de discorde civile. Le nouveau Directoire enfin, définitivement composé de Barras, Sieyes, Roger-Ducos, qui ne voulaient pas la Constitution, de Gohier et Moulins, qui la voulaient, mais sans moyens de la maintenir, remplit l'intérim qui s'écoula depuis le 30 prairial jusqu'au retour d'Égypte et au 18 brumaire. En débrouillant ces démêlés confus où tant de passions et d'intérêts se croisent, M. Thiers a su en faire jaillir des leçons bien lumineuses, qui nous révèlent de plus en plus la marche de l'humanité et la loi des révolutions : « Les années seules, dit-il, épuisent les partis.

« Les passions ne s'éteignent qu'avec les cœurs dans
« lesquels elles s'allumèrent. Il faut que toute une gé-
« nération disparaisse, alors il ne reste des prétentions
« des partis que les intérêts légitimes, et le temps peut
« opérer entre ces intérêts une conciliation naturelle
« et raisonnable. Mais, avant ce terme, les partis sont
« indomptables par la seule puissance de la raison. Le
« gouvernement qui veut leur parler le langage de la
« justice et des lois leur devient bientôt insupportable,
« et plus il a été modéré, plus ils le méprisent, comme
« faible et impuissant. Veut-il, quand il trouve des
« cœurs sourds à ses avis, employer la force, on le
« déclare tyrannique, on dit qu'à la faiblesse il joint la
« méchanceté. En attendant les effets du temps, il n'y
« a qu'un grand despotisme pour dompter les esprits
« irrités. Le Directoire était ce gouvernement légal et
« modéré qui voulut faire subir le joug des lois aux
« partis que la Révolution avait produits et que vingt-
« cinq ans n'avaient pas encore épuisés. Ils se coalisè-
« rent tous, comme on vient de le voir, au 30 prairial,
« pour amener sa chute. L'ennemi commun renversé,
« ils se trouvaient en présence les uns des autres, sans
« aucune main pour les contenir..... » Cette main
puissante se rencontra enfin, et en vérité, à considérer les choses à cette distance, on ne sait trop si l'on
doit s'en féliciter ou s'en plaindre. Du moins nos pères
furent bien excusables de s'y méprendre, et il est beau
de voir avec quelle indulgence, dictée par une raison

impartiale et supérieure, le jeune historien leur pardonne de s'être jetés dans les bras du héros, et de s'être laissé enivrer à tant de gloire.

Si nous voulions relever tout ce que ces deux volumes offrent de neuf et de remarquable, notre tâche ne serait pas près de finir. Signalons surtout une belle description de l'Égypte. Signalons encore une vue large et féconde sur les deux systèmes politiques dont le duel opiniâtre a ensanglanté l'Europe. Ici l'historien retrouve la même loi fatale que pour les querelles des partis à l'intérieur, des constituants et des girondins, des girondins et des montagnards. Seulement le lieu de la scène a changé, et les orbites des mouvements se sont agrandis. D'ailleurs les chocs ont un caractère de nécessité non moins évident. Que l'Autriche désire sincèrement la paix, et le Directoire aussi ; ils se feront pourtant la guerre, parce que la guerre est implacable entre les deux systèmes qui les divisent, et que rien n'est irrésistible comme un système. La Révolution, une fois lancée dans la voie des conquêtes, devra aller à Moscou, de même et par la même raison qu'elle est précédemment allée au 9 thermidor. Quant aux récriminations sur la rupture des traités, sur le degré de bonne ou de mauvaise foi des parties contractantes, elles ne sont pas moins vaines et futiles, que si l'on disputait pour savoir qui commença la première, de la Gironde ou de la Montagne au 31 mai, de la Montagne ou de la Plaine au 9 thermidor. Mais le 9 thermidor, le 31 mai, la rupture de la paix d'Amiens, celle de la paix de Tilsitt, étaient des résultats tôt ou tard immanquables, auxquels les hommes ont contribué de part et d'autre, bon gré, mal gré, en vertu de systèmes plus forts qu'eux. Telle nous semble l'idée de l'historien, idée grande et hautement vraie, sauf les restrictions que doivent toujours recevoir les vues de cet ordre dans leur application aux faits. M. Thiers, en terminant son livre, nous présage avec confiance la liberté au bout de toutes ces luttes, et nous la montre dans un avenir prochain et sûr. « Elle n'est pas venue, dit-il : elle viendra. » Espérons-le avec lui : il est de ceux qui ont le plus droit de la promettre ; car il la sert, il en hâte le triomphe ; et certes, lorsqu'à la lecture de son livre nous voyons ce que nos pères ont souffert pour elle, et que nous sentons en nos cœurs ce que nous serions prêts à souffrir nous-mêmes, quand il nous semble qu'à travers les larmes, le sang et d'innombrables douleurs, tout a été préparé par une providence attentive pour son mystérieux enfantement, nous ne pouvons imaginer que tant de mal ait été dépensé en pure perte, que tant de souffrances aient été vainement offertes en sacrifice ; et dût-il nous en rester encore quelque part à subir, nous croyons plus fermement que jamais au salut de la France.

février 1828.

M. LAURENT (DE L'ARDÈCHE)

RÉFUTATION DE L'HISTOIRE DE FRANCE DE L'ABBÉ DE MONTGAILLARD [1].

Il y a dans ce livre remarquable deux parties fort distinctes, quoique confondues en apparence. L'auteur s'est d'abord attaché à réfuter M. de Montgaillard, et, tout en le réfutant, il a été naturellement amené à exposer ses propres idées sur les diverses époques de la Révolution française. La première tâche était facile autant que nécessaire. Il importait de rabaisser à sa juste valeur un ouvrage incomplet, incohérent, plein de mensonges, de contradictions et d'erreurs, qui, grâce à une certaine causticité originale et à une affectation cynique de franchise, mais grâce avant tout au patronage influent de ses tuteurs, a usurpé en peu de mois un succès de vogue que n'ont obtenu que

---

1. Réfutation de l'histoire de France de l'abbé de Montgaillard, publiée par M. Uranelt de Leuze (M. Laurent, de l'Ardèche).

lentement et à grand'peine d'admirables écrits sur les mêmes matières. En ce temps-ci, c'est chose aussi rare qu'édifiante de voir si bien réussir dans le monde un pauvre orphelin posthume, et de méchantes langues, qui cherchent malice à tout, se sont permis de gloser sur une adoption si paternelle. Sans nous arrêter à ces conjectures assurément fort impertinentes, et sans prétendre le moins du monde leur donner crédit, nous ne pouvons que partager l'étonnement de l'auteur de la *Réfutation* et abonder dans son jugement sur l'ouvrage. M. de Montgaillard n'a jamais eu l'intelligence des grands mouvements politiques qu'il enregistre et qu'il narre dans son journal; il n'a été dirigé, en écrivant, par aucun système de principes, auquel il soit resté conséquent et fidèle ; les variations de son humeur se retrouvent dans ses opinions sur les partis et sur les hommes; il réduit tout en personnalités, et, à propos d'un même personnage, il n'est pas rare qu'il passe, à quelques pages de distance, de l'éloge à l'injure. Enfin les préjugés aristocratiques et nobiliaires fourmillent sous son *libéralisme* de 1815 ; c'est un converti de fraîche date, qui a ses réminiscences et ses rechutes. En voilà bien assez, j'espère, si tout est prouvé (et nous renvoyons nos lecteurs à la réfutation) pour faire descendre cette production si prônée de son haut rang d'histoire, et pour la réduire à la simple condition des Mémoires piquants et suspects, dont on peut retirer quelque profit, quand on les consulte avec beaucoup de défiance.

Nous nous hâtons d'en venir à l'autre partie du livre de M. Laurent, celle qui renferme ses propres idées et les vues de son école. Il appartient en effet à cette école du *Producteur*, qui, pour n'avoir plus d'organe officiel, ne subsiste pas moins, se continuant et peut-être se propageant dans l'ombre. Plus d'une fois *le Globe* a combattu ces doctrines naissantes, et l'on peut dire qu'il l'a fait jusqu'ici avec une sorte d'avantage. Osons avouer toutefois que, malgré le silence prolongé de ses adversaires, la querelle ne nous paraît pas définitivement vidée, qu'elle renaîtra probablement d'ci avant peu, moins prématurée et moins inégale, et qu'il en jaillira à coup sûr pour tout le monde de nouvelles et vives lumières sur les grandes questions sociales. Aujourd'hui il ne s'agit que d'une application historique de ces doctrines : M. Laurent essaie de les faire servir à interpréter notre Révolution, comme on a cherché à les faire servir à l'interprétation des sociétés anciennes et du moyen âge, à l'intelligence de la féodalité et de la théocratie romaine.

C'est particulièrement sur l'époque de la Terreur et sur le parti de la Montagne que M. Laurent a jeté le plus de vues neuves et hardies, et qu'il a trouvé moyen d'aller encore plus loin et plus avant que MM. Thiers et Mignet. On conçoit en effet qu'un parti fort et compacte, qui, après avoir tout détruit et tout dévoré, tenta de tout reconstruire, qu'un tel parti, malgré son aspect peu attrayant, excite une vive sympathie intellectuelle chez les esprits qui aspirent à une organisation sociale plus ou moins analogue. On conçoit que, tout en blâmant le mode et en reconnaissant l'inopportunité de la tentative, ils en sachent un gré infini à leurs intrépides devanciers, et environnent leurs noms d'une sorte de consécration scientifique, comme les religions naissantes ont fait pour leurs précurseurs et leurs martyrs. Cette pensée a été celle de M. Laurent. Là où d'autres n'ont vu qu'une tyrannie violente et passagère, qu'une dictature militaire en un temps de siége, qu'une contrefaçon classique des souvenirs républicains d'Athènes et de Rome, lui, il y trouve le premier essai pratique d'une réorganisation future. Il ne peut se persuader qu'à ce point le plus culminant de notre crise révolutionnaire, des hommes jeunes, au regard perçant et imperturbable, n'aient rien vu dans l'avenir, et qu'ils n'aient été que de misérables radoteurs du passé. Il serait bien plutôt tenté de les considérer comme un poste de transition et de reconnaissance placé à la limite de deux âges, ou encore comme ces fanaux semés sur les hauts lieux, qui servent à lier, à travers les siècles, les divers temps de cette grande expérience incessamment accomplie par l'humanité. Portant ces vues générales dans l'examen des individus, et s'enquérant scrupuleusement des faits biographiques et psychologiques, il prononce sur les hommes des jugements dans lesquels il n'entre pas moins de courage que de sagacité. Il ose, entre autres audaces paradoxales, relever et proclamer la capacité politique de Robespierre, qui a été presque universellement niée jusqu'à ce jour.

Selon M. Laurent, cette capacité peu ordinaire serait suffisamment constatée et par les discours de Robespierre à la tribune, quoi qu'on en ait dit, et par sa conduite invariable au milieu de toutes les factions depuis 1789. Sans méconnaître le côté sinistre et livide de ce caractère jaloux, sans contester non plus la médiocrité littéraire du rhéteur, l'historien croit découvrir sous son jargon sentimental une logique puissamment systématique, et l'intelligence des plus hautes vérités, des principes les plus fondamentaux qui doivent présider à toute renaissance sociale. C'est ainsi que sous le jargon puritain de Cromwell il y a bien autre chose que du risible et de l'inintelligible. « En vérité, s'écrie M. Laurent, les meneurs de toutes les factions se sont montrés bien modestes, en se réunissant pour proclamer unanimement la nullité de celui qui, sans autre ressource que l'austérité de ses mœurs et de ses principes, parvint à les dompter tous, et ne succomba ensuite que pour avoir tenté de régulariser l'action révolutionnaire, dans un temps où elle ne pouvait céder encore à la prudence des hommes. » Nous avouerons que cette médiocrité absolue de Robespierre nous avait toujours un peu chagriné, et que nous ne pensions point sans quelque embarras que l'homme monstrueux qui a mis son sceau sur la plus épouvantable période de l'histoire du monde, et l'a, pour ainsi dire, frappée à son effigie, n'eût eu d'autre mérite que celui d'un phraseur vulgaire et d'un passable académicien de province. A cet égard l'opinion de M. Laurent est consolante pour l'orgueil humain : reste à savoir si elle est complétement vraie. Nous attendrons, pour nous prononcer sur ce point et sur plusieurs autres, que l'auteur ait donné une histoire du *Comité de salut public*, qu'il prépare en ce moment, et dans laquelle sera résumée toute la Révolution, comme dans la Révolution est résumée toute l'histoire de l'humanité. Si, comme nous l'espérons, l'auteur ne se laisse pas égarer par l'esprit de système, une part équitable et rigoureuse y sera faite aux capacités et aux convictions d'un chacun, et les personnages que MM. Thiers et Mignet ne nous ont pu montrer que par leurs côtés saillants, achèveront de s'y dessiner en détail. Là, autant qu'il est possible de lire dans des cœurs d'homme en ces temps d'orages, on devra distinguer quels furent les fanatiques, les sanguinaires, les systématiques, les lâches, et, — s'il en fut, comme on n'en saurait douter, — les héros et les vertueux. M. Laurent nous paraît disposé à beaucoup accorder à la conviction et au patriotisme; il pense que, pour un bon nombre de montagnards, et peut-être pour Robespierre lui-même, les sacrifices humains étaient autant de devoirs pénibles et douloureux que leur arrachait un patriotisme austère. Il va même en un endroit jusqu'à reprocher à M. Thiers l'élan sympathique qui a entraîné le généreux historien dans les rangs de la Gironde. « L'opposition des Girondins, dit en effet M. Thiers, a été dangereuse, leur indignation impolitique ; ils ont compromis la Révolution, la liberté et la France ; ils ont compromis même la modération, en la défendant avec aigreur ; et, en mourant, ils ont entraîné dans leur chute ce qu'il y avait de plus généreux et de plus éclairé en France. Cependant j'aurais voulu être impolitique comme eux, compromettre tout ce qu'ils avaient compromis, et mourir comme eux encore, parce qu'il n'est pas possible de laisser couler le sang sans résistance et sans indignation.....»

Maintenant écoutons M. Laurent : « M. Thiers, dit-il, écrivait ceci au sein d'une paix profonde, et loin des circonstances qui entraînèrent des hommes non moins sensibles que lui à suivre un drapeau ensanglanté, qu'ils regardaient comme celui de l'indépendance et de la liberté du pays. S'il eût vécu au milieu de ces circonstances, et s'il eût compris aussi bien qu'aujourd'hui quel devait être le parti libérateur pour la Révolution, il est présumable que son âme, ouverte inévitablement aux impressions de l'atmosphère de ces temps orageux, se serait mise au niveau de sa tête. Et où en serions-nous, si les politiques de la Montagne avaient pu reculer en 1793, comme les historiens en 1822 devant les conséquences du système qui renfermait, à leurs yeux, les seuls moyens de salut public? La Révolution, la liberté, la France, auraient été compromises! Mais non : les hommes ne manquent jamais aux circonstances. Si Pompée et César, dit Montesquieu, eussent pensé comme Brutus et Caton, d'autres auraient pensé comme Pompée et César. Nous pouvons dire aujourd'hui : Si Robespierre et Danton eussent agi comme Guadet et Vergniaud, d'autres auraient agi comme Robespierre et Danton. » Pour nous, convenons-en, dont la sensibilité défaillante aurait eu peine à faire un seul pas au delà de la Gironde, nous ne nous déclarons pas convaincu par ces arguments, tout solides qu'ils puissent paraître, et il reste toujours à savoir si, quand on est certain que la patrie sera sauvée, sinon par nous, du moins par d'autres, il n'est pas mieux de savoir mourir pur que de tremper, même à bonne intention, dans une œuvre cruelle et souillée. Ce sont là au reste des mystères de conscience, où chacun n'est juge que pour soi, et sur lesquels il est permis aux historiens de se partager. Ajoutons seulement que cet écrit annonce chez M. Laurent une tête forte et logique, un coup d'œil pénétrant et sûr : il est homme à marcher d'un pied ferme sur cette *crête* sanglante de la Montagne, qui donnerait des vertiges à tant d'autres.

16 avril 1828.

FENIMORE COOPER

LE CORSAIRE ROUGE.

On a cité dans *le Globe* une admirable scène du *Corsaire rouge*, au moment de sa publication. Nous reviendrons aujourd'hui, quoiqu'un peu tard, sur ce bel ouvrage que tout le monde a lu ; et sans chercher à en donner une sèche et inutile analyse, nous en causerons un instant avec nos lecteurs, comme d'une ancienne connaissance dont on aime de part et d'autre à se ressouvenir.

Depuis les premiers débuts, qui le placèrent à la tête des imitateurs de Walter Scott, M. Cooper est allé se perfectionnant de jour en jour ; il a mieux connu son talent, à force de le mettre à l'œuvre ; sa manière, d'abord timide et douteuse, est devenue plus ferme, plus large, plus originale ; il a osé avoir ses qualités et ses défauts propres ; en un mot, sans jamais cesser d'appartenir à la famille du romancier écossais, il a suivi sa route à part, et le colon s'est émancipé. Pour commencer par ses défauts, il en a d'assez graves sans doute. D'ordinaire, c'est par la *fable* que pèchent ses romans. Tantôt faible et mal nouée, tantôt tourmentée et obscure, presque toujours invraisemblable, on dirait, à la voir se dérouler péniblement, tourner et revenir sur elle-même, qu'elle a été conçue après coup, et que les accidents de sa marche ont été prévus et commandés dans un dessein étranger. Le fleuve, si l'on peut parler ainsi, n'est pas là pour couler et suivre sa pente; le propriétaire veut en faire quelque chose, et s'en sert comme d'un moyen pour un but. M. Cooper, en effet, ne conte pas pour conter, mais pour décrire : cette remarque bien entendue nous donnera la clef de son talent. Doué d'une sensibilité contenue et profonde, d'une vaste et paisible imagination, il a vu de bonne heure les plus magnifiques spectacles de la nature; il a vu ou il a rêvé, au sein de ces spectacles sublimes, quelques êtres humains en harmonie avec les forêts vierges, les prairies illimitées, et le ciel plus haut et plus immense là qu'ailleurs. Les luttes de la civilisation avec la nature, surtout celles du droit et de la liberté contre l'oppression et la force, sont venues jeter sur ces tableaux de jeunesse des teintes non moins variées que vives. Poëte descriptif, poëte rêveur, patriote sincère, il a cherché avant tout dans le cadre du roman historique une occasion d'épancher son âme, d'ouvrir son imagination, de célébrer une patrie et une cause qu'il aime. Il y a peint aussi en traits fidèles et ineffaçables des mœurs inconnues à l'Europe, et que l'Amérique elle-même voit fuir et disparaître chaque jour. Mais, moins souple, moins complet que Scott, il n'a pu comme lui, au milieu de tant de préoccupations, mener de front, et presque en se jouant, une intrigue à la fois compliquée et facile, en mêler et en débrouiller les fils, les quitter et les reprendre tour à tour, et enchâsser avec art dans leur étroit tissu ses brillants hors-d'œuvre. Ce n'est pas d'ailleurs que M. Cooper manque du tout de cette faculté créatrice qui enfante et met au monde des caractères nouveaux, et en vertu de laquelle Rabelais a produit *Panurge;* Le Sage, *Gil Blas;* et Richardson, *Clarisse.* On ne peut oublier, une fois qu'on les a connus, *OEil-de-Faucon* et *Tom Coffin.* Aussi, malgré leurs défauts, les romans de l'auteur américain sont-ils de ceux qui procurent le plus de plaisir et d'émotion; assez de beautés supérieures y rachètent quelques obscurités et quelques invraisemblances.

Nulle part ces beautés ne se montrent plus nombreuses et plus éclatantes que dans *le Corsaire rouge.* Après avoir été marin comme Smollett, M. Cooper a voulu, comme l'auteur de *Roderic Random,* décrire des mœurs et des scènes de mer; mais c'est avec plus de poésie, et, pour ainsi dire, avec plus d'amour, qu'il l'a fait. Personne mieux que lui n'a compris l'Océan, ses murmures et ses teintes, son calme et ses tempêtes; personne n'a eu le sentiment aussi vif et aussi vrai d'un navire et de ses rapports sympathiques avec l'équipage. Il est inépuisable à rendre ces impressions vagues et profondes. Le *Dauphin* du *Corsaire*, sorti du même chantier que l'*Ariel* du *Pilote*, semble avoir reçu la vie dès l'instant qu'il a senti les flots sous sa quille et les marins à son bord. Tantôt c'est un oiseau de mer qui rase l'écume de ses ailes, et suit avec grâce les contours des vagues; tantôt c'est un coursier qui s'abat, se redresse et frémit d'effroi. Le bon Richard Fid ne peut s'empêcher de comparer la minceur élégante de ses haubans et de ses étais à la taille de Nelle Dalle, *quand les cordages du corset ont été bien serrés*, et, selon lui, toutes ces poulies, placées juste à la distance convenable les unes des autres, sont comme les yeux de la chère enfant sur un visage qui fait plaisir à voir. Lorsque la *Caroline* s'enfonce et va couler à fond, Wilder entend les sons creux et menaçants qui sortent des profondeurs de la cale, pareils aux mugissements de quelque monstre à l'agonie, et le bon Richard nous apprend encore qu'un vaisseau près de couler bas fait des lamentations aussi bien que toute autre chose vivante. Je dirais, si je l'osais, que dans ce roman les deux navires sont les deux personnages principaux, et que le *Dauphin* intéresse plus que le corsaire lui-même. Celui-ci rappelle le *Conrad* de Byron et le *Cleveland* de Walter Scott. Roderic n'est autre que le page tendre et discret de *Lara*. Mais l'auteur a trouvé moyen de rajeunir et de nationaliser, en quelque sorte, son héros par les sentiments anticipés qu'il lui prête. Le pavillon sanglant du pirate présage déjà l'indépendance américaine; lui-même il espère, il entrevoit cette indépendance dans un avenir prochain; il la proclame d'avance comme pour s'absoudre. Insulté un jour par les orgueilleux insulaires, son cœur ulcéré ne bat plus que pour la vengeance. Un galion espagnol tout chargé d'or, ou une riche cargaison hollandaise ne vaut pas à ses yeux l'honneur d'humilier l'Allemand qui siége au trône d'Angleterre, le plaisir de faire couler Saint-George au fond de l'eau. Quelques années encore, et l'écumeur de mer sera un Paul Jones, de même que le pirate grec sera un Canaris; seulement, je ne voudrais pas que le héros au lit de mort eût à la main ce rouleau *qui lui avait servi comme d'oreiller*, et que, par un effort soudain, au moment d'expirer, il déployât le pavillon national, en s'écriant : « Nous triomphons. » Cela ressemble trop aux morts théâtrales de notre Cirque-Olympique. Il nous paraît de plus que le roman aurait gagné en vraisemblance, sans perdre en intérêt, si le corsaire avait été moins habile en déguisements; s'il avait eu des distractions, et, comme on dit, des *absences* moins longues et moins fréquentes; s'il n'avait pas été précisément le frère de mistress Wyllis, l'oncle de Henry, le parent de Gertrude; si mistress Wyllis avait attendu un peu moins tard à le reconnaître, etc. Nous voudrions encore, dussions-nous sembler bien exigeant, que le tailleur Homespun parlât un peu moins de ses *cinq longues et sanglantes guerres*, et que l'excellent Richard Fid farcît un peu moins sa conversation d'expressions nautiques. L'auteur, en voulant être vrai, a renchéri sur la nature : les marins, les tailleurs et les gens de métier parlent aussi comme les autres hommes. Quant au fidèle noir Guinée, autrement dit *Scipion l'Africain*, rien ne lui manque pour intéresser et pour attendrir. Son naturel aimant, sa simplicité d'esprit, sa défiance naïve de lui-même, son dévouement sublime pour Henri, et surtout cette amitié plus familière, mais pourtant respectueuse encore, qui l'unit à Richard, tout en lui attache et plaît; il est presque entre les nègres ce que la Rébecca d'*Ivanhoë* est parmi les Juives. On ne peut donner que des éloges au caractère de Henri Wilder : l'auteur a réalisé en lui le type américain dans toute sa pureté. Ce qui domine chez Henri, c'est quelque chose d'honnête, de régulier et de sérieux; les idées d'ordre et de devoir sont toutes-puissantes sur son esprit; sa sensibilité vive se cache sous des dehors graves et froids; dans la situation délicate et même équivoque où il s'est placé, il ne déroge pas un seul instant à la prudence, à la franchise ni au courage; en un mot, s'il y a du Paul Jones dans le corsaire, il y a du Washington dans ce jeune homme. Depuis l'instant où il entre comme capitaine à bord de la *Caroline* jusqu'à celui où il revient à bord du *Dauphin*, toute l'action porte sur lui, et il la soutient admirablement : c'est la plus belle partie du livre. Sa conduite, dans la tempête, au miliéu des murmures de l'équipage, sa résolution de monter au mât sur le refus du lieutenant, sa volonté ferme de demeurer à bord du vaisseau abandonné tant qu'il en restera une planche à flot, tous ces sentiments énergiques et vrais répandent au milieu de tant de scènes déchirantes une forte teinte de sublimité morale qui rehausse et achève leur effet ; et lorsque, après la tempête, la nuit, sous les rayons de la lune, on voit Wilder, au gouvernail de la chaloupe, se pencher en avant, comme pour entendre la douce respiration de Gertrude endormie, l'âme du lecteur, qui a passé par tous les degrés de l'angoisse, jouit délicieusement de cet instant de pure ivresse, et succombant aux sensations qui l'inondent, elle dirait volontiers avec le poëte : *C'est assez pour qui doit mourir.*

Nous ne finirons pas sans recommander la jolie édition in-18, ornée de gravures et de cartes géographiques, que publie en ce moment le libraire Gosselin. Elle fait pendant à l'édition connue de Walter Scott.

5 juillet 1828

ALEXANDRE DUVAL

DE L'ACADÉMIE FRANÇAISE

CHARLES II, OU LE LABYRINTHE DE WOODSTOCK[1].

Le Globe a parlé, il y a quelques mois, du *Charles II* de M. Duval, qui a obtenu une espèce de demi-succès à l'Odéon. Ce n'est donc pas de cette pièce qu'il sera question ici, mais de la Notice qui la précède. L'auteur, en commençant, ne se dissimule pas quel *courage* est nécessaire pour oser en pareil temps exposer des idées saines sur l'art dramatique : mais, *en prenant la plume, il s'est résigné à subir les conséquences de sa témérité ;* et dût la cabale ameutée immoler à son fanatisme la nouvelle pièce classique qu'il nous promet *avant un mois peut-être,* la vérité l'emporte, et il va la proclamer hautement. Écoutez :

Il y avait une fois une grande dame, qui ouvrait son

---

1. *Charles II, ou le Labyrinthe de Woodstock,* comédie en trois actes, en prose, précédée d'une notice sur l'état actuel des théâtres et de l'art dramatique en France; par M. Alex. Duval, de l'Académie française.

salon à tous venants; là surtout prêchait un novateur tudesque qui endoctrinait les jeunes têtes. La semence a fructifié; d'imberbes professeurs, sortis du salon de madame de Staël, en ont propagé les doctrines, et, depuis que *le Globe* a paru, le mal est devenu effrayant. Voilà en trois mots l'histoire du romantisme, selon M. Duval; maintenant en voici les effets désastreux : *Comme les jeunes rédacteurs d'un journal scientifique et littéraire emploient beaucoup de talent et d'esprit à prouver que tous les ouvrages français n'ont pas le sens commun et à proposer pour modèles les étrangers, qui n'ont pas d'autre théâtre que le nôtre*, il s'en est suivi : 1° que, *de nos jours, tout vise à l'originalité, au bizarre ;* que *la vraisemblance et la raison sont bannies;* et que, *à force de chercher la vérité, on arrive au trivial pour tomber bientôt dans l'absurde;* 2° que *les jeunes gens, égarés par les prédicateurs des nouvelles doctrines, ne sachant plus quelle est la meilleure route, de celle qu'ont suivie nos pères ou de celle qu'on leur indique, se bornent, en attendant la solution du problème, à faire des tiers de vaudevilles, ou à mettre de petits articles dans les journaux littéraires;* et que notamment l'un d'entre eux, à force d'esprit et de savoir-faire, en est venu (ô scandale !), *en faisant sa fortune, à faire celle de plusieurs théâtres;* 3° enfin, qu'à cette misérable anarchie dramatique se joignent d'*impudents plagiats, des billets donnés à la claque,* et *des éloges payés dans les journaux.* Que si, de cette espèce de 93 littéraire, on consent à se transporter en idée à l'âge d'or d'avant la Révolution, oh! qu'on regrette de ne pas l'avoir vu, et, quand on l'a vu, de ne pas y vivre toujours! Mais ici les tableaux deviennent si flatteurs, les descriptions si riantes, que nous craindrions de les ternir en les remaniant, et nous nous empressons de passer la plume, ou plutôt le pinceau et la lyre à M. Duval : « Un jeune homme, dès sa sortie du collége, où il avait déjà pris le goût du théâtre, qu'il y avait étudié, plein d'admiration pour ses auteurs anciens, et pour les chefs-d'œuvre des Racine, des Corneille, des Molière, s'empressait de composer, d'après leurs principes, une tragédie ou une comédie. Après y avoir consacré plusieurs années, grâce à ses anciens professeurs, ou à quelques amis de collége, lancés dans le grand monde, il finissait par trouver un protecteur. Si l'ouvrage avait quelque mérite, l'auteur en faisait une lecture chez un connaisseur en titre. Si cette lecture obtenait du succès, tous les seigneurs, tous les riches financiers briguaient l'avantage de faire connaître le nouvel ouvrage à leurs sociétés. D'après la réputation de la pièce dans ces diverses réunions, l'un des premiers acteurs de la Comédie-Française, qui avait entendu l'ouvrage, le faisait à son tour recevoir par ses camarades. L'ouvrage une fois reçu au théâtre, on en parlait dans tous les salons; les lectures se renouvelaient; on en retenait les morceaux les plus éloquents, les vers les plus remarquables; il devenait le sujet de toutes les conversations dans les soupers, et l'auteur, promené, recherché dans Paris, subissait d'avance son immortalité. On le choyait, on le prônait comme un astre nouveau. (Prôner, choyer comme un astre! notez ceci en passant, MM. de l'Académie.) Le triomphe pouvait durer, dans les salons, quelques années; mais à la fin la représentation, venant confirmer ou contrarier le jugement des amateurs, fixait pour jamais le sort de l'auteur.

« S'il ne réussissait pas, le jeune auteur, qui avait été trop répandu pour ne s'être pas fait quelques amis, trouvait, comme dédommagement à son infortune, une place dans l'administration ou dans les finances; et, s'il était sage, il abandonnait pour jamais une carrière qui ne pouvait le conduire à la fortune.

« S'il réussissait, au contraire, l'auteur, dès ce moment homme à la mode, prenait un rang dans la société; un seul genre de place pouvait lui convenir : il devenait le commensal plutôt que le secrétaire d'un grand seigneur. Sa vie toujours occupée, plus encore par les devoirs du monde que par le travail des lettres, s'écoulait rapidement au milieu des plaisirs dont tous les riches et les puissants faisaient les frais. Des petits vers, quelques couplets, quelques brochures légères, deux tragédies, quelques comédies en un, deux ou trois actes, le conduisaient doucement à l'Académie, où la considération et les pensions l'attendaient. »

Il y a dans ce dernier trait quelque chose d'équivoque et de presque épigrammatique à quoi l'on pourrait se méprendre; mais M. Duval n'y a pas mis de malice, et il suffirait, pour justifier pleinement son intention, de rappeler un autre passage, où, parlant de *cette fumée légère qu'on appelle renommée*, il la trouve en effet désirable, *dès qu'elle peut conduire vers la seule récompense que doit envier l'homme de lettres, l'Académie*.

Lorsque la Révolution fut venue déranger quelque peu ces petites existences littéraires, au lieu des lectures dans les salons, on eut *les Déjeuners dominicaux* : c'est là que, durant quinze années au moins, les convives littérateurs se faisaient leurs confidences réciproques *entre la poire et le fromage*; c'est là *qu'on racontait à ses amis le sujet, le plan de son ouvrage, avant d'en avoir écrit une seule ligne; à peine les premiers actes étaient-ils jetés sur le papier que l'on en faisait une lecture*. L'on n'avait d'ailleurs à craindre aucun abus de confiance, aucun larcin : le plagiat n'était pas inventé alors.

La Notice de M. Duval est suivie d'une *Relation de voyage dans les Pays-Bas et dans une petite partie de l'Allemagne*. Il a pour but d'y montrer que le théâtre allemand se compose en grande partie de traductions françaises, et que le peu de compositions originales qu'on y représente sont médiocres ou absurdes. Il croit par là embarrasser beaucoup ses adversaires; mais il oublie trop que nous-mêmes n'avons jamais préconisé les théâtres étrangers actuels, et que, si nous avons proposé Shakspeare, Gœthe et Schiller, non pas à l'imitation, mais à l'admiration, à la méditation de nos poëtes, nous avons les premiers signalé, à l'occasion du théâtre anglias, cette manie d'importations exotiques, de vaudevilles lourdement travestis, dont l'académicien voyageur semble tirer un sujet de triomphe. Chemin faisant, M. Duval n'épargne pas les souvenirs et les hommages aux hôtes qui lui firent un accueil aimable. Nous ne le blâmerons point de cette causerie, toute indifférente qu'elle doive paraître au public : on peut en conclure du moins que ce bas monde est encore tolérable aux gens de quelque talent et de quelque réputation, quoique par malheur le temps des *Déjeuners dominicaux* soit passé. La conversation sur *les unités,* que soutint l'auteur avec une dame fort distinguée par son esprit et fort attachée aux opinions nouvelles, prouvera de plus qu'on peut combattre avec courtoisie et railler sans injure. Nous devons à M. Duval la justice d'avouer que sa polémique ne franchit jamais les bornes d'une contradiction décente ; son ton est empreint de douleur plutôt que de colère ; s'il récuse et condamne les doctrines, il absout les personnes, et l'on voudrait seulement qu'il reconnût un peu plus la force efficace et paisible de la vérité dans une vogue que son indulgence attribue à je ne sais quel prestige du talent [1]. Il serait bien long et bien fastidieux de rétablir ici dans leurs

---

1. Ceci nous rappelle un article assez récent du *Constitutionnel,* où la cause de M. Duval est défendue avec une aigreur ridicule. Nous n'imputons point à l'estimable auteur les injures de son avocat. Toutes les fois que *le Constitutionnel* ne s'en tient pas à la littérature *payée,* c'est-à-dire à la librairie, il parle avec une urbanité qui lui est propre et un ton qui fait éclat. Il s'est surpassé à notre égard, et nous lui savons gré de la distinction. « Il ne faut pas, dit-il, se laisser imposer par le **ton** rogue et quelquefois bru-

termes nos propres idées si souvent exposées et pourtant si mal comprises; il est à la fois plus simple et plus utile d'attaquer à notre tour la question traitée par M. Duval, et après avoir constaté l'état actuel de l'art dramatique en France, d'en prévoir l'avenir, d'en conjecturer la chute ou le triomphe, enfin d'indiquer les remèdes et les ressources. La réfutation, pour être indirecte, ne perdra rien de sa force.

Et d'abord nous partirons d'un fait incontestable et qui, jugé diversement, interprété en bonne ou en mauvaise part, saute du moins à tous les yeux. La pleine décadence du Théâtre-Français, le décri absolu où est tombé surtout l'ancien genre tragique, l'ennui profond que causent à la scène, non pas seulement tant de plates amplifications de notre temps, non pas même ces tragédies de Voltaire décorées du nom de chefs-d'œuvre, mais jusqu'aux pièces si belles et si accomplies de Racine, tout cela peut se déplorer avec

tal de certains critiques. Ils ne parlent qu'à leur coterie, et ce n'est pas là que se font les réputations durables; ils en savent eux-mêmes quelque chose, et s'humanisent volontiers lorsqu'ils ont besoin d'appeler l'attention publique sur leurs propres productions. Nous pourrions en citer plus d'un exemple. » Nous serions certes curieux de connaître ces exemples. Lorsqu'il arrive à l'un d'entre nous de faire un livre, l'opinion du *Constitutionnel* lui importe assez peu; si le libraire s'en inquiète, il sait le tarif, et tout le problème consiste pour lui à renfermer le plus de choses dans le moins de mots, certain qu'il est que *le Constitutionnel s'humanisera* à raison de 1 fr. 50 cent. par ligne. En vérité, il serait temps qu'un journal qui se pique de représenter quelque chose en France songeât à purger sa littérature de tant de vénalité jointe à tant d'ineptie, et qu'il essayât au moins de la rajeunir comme sa vieille politique.

plus ou moins d'affliction et d'amertume, mais à coup
sûr ne saurait plus se nier. Je ne recherche pas pour
le moment à qui est la faute, aux auteurs, aux acteurs ou au public; peut-être même n'y a-t-il de faute
d'aucun côté; peut-être les uns ne sont-ils coupables
que d'avoir vieilli, et les autres que d'être jeunes. Quoi
qu'il en soit, si l'on pouvait encore, il y a quelques
années, se méprendre aux symptômes généraux d'ennui et de refroidissement, si l'on pouvait n'y voir
qu'une fièvre passagère d'anglomanie ou de germa-
nisme, et crier de bonne foi *à la cabale,* il n'est plus
permis aujourd'hui de mettre en doute l'antipathie
prononcée, ou du moins la profonde indifférence du
public pour notre grand genre dramatique. Les re-
cettes parleraient plus haut que les raisonnements.
Tel auteur tragique qui, vers 1821, se faisait quatre
ou cinq mille francs de revenu par ses pièces, a vu
cette source diminuer successivement et tarir; il en
est réduit maintenant, pour s'acheter une ombre de
succès, à débourser en billets donnés aux premières
représentations des avances dont le public ne lui tient
pas compte. Car, disons-le en passant, l'abus de la
claque, le scandale des billets donnés, contre lequel
M. Duval n'a pas assez d'éloquence ni de larmes, n'est
qu'un expédient misérable de la vieille école aux
abois; dans sa détresse croissante, elle recrute à prix
d'argent l'arrière-ban de sa milice. Mais on ne s'y
trompe guère, et les demi-succès valent les chutes:

Que de réputations commencées l'on a vues ainsi, depuis dix ans, tour à tour passer et doucement s'éteindre! Le public en marchant a laissé derrière lui ce qu'il avait soutenu d'abord. L'auteur ne fait pas plus mal qu'à son début, mais on lui demande davantage. *Les Vêpres siciliennes*, si on les donnait cette année pour la première fois, réussiraient peut-être tout juste autant que *la Princesse Aurélie* [1]. Il demeure donc bien prouvé qu'à tort ou à raison la vieille cause dramatique est singulièrement compromise, et que l'espoir de la réparer va décroissant de jour en jour. Aussi certains classiques spirituels se sont-ils décidés, en voltigeurs habiles, à se renfermer dans ce fait pour y batailler : ils s'appuient de la décadence actuelle pour nier toute rénovation possible, et n'osant plus compter sur la victoire, ils veulent qu'il n'y ait pas de vainqueurs. Selon eux, une société vieillie comme la nôtre, et tout entière adonnée aux discussions politiques, peut et doit se passer d'un grand et sérieux théâtre; les bluettes du Gymnase suffisent chaque soir à dissiper la migraine de nos hommes d'État; et quant au peuple, moins friand et plus avide en fait d'émotions, n'a-t-il pas *les Deux Forçats* et *le Joueur*? Ces raisons spirituellement superficielles pourraient trouver grâce auprès de quelques jeunes esprits dominés par leurs

---

1. Rappelons que ces deux ouvrages, *les Vêpres siciliennes* (1819) et *la Princesse Aurélie* (1828), sont, le premier, une tragédie, le second, une comédie, de Casimir Delavigne.

penchants philosophiques ou politiques, et trop disposés à faire bon marché de leurs opinions littéraires : nous y répondrons avec quelque détail.

Si la rénovation du théâtre dans le sens des idées dites *romantiques* est impraticable en France, il faut s'en prendre à l'une ou à plusieurs de ces quatre causes : 1° notre constitution sociale, 2° le goût du public, 3° le manque d'auteurs, 4° le régime des théâtres.

Mais, 1° notre constitution sociale, c'est-à-dire la liberté de la presse et les deux Chambres, bien loin d'être un obstacle, une distraction contraire aux grands spectacles dramatiques, doit en être considérée comme une condition essentielle, une inspiration puissante. Si nous n'avions pas les deux Chambres, et si nous en étions encore à la monarchie de Louis XIV ou de Louis XV, qu'aurions-nous à réclamer de mieux, je le demande, que les admirables analyses sentimentales de Racine ou les drames philosophiques de Voltaire? Même après la Révolution, durant les dix années de l'empire, l'absence seule de liberté n'a-t-elle pas suffi à faire vivre l'ancienne tragédie monarchique, si étrange, si disparate, Corneille excepté, auprès d'Austerlitz et d'Iéna? Quelques années de liberté avant l'empire n'avaient-elles pas suffi à enfanter *Pinto*[1]? La constitution et le théâtre se tiennent. C'est précisément parce qu'on n'écrit plus de pièces pour madame de

1. Comédie politique de Népomucène Lemercier, qui eut un grand succès en 1800.

Pompadour ou pour les jeunes filles de Saint-Cyr, mais pour des hommes d'État, des philosophes, des jeunes gens et un nombreux public, que nous réclamons la réforme et qu'elle ne peut manquer de s'accomplir. La constitution y pousse, au lieu d'y résister. Jusqu'ici, il est vrai, la politique, qui a tout envahi, a écrasé l'art, et ne lui a pas fait dans l'ordre nouveau une place large, commode, splendide, telle qu'il la mérite et telle qu'il l'aura. Mais c'est que l'ordre nouveau lui-même était en question jusqu'ici, et que toutes les forces sociales affluaient à la lutte d'où l'avenir dépendait. Aujourd'hui que la victoire semble décidée et que bientôt la sécurité va naître, la politique et l'art se sépareront sans s'isoler; l'art, retiré du tourbillon, jeune encore et déjà mûr d'expérience, tracera dans la solitude son œuvre pacifique, qu'il animera de toutes les couleurs de la vie, de toutes les passions de l'humanité. Cette œuvre du loisir et du recueillement, où viendront sans doute contraster et se confondre en mille effets charmants ou sublimes la vérité et l'idéal, la raison et la fantaisie, l'observation des hommes et le rêve du poëte, arrivée dans le monde réel, exposée aux regards de tous, enchantera les âmes et ravira les suffrages; les esprits les plus graves, philosophes, érudits, historiens, se délasseront à la contempler, car l'impression d'une belle œuvre n'est jamais une fatigue; les politiques surtout, en n'y cherchant que du plaisir, y puiseront plus d'une émotion intime, plus d'une révélation lumineuse, qui, transportée ailleurs et transformée à leur insu, ne restera stérile ni pour l'intelligence de l'histoire, ni pour les mouvements de l'éloquence; la tribune et la scène, en un mot, rivales et non pas ennemies, pourront retentir ensemble et quelquefois se répondre.

2° Le goût du public pressent et prépare merveilleusement cet avenir dramatique qu'on se plaît à rêver. Quoique ce goût ait encore beaucoup de progrès à faire, qu'à la fois timide et superbe, il s'accommode et s'effarouche de peu, et que jusqu'à ce jour il se prononce par ses répugnances bien plutôt que par ses prédilections, il faut convenir pourtant que son jugement n'est pas douteux, et qu'il encourage tous les essais nouveaux aussi constamment qu'il repousse les restes épuisés d'autrefois. Il suffirait d'invoquer le succès de tant de livres où s'est réfugié le drame, banni de la scène, et dans lesquels le public accueille avec faveur et reconnaissance une image anticipée de ce qu'il espère. La vogue de M. Scribe, loin de nous scandaliser comme M. Duval, est à nos yeux une preuve nouvelle de ce bon sens et de ce bon goût sur lequel nous comptons. On a osé comprendre que dans le genre secondaire de la comédie-vaudeville, il y avait de nos jours plus de vérité piquante et de nouveauté qu'en de froides et ennuyeuses comédies de *caractères* ou qu'en des compositions trivialement sentimentales et romanesques; on a osé le dire d'abord à l'oreille, puis haut, et en conséquence on n'a pas cru déroger en laissant la rue de Richelieu pour le boulevard. Ce n'est pas au reste que M. Scribe, malgré son esprit et son talent, fasse une complète illusion et qu'il semble un Shakspeare moderne : on sait à quoi s'en tenir sur cette verve fine et petillante ; mais en espérant mieux, l'on en profite et l'on s'amuse. C'est la petite pièce avant la grande. La grande viendra, nul doute ; quand viendra-t-elle ? on l'ignore. Mais le public est patient, parce qu'il est jeune ; il semble dire à M. le directeur des beaux-arts : « Monseigneur, j'attendrai. » Seulement l'abbé de Bernis, en attendant, allait, dit-on, au cabaret, et le public du xix° siècle va au Gymnase.

3° Quant aux auteurs à venir, aux pontifes du temple, où les trouver ? La belle objection, vraiment ! Sur ce point, c'est au temps seul et non pas à nous de répondre. Mais quoique la critique en pareil cas ne soit nullement tenue de susciter le génie d'un trait de plume et de l'exhiber à l'heure précise, quoique ce soit là l'affaire du génie lui-même, et de Dieu qui l'a fait naître, on ne serait pas embarrassé, si on l'osait, de compter d'avance et de nommer par leur nom un bon nombre des soutiens et des ornements de cet art nouveau ; tant l'œuvre a déjà mûri dans l'ombre, et tant les choses sont préparées. Ainsi, soit dans la constitution politique du pays, soit dans le goût du public, soit dans les talents des artistes, rien ne répugne à la rénovation du théâtre, et tout au contraire y conspire.

Elle s'accomplira donc, dût le régime administratif, par son monopole et ses censures, y résister quelque temps encore. Nous examinerons dans un prochain article [1] l'influence de ce dernier fait, et si, même en l'acceptant comme nécessaire, il n'y aurait pas moyen d'en corriger les mauvais résultats.

---

[1]. Ce prochain article, annoncé par M. Sainte-Beuve, n'a probablement pas été publié : il échappe du moins à nos recherches. — Et puisque nous en sommes à relever une lacune, essayons d'en expliquer une autre non moins apparente, à cet endroit même. On remarquera, en effet, que nous passons brusquement, dans l'article qui suit, de juillet 1828 au mois d'avril 1830, sans rien donner de 1829. Cet intervalle de près de deux ans est marqué, dans l'œuvre du critique : 1° par la publication en 1828 de son premier livre, en prose, *Tableau historique et critique de la Poésie française et du Théâtre français au* xvie *siècle*; 2° en 1829, par l'apparition de son premier volume de vers, *Vie, Poésies et Pensées de Joseph Delorme*. On comprend que nous n'ayons pas eu à répéter ici les articles que l'auteur lui-même a recueillis, dès ce temps-là, dans le premier de ces deux ouvrages, et qui avaient paru, en 1827, dans *le Globe*. — Et à ce propos d'omissions volontaires, qu'il nous soit encore permis de répondre d'avance à une objection qui ne manquera pas de nous être faite par les curieux : pourquoi ne retrouve-t-on pas ici quelques autres articles dont la signature saute çà et là aux yeux dans *le Globe* d'avant 1830 ? — Pour notre unique défense, nous dirons que M. Sainte-Beuve les avait rayés de sa propre main en 1869, sur la liste qu'il avait commencé à en faire relever. Ces suppressions se bornent d'ailleurs à trois ou quatre articles. — Enfin, avant de prendre définitivement congé de l'année 1829, signalons une fausse date que M. Sainte-Beuve a donnée par mégarde, dans les *Portraits littéraires*, tome I, à son Étude sur l'*Histoire de la vie et des ouvrages de Pierre Corneille*, par M. Jules Taschereau. Cette Étude a paru en deux fois dans *le Globe*, non pas en 1828, mais en 1829 (n[os] des 12 août et 12 septembre). Nous ne croyons pas toutes ces indications inutiles aux bibliophiles.

3 avril 1830.

A. DE LAMARTINE

RÉCEPTION A L'ACADÉMIE FRANÇAISE.

Il y a six ans, M. de Lamartine était ce qu'il est aujourd'hui : il avait publié ses admirables *Méditations* et son *Dernier chant de Child-Harold;* l'impression de cette divine poésie était toute fraîche et vive dans les âmes. Ses amis le décidèrent un jour à se mettre sur les rangs pour l'Académie et on lui préféra M. Droz. Depuis ce temps, fier et blessé dans sa candeur, le poëte s'en retourna vivre sur cette terre d'Italie dont il aimait l'air, la lumière et la noble beauté. Échappant au tourbillon du monde parisien, étranger à toute coterie, fidèle à ses mystérieuses pensées, mais les contenant pour la solitude, il observa un religieux silence, et laissa derrière lui s'apaiser le bruit de son passage et tomber cette écume que son esquif avait soulevée. La renommée des œuvres fut prompte à mûrir durant l'absence du poëte; la postérité commença vite pour lui:

on le relut avec larmes et délices ; son nom devint cher et familier à tous ; on se montra presque facile à reconnaître le génie de celui qui était absent et qu'on ne voyait plus. L'Académie elle-même ne résista pas à ce retour d'équité. D'heureux choix récents l'avaient relevée dans l'estime publique et lui avaient rendu quelque vie ; elle devait réparation à M. de Lamartine, et elle le nomma, quoique absent. La solennité de la réception, retardée plusieurs mois par un douloureux accident, avait réuni jeudi, dans la salle de l'Institut, toute l'élite de la société : c'était en effet un véritable événement littéraire.

Tout étranger à la littérature active et militante que soit toujours resté M. de Lamartine, quelque réelles et profondes que puissent déjà paraître aujourd'hui les différences qui le séparent des générations poétiques plus jeunes et plus aventureuses, il ne demeure pas moins incontestable qu'il est avec M. de Chateaubriand, et le second par la renommée et par l'âge, à la tête de cette révolution dans l'art qui s'est ouverte avec le siècle. M. Victor Hugo, admirateur, ami de tous deux, les suit et les presse ; mais, de son côté, la lutte n'est pas terminée, et la fumée du combat dérobe encore la victoire. Or, il arrive souvent que les hommes de génie qui commencent les révolutions dans l'art se lassent sitôt que leur œuvre individuelle est achevée ; il arrive qu'un matin ils ressentent pour eux-mêmes un soudain besoin de repos et désespèrent volontiers que d'autres puissent jamais aller plus loin. Ils se retournent alors, à la manière de Mirabeau, contre cette révolution qu'ils ont faite, et lui commandent avec un geste d'impatience de s'arrêter. Mais, si toutes les conséquences de l'art nouveau ne sont pas tirées, s'il reste encore des applications possibles au gré des génies inventeurs, si, parmi les idées en jeu dans la société, il en est quelqu'une, noble et féconde, qui attende encore son organe éclatant et son expression éternelle, rien ne s'arrête ; la révolution que les uns ont entamée se consomme par d'autres, et le siècle accomplit jusqu'au bout sa destinée de gloire. Tel sera notre siècle, nous osons l'espérer. Pourtant nous aimons à entendre des voix puissantes et graves nous le redire ; car, par moment, dans les fatigues de la marche, au milieu des inégalités du terrain, l'horizon échappe à nos yeux, et nous nous prenons à douter du but où notre ardeur aspire. Et si les chefs révérés, si les guides dont la voix nous est connue se mettaient à nous délaisser avant le terme, s'ils se couchaient en travers du chemin en nous criant de faire halte et qu'au delà tout est confusion et ténèbres, un tel spectacle serait assurément bien propre à jeter du trouble dans l'esprit même des plus ardents et à déconcerter les espérances. Grâce à Dieu, il n'en est pas ainsi. Les vrais, les dignes chefs du mouvement littéraire n'ont pas encore poussé le cri d'alarme, et il est permis de croire que la terre ne va pas tout à l'heure manquer sous nos pieds. L'occasion d'entendre sur ce sujet l'opinion de nos poëtes est rare ; pour ceux que leur réputation a portés jusqu'ici à l'Académie, ç'a été presque toujours une affaire de tactique et de bon ton de ne pas se prononcer : leur discours de réception a ressemblé souvent à un discours du trône, vague et insignifiant à dessein. L'opinion de M. de Lamartine, en ce moment de crise littéraire, devait donc exciter un vif intérêt. Poëte de recueillement et de rêverie, on désirait savoir sa pensée encore ignorée sur cette renaissance poétique dans laquelle sa part est si grande ; on voulait entendre de quel ton il s'adresserait à ses devanciers, et comment il désignerait ceux qui le suivent. La politique était aussi pour quelque chose dans la curiosité universelle. M. de Lamartine appartient par ses convictions à ce centre droit, honnête et modéré, qui veut la liberté avec prudence et sous la sauvegarde de la dynastie : M. Lainé est pour lui un type de prédilection. La destinée du pays dépend en ce moment du rôle qu'oseront prendre ces hommes sages, mais un peu timides, et c'est toujours avec une sorte d'anxiété affectueuse que la France les écoute parler. Honneur à M. de Lamartine ! il s'est exprimé sur tous points avec convenance et franchise ; il n'a manqué ni à ses convictions politiques ni à sa haute position littéraire, et, dès le premier jour, il a pris dans l'Académie, avec une noble aisance, la place que son génie lui assure partout.

Si par malheur vous comprenez peu et que vous

n'aimiez guère la poésie ; si vous n'avez pas reçu de la nature le sens délicat de la mélodie, le goût exquis du chant, et que vous vous trouviez embarrassé pour apprécier directement le mérite d'un poëte, écoutez-le une demi-heure parler en prose ; et si sa prose est molle, vide d'idées, sans éclat, sa poésie court grand risque d'être elle-même pauvre, pâle et chétive ; osez-le ranger impitoyablement parmi les versificateurs. Dès les premiers mots, il était clair à tout le monde que M. de Lamartine possédait les plus beaux dons de l'esprit. M. Dupuytren, qui était debout attentif, en face de lui, devait être là-dessus du même avis que le plus passionné lecteur des *Méditations*. Voix sonore et retentissante, timbre éclatant et pur, geste simple ; puis une parole facile, abondante, harmonieuse ; une manière de style étrangère à toute affectation, à toute enflure ; un laisser-aller plein de ressources ; un art heureux de diriger, de détourner sa pensée, de la lancer chemin faisant dans les questions, et de l'arrêter toujours à propos ; un penchant à s'étendre sur les moralités consolantes quand il y a jour, et, sitôt qu'on arrive aux hommes, un parfait mélange de discrétion et de loyauté, voilà ce qui nous a surtout frappé dans l'éloquent discours de M. de Lamartine. La vie pleine et compacte de M. Daru semblait un lourd fardeau à remuer pour un poëte tout de sentiment et de loisir. M. de Lamartine a su en dégager ce qu'elle avait de trop sec, de trop étouffant, et s'y ouvrir encore çà et là des horizons et des perspectives. L'ordre s'organisant avec l'Empire, la liberté revenant avec la Restauration, un jugement philosophique et moral sur la poésie d'Horace, un touchant et cordial éloge du feu duc Matthieu de Montmorency, ont tour à tour fourni aux développements de l'orateur et aux applaudissements de l'auditoire. Mais c'est quand M. de Lamartine, au terme de son discours, est venu à jeter un regard en arrière et autour de lui, quand il a porté sur le xviii° siècle un jugement impartial et sévère, quand il s'est félicité de la régénération religieuse, politique et poétique de nos jours, qu'il appelle encore une époque de transition, et qu'il s'est écrié prophétiquement : « Heureux ceux qui viennent après nous ; car le siècle sera beau ; » — c'est alors que l'émotion et l'enthousiasme ont redoublé : « Le fleuve a franchi sa cataracte, a-t-il dit ; plus profond et plus large, il poursuit désormais son cours dans un lit tracé ; et, s'il est troublé encore, ce ne peut être que de son propre limon. » Puis il a insinué à l'Académie de ne pas se roidir contre ce mouvement du dehors, d'ouvrir la porte à toutes les illustrations véritables, sans acception de système, et de *ne laisser aucun génie sur le seuil*.

M. de Lamartine s'est assis au milieu des applaudissements unanimes, et M. Cuvier, se levant aussitôt, a répondu que l'Académie n'avait jamais fait autre chose que d'accueillir tous les génies, toutes les illustrations, et il a énuméré à l'appui nos grands écrivains académiciens, depuis Racine jusqu'à Buffon, en omettant, je ne sais pourquoi, Molière, Diderot et Jean-Jacques ; il a prétendu qu'aucun novateur de vrai talent, aucun novateur *raisonnable* n'avait été exclu de l'Académie, et qu'en nommant M. de Lamartine, c'était précisément l'alliance du goût et du génie, la juste mesure de la nouveauté et de la correction qu'on avait voulu reconnaître et couronner. On voit que la mesure académique a varié depuis six ans ; elle n'avait déjà pas mal varié depuis *Atala;* espérons qu'elle se modifiera encore. M. Cuvier est un homme de génie lui-même; arrivé à ces hauteurs de la science où elle se confond presque avec la poésie, il était digne de comprendre et de célébrer le poëte philosophe qui, dans l'incertitude de ses pensées, avait plus d'une fois plongé jusqu'au chaos, et demandé aux éléments leur origine, leur loi, leur harmonie : Aristote pouvait donner la main à Platon. Il nous coûte d'avouer qu'il est resté au-dessous de sa tâche. Il a parlé des premières *Méditations* avec esprit, mais sécheresse. L'onction, la foi manquaient à ses paroles, quand il essayait de caractériser ces poésies *aimables*, peu s'en faut qu'il n'ait dit *légères*. Il a passé sous silence les secondes *Méditations*, supérieures encore aux premières, et plus admirables de plénitude et d'immensité ; il n'a pas nommé *le Dernier chant de Child-Harold*, où tant de sublimité abonde. Quant à *la Mort de Socrate*, c'est à ce poëme sans doute que M. Cuvier faisait allusion, en signalant à M. de Lamartine des *lacunes* dans ses derniers ouvrages. En revanche, il s'est étendu sur le poëme des *Alpes* de M. Daru. Toute la partie du discours de M. Cuvier qui se rapporte à cet homme d'État est d'une analyse ingénieuse et mordante ; on a remarqué un parallèle entre le général d'armée et l'administrateur : d'Alembert, dans ses *Éloges*, n'eût pas mieux fait.

La séance s'est terminée par des vers de M. Lebrun sur la Grèce ; il faut y louer le sentiment, la grâce et l'éclat naturels à ce poëte.

En somme, la nomination de M. de Lamartine est une précieuse conquête de l'opinion publique sur l'esprit de notre premier Corps littéraire. Ajoutée aux nominations de MM. Lebrun, Royer-Collard, de Barante, Philippe de Ségur, aux réintégrations légitimes de MM. Étienne et Arnault, elle semble consacrer pour l'Académie une ère tout à fait nouvelle, et l'on aime à y voir un gage irrévocable d'indépendance et de raison pour l'avenir. Il y a pourtant dans les Corps une lenteur de progrès et une tendance aux rechutes, dont il faut se défier. Un choix excellent aujourd'hui n'en garantit pas toujours un bon pour le lendemain, et il est utile que la publicité surveille les intrigues de coterie qui pourraient entraver la réforme naissante. Ainsi, au moment où l'entrée triomphante de M. de Lamartine vient d'honorer l'Académie, où M. Philippe de Ségur est prêt à se joindre au groupe des hommes distingués qui y siégent, croirait-on que pour l'élection prochaine du successeur de M. de Lally on ait encore à redouter le scandale d'une de ces nominations niaises qui marquèrent la dictature de M. Roger [1] ? Cela n'est pas trop invraisemblable toutefois. Une poignée d'hommes médiocres ou usés, *libéraux* à ce qu'on dit, mais obéissant à un triste esprit de rancune littéraire ou philosophique, et s'accordant fort bien dans leurs petites haines avec leurs adversaires religieux et politiques, seraient à la veille de laisser encore une fois *le génie sur le seuil*, pour s'attacher à je ne sais quel candidat benin et banal qui fait des visites depuis quinze ans [2]. Il convient aux hommes qui ont crédit et valeur dans la Compagnie de mettre fin une fois pour toutes à ces sottes prétentions, et de ne pas laisser interrompre cette série de choix graves et glorieux, qui d'abord donnent du lustre à l'Académie, et qui bientôt pourront lui assurer sur notre littérature une influence réelle, active et salutaire.

1. Auteur dramatique, écrivain monarchique et religieux, l'un des fondateurs de la *Société des Bonnes-Lettres*, nommé de l'Académie française en 1817.
2. Nous ne pouvons que renvoyer le lecteur à l'article du 13 avril 1830, que nous avons déjà eu l'occasion de reproduire dans l'appendice du tome XII des *Nouveaux Lundis* (page 445), sur l'élection alors récente de M. de Pongerville, successeur de M. de Lally-Tollendal à l'Académie française. Sans cela, cet article avait naturellement et logiquement, dans l'ordre d'idées exprimées ci-dessus, sa place à la suite de celui-ci.

16 juin 1830.

A. DE LAMARTINE

HARMONIES POÉTIQUES ET RELIGIEUSES[1].

I

La religion est la pensée dominante des *Harmonies*. L'amour n'y est plus que comme un souvenir déli-

---

1. M. Sainte-Beuve a fait copier, dans le relevé de ses articles du *Globe*, l'extrait suivant du numéro du 11 juin 1830, destiné à annoncer la prochaine apparition des *Harmonies poétiques et religieuses* :

« C'est lundi prochain que doivent être mis en vente ces deux volumes si vivement désirés. Lorsque les premiers ouvrages de M. de Lamartine parurent, il y a une dizaine d'années, le rapide et prodigieux succès qu'ils obtinrent fit assez voir combien ils répondaient à un profond besoin des âmes en ce siècle. Depuis lors, ce besoin d'amour, de religion, de tendresse infinie n'a pas cessé de travailler la société, au milieu de tant d'autres soucis plus pressants, mais non pas plus graves. Les âmes méditatives qui aiment à s'élancer vers les hauts mystères de la nature humaine regrettaient le long silence de celui qui avait rouvert à la poésie la route du ciel. Les cœurs brisés par la douleur et refoulés en eux-mêmes par le monde appelaient de leurs vœux quelques chants nouveaux

cieux, comme une *apparition matinale et céleste*, qui s'est retirée dans le lointain, après avoir initié l'âme du poëte à de plus sublimes mystères ; l'hymne a presque partout remplacé l'élégie. Beaucoup de ces hymnes ne sont que de tendres et mélodieuses prières, où les couleurs de la nature, les enchantements de la poésie, viennent prêter leur charme à l'expression d'une foi paisible et soumise. Avec plus d'abondance et d'éclat, ce sont des chants, comme depuis Prudence jusqu'à Manzoni, l'Église en a pour chaque heure, pour chaque saison, pour chaque solennité de la vie. L'hymne *de la nuit*, celle *du matin* et *du soir*, celle de *l'Enfant au réveil*, la *Cantate pour les enfants d'une maison de charité*, la *Lampe du temple* et quelques autres pièces encore,

avec lesquels ils pussent gémir ou se consoler. M. de Lamartine vient de répondre à ce vœu, plus général et plus vif qu'il n'est peut-être tenté de le croire. En parcourant rapidement ces volumes, qui contiennent près de 8,000 vers, et dans lesquels tant de poésie abonde, nous nous garderons bien de hasarder un jugement prématuré ; notre œil est trop ébloui, au premier abord, pour discerner tout ce qu'une seconde vue nous révélera. Mais ce que nous pouvons affirmer, c'est qu'en même temps que l'inspiration religieuse du poëte y est plus haute et plus pleine que jamais, il n'a pas négligé la source si féconde des souvenirs et des impressions personnelles ; les deux pièces que nous citons ici en sont une preuve. Rien dans notre langue ne nous paraît surpasser la grâce pure et insaisissable, la mélancolie presque riante de cette figure de jeune fille, évanouie comme un nuage. La pièce qui a pour titre *Milly* est une Méditation profonde, où tout ce qu'il y a de plus particulier dans les souvenirs et dans la réalité se mêle aux transports les plus élevés de la sensibilité et de la prière. »

(Suivent les deux pièces intitulées *Le premier amour* et *Milly ou la Terre natale*.)

ont toute la sérénité et la mansuétude d'une âme fidèle, virginale, d'un cœur doux et résigné, qui croit, qui espère et qui adore. Ici, point de méditation amère sur les choses de la vie, point de question trop pressante adressée aux doutes éternels de l'âme, point de retour douloureux et prolongé du poëte sur lui-même; le poëte n'est plus que le dernier du temple, le plus humble et le plus fervent; il chante, il s'exhale, il rayonne :

> Élevez-vous, voix de mon âme,
> Avec l'aurore, avec la nuit!
> Élancez-vous comme la flamme,
> Répandez-vous comme le bruit!
> Flottez sur l'aile des nuages,
> Mêlez-vous aux vents, aux orages,
> Au tonnerre, au fracas des flots;
> L'homme en vain ferme sa paupière,
> L'hymne éternel de la prière
> Trouvera partout des échos!

> Ne craignez pas que le murmure
> De tous ces astres à la fois,
> Ces mille voix de la nature,
> Étouffent votre faible voix!
> Tandis que les sphères mugissent,
> Et que les sept cieux retentissent
> Des bruits roulants en son honneur,
> L'humble écho que l'âme réveille
> Porte en mourant à son oreille
> La moindre voix qui dit : Seigneur!

Cette pièce, pourtant, n'est pas toujours onction et douceur; elle devient parfois une extase, un délire. La voix du poëte s'élève, éclate, et il s'écrie avec la trompette des anges, avec la lèvre ardente des prophètes :

Mon âme a l'œil de l'aigle, et mes fortes pensées
Au but de leurs désirs volant comme des traits,
Chaque fois que mon sein respire, plus pressées
    Que les colombes des forêts,
Montent, montent toujours, par d'autres remplacées,
    Et ne redescendent jamais !

Les quatre Harmonies qui ont pour unité *l'idée de Jéhovah*, appartiennent encore à cet ordre majestueux de poésie biblique. Le spectacle de la nature et des montagnes dans les tempêtes, les miracles de la végétation, et en particulier le chêne qui en est le roi, enfin l'humanité et la femme, ce chef-d'œuvre de la création, y sont tour à tour célébrés comme racontant le nom et la gloire du Créateur. Mais, dans toutes ces pièces, et avec des qualités différentes d'énergie ou de grâce, d'élévation ou de tendresse, le poëte ne fait autre chose qu'invoquer et adorer. Il prête d'admirables cantiques à ce petit nombre d'âmes secrètes et incorruptibles qui ont gardé dans toute sa pureté la foi des anciens jours ; mais il n'exprime pas tout ce qu'il y a d'inquiet et de remuant dans les esprits et dans les cœurs de ce siècle, même les plus sincères, même les plus affamés de croyances. Il parle en fidèle de tous les temps, en interprète de la prière commune ; sa voix est générale et solennelle comme l'orgue d'une basilique. Mais si l'on veut trouver le sentiment chrétien avec ses espérances, ses besoins, ses angoisses intimes, tel qu'il agite et ronge en ce moment bien des âmes, c'est à d'autres pièces qu'il faut s'adresser, véritables méditations de métaphysique religieuse, où le poëte, seul avec lui-même, cherche, interroge, doute, passe de la défaillance à l'espoir, et le plus souvent, dès qu'il a entrevu la lueur, se prosterne au lieu de conclure.

On aurait tort, selon nous, de voir là-dedans un pas rétrograde de M. de Lamartine vers la philosophie humaine et un ébranlement de cette conviction ferme et durable dans laquelle ses *Méditations* nous l'ont montré établi. Toutes les hymnes si vives et si ferventes dont nous venons de parler, déposeraient assez contre une telle interprétation, et le poëte lui-même prend soin de réduire ses doutes et ses craintes à leur juste mesure, en disant quelque part :

> Ah ! pour la vérité n'affectons pas de craindre ;
> Le souffle d'un enfant là-haut peut-il éteindre
> L'astre dont l'Éternel a mesuré les pas ?
> Elle était avant nous, elle survit aux âges ;
> Elle n'est point à l'homme, et ses propres nuages
> Ne l'obscurciront pas.
>
> Elle est ! elle est à Dieu qui la dispense au monde,
> Qui prodigue la grâce où la misère abonde :
> Rendons grâce à lui seul du rayon qui nous luit !
> Sans nous épouvanter de nos heures funèbres,
> Sans nous enfler d'orgueil et sans crier ténèbres
> Aux enfants de la nuit.

Mais enfin il y a souvent des *heures funèbres ;* souvent la colonne qui marche dans le désert tourne sa face obscure. Les théologiens philosophes, qui ont analysé et décrit psychologiquement les divers états de la *grâce*, s'accordent à reconnaître, jusqu'à un certain point, plus de doutes et de tentations à mesure qu'on est plus avancé, tandis qu'à un degré inférieur, l'âme encore faible et tout éblouie de son passage de la nuit au jour, ne sait plus, pendant quelque temps, distinguer les ombres. C'est ce qui fait, selon nous, que, dans tout ce que ces derniers volumes renferment de philosophie religieuse et de débats intérieurs, la décision est moins rapide, le cri de victoire moins triomphant, que dans les *Méditations*. Toujours un pressentiment douloureux s'y mêle. Moins jeune et mûri par l'expérience, le poëte sait qu'il n'en a pas fini avec les funestes pensées ; que, pour les avoir repoussées aujourd'hui, il n'en sera peut-être pas délivré demain, et que le meilleur port ici-bas nous laisse encore sentir le contre-coup des orages. Trois pièces importantes nous semblent marquer cette nuance nouvelle dans la manière religieuse de M. de Lamartine, savoir : l'*Hymne au Christ*, *Pourquoi mon âme est-elle triste?* et *Novissima Verba*, ou *Mon âme est triste jusqu'à la mort*.

Pourquoi mon âme est-elle triste ? Voilà ce que se demande le poëte à une de ces heures où la grâce est en défaut, et où nous tombons dans le délaissement. Cependant il n'est pas encore arrivé au terme de la vie ; il n'a pas encore épuisé la gloire, l'amour, l'avenir. Mais qu'est-ce que la vie ? qu'est-ce que l'avenir ? qu'est-ce que la gloire ? Vanités, dérisions ! rien qui remplisse, rien qui apaise ! L'amour seul mérite qu'on l'excepte d'entre toutes les choses humaines et qu'on ne le blasphème pas.

> Lui seul est au-dessus de tout mot qui l'exprime.
> Éclair brillant et pur du feu qui nous anime,
> Étincelle ravie au grand foyer des cieux !
> Char de feu qui, vivants, nous porte au rang des dieux !
> Rayon ! foudre des sens ! inextinguible flamme,
> Qui fond deux cœurs mortels, et n'en fait plus qu'une âme !
> Il est... il serait tout, s'il ne devait finir,
> Si le cœur d'un mortel le pouvait contenir...

Mais lui-même il passe ; la mort le brise ou le temps l'use ; il périt dans le déchirement, ou il s'éteint dans l'indifférence :

> Je vois passer, je vois sourire
> La femme aux perfides appas
> Qui m'enivra d'un long délire,
> Dont mes lèvres baisaient les pas !
> Ses blonds cheveux flottent encore,
> Les fraîches couleurs de l'aurore
> Teignent toujours son front charmant,
> Et dans l'azur de sa paupière
> Brille encore assez de lumière
> Pour fasciner l'œil d'un amant !
>
> La foule qui s'ouvre à mesure
> La flatte encor d'un long coup d'œil,
> Et la poursuit d'un doux murmure
> Dont s'enivre son jeune orgueil ;
> Et moi je souris et je passe !
> Sans effort de mon cœur j'efface
> Ce songe de félicité,
> Et je dis, la pitié dans l'âme :
> Amour ! se peut-il que ta flamme
> Meure encore avant la beauté ?

Après l'amour, il n'y a plus rien dans la vie ; la terre

semble ingrate et nue ; le ciel est voilé, parfois il s'entr'ouvre, et l'on espère y voir un signe de salut, y lire un mot mystérieux ; mais toujours quelque nuage obscurcit l'apparition, toujours quelque lettre manque au nom divin ; et voilà pourquoi l'âme du poëte est triste, pourquoi son cœur change de place comme un malade dans son lit, pourquoi son inquiète pensée fuit et revient sans cesse, comme une colombe blessée, comme un oiseau de nuit, comme les hirondelles aux approches des tempêtes.

Ces mêmes anxiétés se retrouvent avec plus d'énergie et de profondeur encore dans le poëme intitulé : *Novissima Verba*, ou *Mon âme est triste jusqu'à la mort* ; c'est une véritalbe agonie au jardin des Olives ; agonie longue, traînante, dont les assauts n'ont pas de fin. On compte les pensées du poëte comme les battements de l'artère à sa tempe, comme les gouttes de sueur froide qui lui tombent du front. La vie entière et ses faux biens repassent, un à un, sous ses yeux ; il vide encore une fois le calice, et, quand il est aux dernières gouttes, il s'écrierait volontiers aussi : « O mon Dieu, détournez-le de moi ! » L'angoisse est aiguë, la perplexité immense. Il cherche un point dans les ténèbres, il tente toutes les voies pour trouver une issue. Un moment, son désespoir est au comble ; l'ironie va le saisir, et, prenant l'existence pour l'amer sarcasme d'un maître jaloux, il est prêt à lui rendre mépris pour mépris, à le maudire et à le railler ; — ou bien, à d'autres instants, la défaillance le poussant à la mollesse, il se demande s'il n'est pas mieux de prolonger les voluptés jusqu'à la tombe et de se noyer l'âme sur des seins embaumés de roses. Mais un éclair de la conscience fait évanouir ces lâches idées. Il entend au dedans de lui une voix secrète qui lui dit : « Puisque l'ombre redouble, que le froid de la nuit se fait sentir, et que tu as marché tout le jour, prends courage, c'est que tu n'es pas loin d'arriver. » Dès lors la chaîne des saintes idées se renoue ; le souvenir de Dieu redescend, de ce Dieu fait homme, dont le dernier soupir, la dernière voix fut aussi une plainte à son père, un *pourquoi sans réponse*. Rassuré par cet exemple sublime, l'agonisant se relève ; il triomphe, et sa pensée redevient calme, sereine, et telle qu'au matin de l'aimante jeunesse. Un jour, en Sicile, sur les flancs de l'Etna, au lever du soleil, il était assis, non pas seul, mais une autre main dans sa main, un autre œil sur le sien, une autre voix mariée à sa voix. Ces beaux lieux, ces horizons vermeils, l'azur de cette mer, surtout cette créature adorée, tout l'inondait d'amour, tout lui peignait Dieu ; et les paroles leur manquaient, heureux amants ! pour exhaler le chant de leurs cœurs :

> Et qui m'eût dit alors qu'un jour la grande image
> De ce Dieu pâlirait sous l'ombre d'un nuage,
> Qu'il faudrait le chercher en moi comme aujourd'hui,
> Et que le désespoir pouvait douter de lui ?

La scène change ; un autre souvenir se retrace ; il

est moins sublime, mais peut-être il risque moins de s'effacer. Au bord de quelque golfe d'Italie, à l'entrée de quelque villa dont la blancheur contraste avec les bosquets de citronniers qui l'entourent, on entend le son d'une harpe, et une voix, voix si douce que l'amour s'y devine :

> Le portique au soleil est ouvert : une enfant
> Au front pur, aux yeux bleus, y guide en triomphant
> Un lévrier folâtre aussi blanc que la neige,
> Dont le regard aimant la flatte et la protége ;
> De la plage voisine ils prennent le sentier
> Qui serpente à travers le myrte et l'églantier ;
> Une barque non loin, vide et légère encore,
> Ouvre déjà sa voile aux brises de l'aurore,
> Et berçant sur leurs bancs les oisifs matelots,
> Semble attendre son maître, et bondit sur les flots...
> . . . .

Ici le souvenir reste inachevé ; on sent qu'il pourrait aller plus loin, qu'il touche à la vie présente du poëte, et que c'est là pour lui le plus familier, le plus charmant refuge après l'agonie.

Nous avons insisté sur ce poëme, parce que l'éclat et la multiplicité des détails auraient pu dérober au lecteur l'harmonie de la composition ; nous l'avons analysé et souvent traduit en prose, parce que le voile de poésie est si brillant chez M. de Lamartine que l'œil est tenté parfois de s'y arrêter, comme l'oreille à l'enchantement de sa mélodie, **sans trop s'inquiéter de pénétrer au delà.**

L'*Hymne au Christ* respire une pieuse et filiale inquiétude sur l'avenir humain de la religion ; le poëte ressent profondément la plaie du christianisme dans notre âge :

> O Christ ! il est trop vrai, ton éclipse est bien sombre ;
> La terre sur ton astre a projeté son ombre ;
> Nous marchons dans un siècle où tout tombe à grand bruit...

Il ne désespère pourtant pas ; comment l'humanité se laisserait-elle ravir ce que rien ne pourrait remplacer ?

> Ah ! qui sait si cette ombre où pâlit ta doctrine
> Est une décadence ou quelque nuit divine,
> Quelque nuage faux prêt à se déchirer,
> Où ta foi va monter et se transfigurer ?...
> . . . .

Le poëte, en finissant, s'écrie que, quoi qu'il advienne, le Dieu de son berceau sera celui de sa tombe ; et que, dût l'autel l'écraser en croulant, il embrassera la dernière colonne de ce temple où il a tout reçu et tout appris. Douloureuse parole, qui ouvre à l'âme des abîmes de pensées, et nous reporte malgré nous vers ces époques fatales des Symmaque et des Synésius !

20 juin 1830.

A. DE LAMARTINE

HARMONIES POÉTIQUES ET RELIGIEUSES.

II

Il y a près de deux mille ans que le christianisme a donné la solution de tous les graves problèmes que se pose éternellement l'humanité. Depuis lors, certaines croyances, certaines doctrines morales sur la vie, sur les hommes, sur l'âme et sur Dieu, se sont répandues dans le monde et ont pénétré dans tous les cœurs. Cet héritage pe la tradition n'a pas seulement enrichi les croyants et les dociles; tous y ont participé, et pendant un long temps ceux mêmes qui se sont le plus écartés de l'unité de foi n'ont jamais renié les principes essentiels de la philosophie chrétienne. Mais au-dessous et dans les limites de la doctrine universelle, la liberté humaine, l'esprit de curiosité et d'intelligence, le génie enfin se sont exercés ; il y eut des théologiens, des philosophes, des poëtes qui essayèrent de prêter des formes particulières, tantôt ingénieuses et subtiles, tantôt magnifiques et brillantes, à ce qu'ils croyaient la vérité. L'originalité des grands poëtes, on le sait, consiste surtout à voir et à exprimer la nature, la vie et les hommes par un côté intime et nouveau. Ils ne manquèrent pas au christianisme, et sous l'unité inflexible des traditions générales, plusieurs surent se créer des variétés fécondes d'idées et de formes, s'ouvrir, selon les lieux et les temps, des perspectives inattendues. Dante, Milton, Caldéron, sauf quelques mélanges divers de platonisme, de mosaïsme ou de pompe idolâtre, ont donné aux vérités chrétiennes d'admirables et vives représentations. Shakspeare le premier, homme du nord, un peu païen par l'âme, audacieux à sa façon comme Luther, réveilla dans l'ordre poétique ces incertitudes longtemps apaisées, et dès *Hamlet* et *Macbeth*, prépara ces solutions sceptiques ou rebelles que Gœthe et Byron ont poussées à bout de nos jours. L'illustre auteur de *Wilhem Meister* lui rend justice quand il dit : « Tous les pressentiments sur l'homme et sur sa destinée qui me tourmentaient depuis mon enfance d'une vague inquiétude, je les retrouve dans Shakspeare expliqués et remplis ; il éclaircit pour nous tous les mystères, sans qu'on puisse indiquer où se trouve le mot de l'énigme. » S'il n'est pas exact d'avancer que Shakspeare éclaircit tous les mystères, du moins il les soulève, et, depuis lui, la grande poésie est partagée comme la religion. Les grands poëtes ne subordonnent plus toujours leurs vues particulières sur la nature et sur la vie aux doctrines suprêmes du christianisme ; souvent la contradiction éclate ; il y a Gœthe en face de Chateaubriand, Byron en face de Lamartine.

M. de Lamartine, le seul dont nous ayons à nous occuper, par cela même qu'il range humblement sa poésie aux vérités de la tradition, qu'il voit et juge le monde et la vie suivant qu'on nous a appris dès l'enfance à les juger et à les voir, répond merveilleusement à la pensée de tous ceux qui ont gardé ces premières impressions, ou qui, les ayant rejetées plus tard, s'en souviennent encore avec un regret mêlé d'attendrissement. Il se trompe lorsqu'il dit en sa préface que ses vers ne s'adressent qu'à un petit nombre. De toutes les poésies de nos jours, aucune n'est, autant que la sienne, selon le cœur des femmes, des jeunes filles, des hommes accessibles aux émotions pieuses et tendres. Sa morale est celle que nous savons ; il nous répète avec un charme nouveau ce qu'on nous a dit mille fois, nous fait repasser avec de douces larmes ce que nous avons senti, et l'on est tout surpris, en l'écoutant, de s'entendre soi-même chanter ou gémir par la voix sublime d'un poëte. C'est une aimable beauté de cœur et de génie qui nous ravit et nous touche par toutes les images connues, par tous les sentiments éprouvés, par toutes les vérités lumi-

neuses et éternelles. Cette manière de comprendre les
diverses heures du jour, l'aube, le matin, le crépus-
cule, d'interpréter la couleur des nuages, le murmure
des eaux, le bruissement des bois, nous était déjà
obscurément familière avant que le poëte nous la
rendît vivante par le souffle harmonieux de sa parole.
Il dégage en nous, il ravive, il divinise ces empreintes
chères à nos sens et dont tant de fois s'est peinte notre
prunelle, ces comparaisons presque innées, les premières qui se soient gravées dans le miroir de nos
âmes. Nul effort, nulle réflexion pénible pour arriver
où sa philosophie nous porte. Il nous prend où nous
sommes, chemine quelque temps avec les plus simples,
et ne s'élève que par les côtés où le cœur surtout peut
s'élever. Ses idées sur l'amour et la beauté, sur la mort
et l'autre vie, sont telles que chacun les pressent,
les rêve et les aime. Sans doute, et nous nous plaisons
à le dire, il est aujourd'hui sur ces points d'autres
interprétations non moins hautes, d'autres solutions
non moins poétiques, qui, plus détournées de la route
commune, plus à part de toute tradition, dénotent
chez les poëtes qui y atteignent une singulière vigueur de génie, une portée immense d'originalité individuelle. Mais c'est aussi une espèce d'originalité
bien rare et désirable, que celle qui s'accommode si
aisément des idées reçues, des sentiments consacrés,
des préjugés de jeunes filles et de vieillards ; qui parle
de la mort comme en pense l'humble femme qui prie,

comme il en est parlé depuis un temps immémorial dans l'église ou dans la famille, et qui trouve en répétant ces doctrines de tous les jours une sublimité sans efforts et pourtant inouïe jusqu'à présent. La pièce qui a pour titre *Pensée des morts* nous semble le miracle de cette poésie simple, pénétrante et bénie. On est en automne : la nature se dépouille, et le ciel s'attriste :

> C'est la saison où tout tombe
> Aux coups redoublés des vents ;
> Un vent qui vient de la tombe
> Moissonne aussi les vivants.
> Ils tombent alors par mille,
> Comme la plume inutile
> Que l'aigle abandonné aux airs,
> Lorsque des plumes nouvelles
> Viennent réchauffer ses ailes
> A l'approche des hivers.
>
> C'est alors que ma paupière
> Vous vit pâlir et mourir,
> Tendres fruits qu'à la lumière
> Dieu n'a pas laissé mûrir!
> Quoique jeune sur la terre,
> Je suis déjà solitaire
> Parmi ceux de ma saison :
> Et quand je dis en moi-même :
> Où sont ceux que mon cœur aime?
> Je regarde le gazon.

Et le poëte se rappelle toutes les pertes qu'on ait à chaque pas dans la vie : une mère, une fiancée, un ami d'enfance, qui nous sont enlevés

> C'est l'ombre pâle d'un père
> Qui mourut en nous nommant,
> C'est une sœur, c'est un frère
> Qui nous devance un moment.
> Sous notre heureuse demeure
> Avec celui qui les pleure,
> Hélas ! ils dormaient hier ;
> Et notre cœur doute encore
> Que le ver déjà dévore
> Cette chair de notre chair.

Puis, quand il a tout énuméré, quand il a touché une à une toutes ces plaies du cœur, une pensée le saisit, une inquiétude le prend, qu'a ressentie quiconque est resté orphelin ici-bas ; il se demande si tous ces morts qui voient désormais la lumière se souviennent encore de nous. Soudain le rhythme change, il devient plus vif, plus pressant ; il palpite de sollicitude ; on dirait qu'à cette crainte d'un oubli le poëte tombe à genoux, et qu'il prie à mains jointes, avec sanglots, pour obtenir des morts un souvenir miséricordieux :

> Ah ! vous pleurer est le bonheur suprême,
> Mânes chéris de quiconque a des pleurs !
> Vous oublier, c'est s'oublier soi-même :
> N'êtes-vous pas un débris de nos cœurs ?
> . . . .
> Dieu du pardon ! leur Dieu ! Dieu de leurs pères !
> Toi que leur bouche a si souvent nommé !
> Entends pour eux les larmes de leurs frères,
> Prions pour eux, nous qu'ils ont tant aimé !
>
> Ils t'ont prié pendant leur courte vie ;
> Ils ont souri quand tu les as frappés ;
> Ils ont crié : Que ta main soit bénie !
> Dieu, tout espoir ! les aurais-tu trompés ?

> Et cependant pourquoi ce long silence ?
> Nous auraient-ils oubliés sans retour ?
> N'aiment-ils plus ? Ah ! ce doute t'offense !
> Et toi, mon Dieu, n'es-tu pas tout amour ?
>
> . . . .
>
> Non, non, mon Dieu, si la céleste gloire
> Leur eût ravi tout souvenir humain,
> Tu nous aurais enlevé leur mémoire ;
> Nos pleurs sur eux couleraient-ils en vain ?
>
> . . . .

Après ces flots de larmes et ce débordement de plaintes pieuses, le rhythme change encore et revient à son premier mode ; le poëte se relève, il reprend confiance, et s'abîme dans une louange éblouissante du Seigneur. Cette pièce, au début, rappelle *les Fantômes* des *Orientales*. C'est par une promenade dans les bois en automne que commencent les deux poëtes, et que la pensée des morts leur revient également. Il est piquant de voir comment la diversité d'imagination et de cœur les lance dès le point de départ dans des routes de rêverie bien éloignées, où ils ont trouvé moyen l'un et l'autre de recueillir une si abondante moisson de sentiments et de poésie.

Dans la pièce intitulée *l'Occident*, qui est presque une exception à sa manière habituelle, M. de Lamartine jette sur la nature un coup d'œil moins humain, moins aimant qu'à l'ordinaire, mais plus intrépide et plus effaré à la fois, s'il est possible. L'homme a disparu comme un atome ; l'Océan, l'horizon, l'immensité, le tout, sont sur le premier plan et l'écrasent ;

Dieu même n'est plus là pour lui tendre la main comme à un enfant; Dieu, c'est le grand tout, c'est le flux et le reflux de vie universelle, c'est l'Océan de l'être. Les nuages et la nuit couvrent presque tout le ciel ; il n'y a plus qu'à l'occident, à l'endroit où le soleil vient de sombrer dans la mer, une seule porte éclatante, une arche de feu où tout se précipite et va s'engloutir, jour, nuées, aquilons, poussière, écume, et l'âme du poëte. Cette pièce grandiose, qui sera peu comprise de tous, produit sur nous une impression assez semblable à celle que nous causent beaucoup de morceaux de M. Victor Hugo, et elle est doublement à remarquer, comme admirable d'abord, et en ce qu'elle prouve une certaine confusion de limites dans les talents naturels des deux poëtes.

L'amour, avons-nous dit, n'occupe guère de place dans ces deux volumes ; toutefois nos lecteurs en ont vu une délicieuse et fraîche réminiscence. Habituellement, M. de Lamartine semble craindre, en *refeuilletant*, comme dit André Chénier, *son âme et sa vie*, de rouvrir en lui-même des émotions trop déchirantes, de ranimer des traces trop vives. Il répond quelque part à l'un de ses amis qui l'interroge:

> Tu demandes de moi les phases de ma vie,
> Le compte de mes jours ; — mes jours, je les oublie...

Il avait déjà dit ailleurs :

> Ces temps sont déjà loin : que l'oubli les dévore;
> Ce qui n'est plus pour l'homme, a-t-il jamais été ?

Espérons qu'il ne le dira pas toujours, et que l'âge lui permettra de plus en plus de revenir sur ce passé où tant de flammes couvent encore sous la cendre. En revanche, les souvenirs de l'enfance et des premières années sont ici plus nombreux, plus abondants que jamais. Dans *Milly*, dans *la Vie cachée*, le poëte s'est essayé à des peintures qui, pour avoir plus de calme et de familiarité, n'en ont pas moins leur grandeur. La vie de campagne, la vie patriarcale de famille dans ces belles provinces qu'arrose la Saône, les hautes herbes qui ploient sous l'aquilon, les bois dont le murmure et l'ombre sont au maître, les entretiens des pâtres autour des feux allumés, ces rayons de soleil couchant sur les fléaux, les socs de charrue et les gerbes des chars, ces ombres allongées des moulins monotones, toutes ces douces géorgiques de notre France ont une beauté forte et reposée qui égale à nos yeux la splendeur blanchissante du *Golfe de Gênes* et les autres tableaux enchantés que l'Italie a inspirés au poëte. Ce sont de vastes paysages qui, suivant la remarque que j'en ai entendu faire, rappellent ceux du Poussin, moins sévères, moins serrés, mais avec quelque chose de plus ondoyant, avec plus d'air et de lumière. La *Bénédiction de Dieu dans la solitude* unit à cette belle réalité de notre sol et de notre nature une sorte de religion salubre qui passe de tous les objets à l'âme, qui la pénètre et la rend saine.

La manière poétique de M. de Lamartine est trop

connue pour que nous ayons besoin d'y insister beaucoup en finissant ; c'est toujours cette même facilité dans l'élévation, cette même abondance dans le développement, ce même éclat de poésie continue. Il faudrait, pour la caractériser dignement, emprunter les images qui lui sont le plus familières ; il faudrait dire que *le lac de Némi, qu'aucun souffle ne ride, a moins de transparence et de limpidité ;* que tour à tour cette poésie s'enfle comme une voile, flotte comme un nuage, s'épand comme une eau ; qu'elle est *ce qui n'a point de rame et qui pourtant arrive ;* qu'elle ne laisse ni trouble ni limon derrière elle, et que les cœurs après sont *aussi purs que la vague où le cygne a passé.* Il faudrait dire que, dès que le poëte commande à sa muse d'enfanter, sa muse répand les vers par mille et ne les compte pas ; qu'il frappe le rocher par tous les points, et que par tous les points le rocher ruisselle ; qu'à défaut de soleils sur sa route et de masses rayonnantes, il sème toujours du moins une poussière d'or, une voie lactée de poésie, une atmosphère éthérée et scintillante : *largior hic campos æther et lumine vestit purpureo.* De là aussi plusieurs défauts qui sautent aux yeux des moins habiles et qui découlent immédiatement des précédentes qualités : trop de lumières, des ombres vagues, des contours quelquefois indécis ; du débordement et de l'exubérance ; une expansion en tous sens, qui laisse se glisser, dans les intervalles des choses sublimes, quelques idées trop faciles, trop promptes, écloses avant terme. Il y aurait de plus à relever certaines négligences de rime et de rhythme, petites querelles à débattre entre gens du métier. Mais qu'importe? Les défauts, cette fois, sont moins nombreux que jamais, et surtout les qualités de M. de Lamartine ne se sont déployées nulle part encore avec plus d'effusion et d'éclat.

24 août 1830.

DEUX RÉVOLUTIONS

I

L'ANGLETERRE EN 1688 ET LA FRANCE EN 1830.

Que la France en 1830 n'est pas du tout dans une situation semblable ni politiquement analogue à celle de l'Angleterre en 1688.

Nous avons eu, comme l'Angleterre, une Révolution soulevée par les classes moyennes et inférieures de la société contre le haut clergé, la haute aristocratie et a royauté, un roi mort sur l'échafaud, des excès et des folies après des commencements justes et glorieux, une dictature militaire, une Restauration monarchique, une race incorrigible et antipathique à la nation, enfin une délivrance heureuse qui assure nos droits et nous rouvre un libre avenir. C'en est bien assez pour justifier les rapprochements qu'on a tant de fois établis entre les deux Révolutions, et ce parallélisme historique se fortifie même de mille ressemblances singulières. Le caractère, les faiblesses, les vices et l'entêtement des Bourbons n'avaient d'exemple que chez les Stuarts ; les mêmes conseillers jésuites semblaient avoir passé des uns aux autres ; un siècle et demi qui s'était écoulé dans l'intervalle n'avait changé ni leur robe ni leur langage. Jusque-là donc rien de mieux que de comparer et de mettre en regard les termes des rapports. Mais, si on allait plus avant, si on parlait de ces similitudes extérieures, les unes nécessaires et dans l'essence de toute Révolution analogue, les autres purement capricieuses et accidentelles, pour arriver à des conséquences logiques et pour conclure politiquement de la situation anglaise en 1688 à la situation française en 1830, on se méprendrait fort ; on embrouillerait le point de vue actuel, qui est d'une clarté admirable ; et comme cette confusion et cette méprise sont assez ordinaires depuis quelques jours, nous croyons utile de prémunir là-dessus certains esprits amoureux de ressemblances.

Et d'abord, bien que l'esprit des deux Révolutions ait été le même au fond, et que les Parlements de Charles Ier, comme l'Assemblée nationale, aient voulu la liberté, cette liberté, de part et d'autre, s'est attaquée à des points divers et a revêtu des formes toutes différentes. En Angleterre, c'est presque exclusivement sous la forme religieuse qu'elle s'est montrée, et, en France, c'est sous la forme politique pure. Nous avions les Constituants, les Girondins, les Montagnards, la

Commune ; l'Angleterre avait les Épiscopaux, les Presbytériens, les Indépendants, les Niveleurs et les Millénaires. La religion, sans doute, a joué un rôle dans la Révolution française, de même que la liberté politique n'a nullement été désertée par les divers sectaires de la Révolution anglaise. Mais il y a cette différence profonde à noter, qu'en France, depuis 89, la liberté de conscience, la tolérance et, si l'on veut, l'indifférence religieuse ont toujours passé de plus en plus dans les mœurs. Les diverses réactions religieuses qui se sont succédé ont même hâté ce résultat, plutôt qu'elles ne l'ont contrarié. Ainsi, la réaction catholique, sous Bonaparte et M. de Chateaubriand, par le Concordat et le *Génie du christianisme*, a puissamment servi à mitiger et à éteindre dans les jeunes générations d'alors cette haine farouche que portaient au catholicisme la plupart des premiers révolutionnaires et qui était une manière de fanatisme philosophique. Si l'on n'en peut dire autant de la dernière réaction congréganiste ; si, dans ces derniers temps, elle est parvenue à aiguiser de nouveau en haine l'indifférence générale, il faut convenir qu'elle n'a point profondément altéré la tolérance des esprits. La révolution récente l'a bien prouvé ; l'indignation publique s'est bornée, dans les moments de plus vive effervescence, à quelques représailles plus politiques que religieuses ; le prêtre dans son ministère a été respecté ; il a même été appelé sur le champ de carnage pour bénir les morts : seulement les mots de *religion dominante* ont disparu du code fondamental. Nous en sommes donc, en 1830, à la tolérance religieuse la plus absolue ; la philosophie, qui naguère était hostile aux cultes, est plutôt devenue bienveillante, et l'indifférence un peu matérielle, dont la société souffre depuis plusieurs années, commence à céder à des besoins de moralité plus épurée et de solutions supérieures.

En Angleterre, les partis politiques qui avaient conservé leurs formes religieuses même sous la Restauration, et qui s'étaient successivement brouillés ou réunis, selon leurs intérêts, finirent par s'entendre, en haine du papisme qui les opprimait, et la Révolution de 1688 aboutit au triomphe complet de l'anglicanisme, à la tolérance pour les non-conformistes protestants, à la proscription contre les catholiques. Sur ce point de la religion, ce serait folie de nous assimiler à l'Angleterre.

Quant aux différences politiques, elles ne sont pas moins réelles, quoique plus difficiles et plus fines à saisir.

En France, depuis 89, nous n'avons cessé de marcher (qu'on fasse bien attention à ceci) ; nous n'avons cessé, sur un point ou sur un autre, de tirer les conséquences de notre première Révolution. Cette Révolution, contrariée dans son développement le plus simple et le plus direct en apparence, contrariée par la Terreur, par l'Europe en armes, par un dictateur de génie, par une dynastie restaurée, a, toutefois et *sans interruption aucune*, poursuivi sa voie et son œuvre, sous la Terreur, dans les camps, sous la dictature, sous la Restauration. A chacune de ces contradictions nouvelles, elle a gagné d'un côté ce qu'on lui interdisait de l'autre; elle a perdu, chaque fois, quelque chimère, quelque fiction dont elle ne s'était pas assez gardée dans le premier enivrement; et aujourd'hui que tous les obstacles sont enfin levés, elle remet en commun tous ces progrès si lents, tous ces résultats conquis un à un durant quarante années : il n'y a que les chimères qu'elle a laissées en chemin. MM. Thiers et Mignet, dans leurs admirables Histoires, ont fort bien montré, et avec une intrépide fermeté de coup d'œil, dans la Montagne malgré ses horreurs, dans le Directoire malgré ses faiblesses, dans Napoléon malgré sa tyrannie, les continuateurs plus ou moins glorieux, les héritiers suffisamment légitimes de la Révolution de 89. A ne prendre que l'empire, qui semble avoir été si hostile à la liberté, ç'a été le temps où, à l'abri d'un pouvoir fort, l'égalité civile a le plus profondément pénétré dans nos mœurs, où la tolérance religieuse a jeté le plus de fondements dans la société, où, les habitudes et le génie militaire circulant dans tous les rangs de la nation, nous avons appris ce qui nous garantira d'ici à un long temps de la dictature prétorienne; sans Austerlitz, Wagram et dix ans de conquêtes à travers l'Europe, qui sait si le peuple de

Paris eût vaincu la garde royale en trois jours? La liberté politique suspendue sous l'empire reparut avec la Restauration, bien qu'au grand regret des rois restaurés, et la France continua au milieu de mille entraves sa marche progressive. On se fit, sous la Charte, aux mœurs politiques et à la pratique constitutionnelle, qui n'avaient jamais été possibles auparavant, même sous le Directoire, à cause des réactions violentes et des souvenirs trop animés. Les mêmes causes, jointes aux intrigues et aux perfidies du parti dominant, retardèrent, sous la Charte, ce progrès salutaire jusqu'en ces dernières années. Il éclata enfin sous M. de Villèle par des élections inespérées ; et depuis lors la force et la maturité du pays se déclarèrent en toute occasion ; l'expérience nous était venue. Ainsi, sur un point ou sur un autre, la France avait toujours avancé depuis 89 ; et, d'une autre part, malgré bien des tentatives rétrogrades, rien de ce qu'il y avait d'essentiel dans l'ancien régime n'avait repris dans la nation le même rang qu'autrefois. Les Concordats, la création d'une noblesse d'empire, la réhabilitation de l'ancienne noblesse, les dons aux couvents, le milliard d'indemnité, tout cela n'avait refait ni un clergé Corps politique, ni une aristocratie féodale, ni une grande propriété ; la loi d'aînesse, dernière conséquence du système, n'aurait pas eu plus d'efficace [1].

---

1. Napoléon, par ses projets fabuleux de reconstruire une monarchie à la Charlemagne, servit la cause de l'ancien régime. Mais

En Angleterre, les choses se passèrent fort différemment, et depuis 1640 jusqu'en 1688 les phases successives de la Révolution n'obéirent pas à la même loi de progrès. Cromwell arrêta les excès et rétablit l'ordre; mais l'espèce d'égalité religieuse contrainte qui subsista sous sa dictature n'est nullement comparable à notre égalité civile sous Napoléon, et ne porta d'ailleurs aucun fruit de tolérance. Sous Charles II, les Parlements reprirent leur cours, mais tels qu'ils étaient sous Jacques Ier, sous Charles Ier, sujets aux mille abus féodaux et anglicans qui altéraient leur formation, et qui ne furent guère signalés qu'un siècle plus tard. Les évêques et les seigneurs rentrèrent dans la possession de leurs biens, et la grande propriété fut reconstituée avec toutes ses conséquences. Quand, à force de folies et de crimes, les Stuarts et leurs conseillers eurent réuni contre eux, dans une haine commune, anglicans, presbytériens et puritains, les grands seigneurs anglais comprirent qu'il était temps d'agir, et entrèrent en pourparlers avec Guillaume. Ce prince avait des droits assez lé-

---

ce n'est point par ce côté que la nation l'honore aujourd'hui : c'est pour son génie militaire, son code civil, son chatouilleux orgueil d'indépendance nationale, que la France, dans son bon sens, l'accepte comme un héros de cette Révolution qui s'achève et qu'il domine de son souvenir. Il suffirait, pour prouver qu'en dépit de certains actes et de certains travers, Napoléon fut le continuateur etle champion de la Révolution française en face de l'Europe, de remarquer cet hommage unanime et cette piété du peuple envers sa mémoire au moment du triomphe de la liberté.

gitimes par sa femme, mais cela n'eût pas suffi. A défaut du dogme de la légitimité royale, qui eut le dessous, ce fut la légitimité de l'Église anglicane qui prévalut, appuyée de la souveraineté parlementaire. Le Parlement et l'Église anglicane, voilà ce qui persista après comme auparavant, sans atteinte ; mais sans rajeunissement, sur des bases mieux définies, mieux affermies, mais non pas plus larges. Les préjugés religieux et sociaux, les priviléges, les inégalités de tous genres consacrées, l'oubli complet de cette classe du peuple qui ne possède rien, nulle portée rationnelle, rien de philosophique : ce sont les caractères restrictifs de cette Révolution utile et relativement glorieuse. L'Angleterre commence à s'apercevoir aujourd'hui que tout n'a pas été consommé alors, et que, contre les vices de sa Constitution, contre les désordres invétérés de son état social, une autre révolution reste à faire. L'émancipation catholique a heureusement commencé ; la réforme parlementaire n'achèvera pas, car il restera encore à briser la grande propriété, cet énorme fardeau qui écrase tant de millions de prolétaires ; et ici ce n'est plus une difficulté, c'est un péril.

Or, en France, rien de tout cela : le passé ne pèse plus par aucun point sur le présent ; notre avenir est libre et dépend de nous. N'allons donc pas le grever de gaieté de cœur par des systèmes ; ne retombons pas, en politique, dans notre péché, si familier en toutes choses, d'imitation étrangère : profitons des exemples sans croire aux identités ; ne concluons pas d'une Révolution spéciale et tout insulaire à une Révolution véritablement européenne et humaine : n'introduisons pas dans les pouvoirs de l'État des proportions de forces peu en harmonie avec nos futures destinées ; ne recomposons pas de toutes pièces des difficultés évanouies. Par sa base historique, le système anglais appliqué à la France est ruineux, puisqu'il repose sur des similitudes superficielles. Examiné en lui-même et politiquement, nous aurons plus d'une occasion d'en apprécier la valeur.

31 août 1830.

J. FIÉVÉE

CAUSES ET CONSÉQUENCES DES ÉVÉNEMENTS DU MOIS DE JUILLET 1830 [1].

Voilà encore M. Fiévée fidèle à son rôle d'infatigable observateur politique ; le voilà après ces brusques événements qui ont ébranlé bien des esprits réputés solides, et déconcerté quelques rares intelligences ; le voilà avec la même netteté de vue, la même finesse pénétrante que devant ; toujours oblique, prenant les questions de côté avec des solutions détournées, imprévues, mais vraies ; d'une ironie mordante quoique un peu froide ; paradoxal et positif ; lo-

1. Dans une note, à la fin d'un nouvel article sur Fiévée, écrit en 1851, et inséré dans les *Causeries du Lundi*, tome V, M. Sainte-Beuve signale en ces termes son ancien article que nous allons reproduire : « Comme il m'est arrivé de parler bien des fois des mêmes hommes et que c'est par suite de ce commerce réitéré que je me hasarde ainsi à les juger en définitive, j'indiquerai encore quelques lignes de moi sur la nature de talent et d'esprit de M. Fiévée, à l'occasion d'une de ses brochures, dans le journal *le Globe*, du 31 août 1830. »

gique au fond et décousu dans la forme ; faisant volontiers aboutir une idée générale à une anecdote qu'il aiguise ; visant au bon sens, aux chiffres, et malgré cela, spirituel par moments jusqu'à la subtilité. Toutes ces qualités avec leurs inconvénients se retrouvent dans la nouvelle brochure qu'il publie. La forme un peu vieillie surprendra d'abord. M. Fiévée commence par nous parler de lui, de ses articles au *Temps*, et pourquoi il a cessé d'en faire, et pourquoi il pourra bien reprendre, toutes particularités fort curieuses et fort agréablement assaisonnées sans doute, mais qui tiennent d'assez loin en apparence aux questions politiques tranchées ou soulevées par les événements de juillet. Il y a des gens d'esprit qui ont une manière de causer à eux ; ils débutent à leur façon, ils parlent d'eux-mêmes, ils ont peine à se dégager de leur personnalité ; avant de vous exposer les résultats de leurs réflexions, ils ont besoin d'établir où et comment ces réflexions leur sont venues. Prenons ces hommes comme ils sont ; écoutons-les sans les interrompre s'ils parlent ; ou, si nous les lisons, ne sautons pas trop vite quelques feuillets. Chez eux, il y a du bon partout ; le général s'y mêle toujours au particulier, il faut savoir l'en tirer et le laisser venir ; il y a depuis un certain temps assez d'écrivains politiques qui ne procèdent que par axiomes généraux, par considérations abstraites, pour que le défaut contraire ait son prix et constitue une espèce d'originalité.

C'est un peu le cas de M. Fiévée ; mais au fond il est essentiellement logique ; il pénètre dans les choses, et durant sa vie politique, déjà longue et passablement variée, il a eu occasion de faire un si grand nombre d'observations de détail fines et vraies, qu'en les rejoignant sans effort, il saisit parfaitement aujourd'hui l'ensemble et l'esprit de la révolution qui vient de s'achever. Honneur donc à son intelligence ! il ne cherche pas dans de petites circonstances la cause de ce qui s'est fait ; il la trouve dans le fait même de la Restauration et dans l'inévitable enchaînement de ses conséquences :

« C'est toujours dans l'état positif de la société qu'il faut chercher la cause des grandes commotions qu'elle éprouve. Lorsque cette cause est découverte, alors il est permis d'en prévoir les résultats, et nécessaire de les annoncer pour faire la part des hommes, et des choses qui sont plus fortes que les hommes, et afin que ces résultats ne soient pas troublés par des idées qui leur sont étrangères. Le monde ne s'arrête ni pour se laisser refaire, ni pour se laisser examiner ; et lorsqu'on entend déjà les journaux ministériels d'un royaume voisin attribuer *la grande semaine de juillet* aux concessions que M. de Martignac a faites à la Chambre de 1828, on se rappelle, en souriant, à combien d'accidents aussi petits que M. de Martignac on a attribué la Révolution de 1789. La vérité est que M. de Martignac et la Chambre de 1828 n'ont su ni ce qu'ils faisaient, ni ce qu'ils devaient faire. C'est un grand bonheur aujourd'hui; mais ni l'un ni l'autre n'ont le droit d'en être fiers.

« La première cause de la chute irrévocable des Bourbons était dans la Restauration, et ce n'est pas leur faute. Ce n'est pas non plus la faute de la France, car la Restauration était inévitable.

« La monarchie est un système de gouvernement qu'il ne faut pas juger d'une manière générale; cela n'est nécessaire dans aucun cas. Il est plus sage de s'en tenir à la monarchie française, de lire notre histoire, d'admettre sincèrement l'autorité des faits; et alors on conviendra que notre ancienne monarchie a toujours porté en elle deux inconvénients si graves qu'ils en balançaient tous les avantages : la vieillesse des rois et leur minorité.

« Par une déplorable fatalité, la monarchie nous ramenait une suite de quatre vieux rois : Louis XVIII, Charles X, le duc d'Angoulême quand son tour serait arrivé, et le duc de Berry, s'il avait vécu. Dans l'ancien ordre de choses, la France avait succombé sous ces quatre vieillesses royales. Qu'on cherche, dans sa pensée, à quelles conditions il aurait été possible qu'un pays, dans l'état où était le nôtre, après les événements qui l'avaient modifié et non fixé, n'ayant plus ni précédents, ni usages, ni lois à force d'en avoir, aurait pu traverser le règne de quatre caducités couronnées; on trouvera que ces conditions ne pouvaient se réaliser. Cette réflexion m'avait frappé avant même qu'on eût proclamé que l'arrivée d'un Bourbon ne nous apportait qu'un Français de plus ; elle a dominé mes pensées dans tous les écrits que j'ai publiés, elle est la seule explication des motifs qui m'ont toujours porté du côté de l'opposition ; aucun parti arrivé au pouvoir n'ayant jamais compris que le salut de la royauté et de nos libertés était dans l'exécution de la Charte, dans le renversement sans pitié d'une administration formée pour l'empire.

« De tous les ministères, le plus coupable à mes yeux est celui qui pouvait le plus assurer l'avenir ; je parle du ministère de M. Decazes, et non de l'homme en qui j'ai toujours reconnu, malgré nos querelles, les qualités qui pouvaient faire un homme d'État. Son esprit est progressif. Lorsqu'il portait à la Chambre des pairs les questions qu'il avait débattues à la Chambre des députés, il était facile de voir combien il avait gagné. C'est le seul ministre qui m'ait frappé sous ce rapport. Malheureusement, il était trop jeune pour la destinée que les événements lui avaient faite. Il n'avait vu que l'empire. Comment aurait-il pu croire que le moyen de sauver la royauté était de l'enfoncer dans la Charte, de l'enchaîner à toutes ses conséquences, et surtout de la séparer de toutes les questions administratives, lorsque la plupart des politiques du moment où nous sommes sont encore persuadés que celui qui gouverne est nécessairement le chef de l'administration? Le système de M. Decazes, plus encore celui de M. Lainé et de tous les ministres de ce temps, était qu'il ne fallait nous donner la Charte que peu à peu, comme si la loi fondamentale d'une société se coupait par morceaux. La grande raison politique alors se bornait à rappeler combien les Anglais avaient mis d'années pour arriver à la liberté dont ils jouissent; ce qui signifiait apparemment que les autres peuples étaient condamnés à ne les suivre qu'à quelques siècles de distance. C'eût été pour l'Angleterre un bien beau privilége.

« La vieillesse des rois est un malheur public parce qu'elle les isole; les passions de leur jeunesse les mettent du moins en communication avec les idées de leur temps. Louis XIV jeune autorisa la représentation du *Tartufe*; vieux, il se livra au père Letellier. En laissant de côté les préventions naturelles à des princes longtemps proscrits, et qui, malgré ce qu'on a dit, ne se sont jamais réjouis de nos victoires, par la raison toute simple qu'ils ne pouvaient fonder l'espoir de leur retour que sur nos désastres, on concevra comment la vieillesse de Louis XVIII, et ses infirmités, qui ajoutaient à son isolement d'étiquette, nous ont valu les Cent Jours; et pourquoi le règne de Charles X a fini par un crime, dont la première compensation sera de nous avoir épargné la vieillesse de M. le duc d'Angoulême, vieillesse qui aurait été d'autant plus déplorable qu'il n'a jamais été jeune.

« Sortis des malheurs attachés à la caducité des rois

par des événements que nous n'avons pas provoqués, on nous a offert les malheurs d'une minorité que l'instinct du peuple ne comprendrait pas ; et c'est sérieusement que des hommes d'honneur, de bon sens, qui se sont montrés capables de combinaisons politiques, trouvent des paroles qu'ils appellent des principes, et des phrases qui ressemblent à du sentiment, pour nous dire que ce terme moyen entre le passé et l'avenir pouvait suffire à toutes les exigences ! Cela ne se comprend pas. La royauté s'est perdue dans les esprits par son isolement, et c'est par un enfant qu'on espère lui rendre de l'ascendant ! Si cette minorité était arrivée d'une manière naturelle, peut-être aurait-elle été favorable au développement de nos libertés ; mais à travers deux abdications, toujours et nécessairement conditionnelles, avec le besoin cruel de séparer un enfant de ses parents exilés, de ne pouvoir former sa raison sans lui apprendre à les juger au moins aussi sévèrement que l'histoire le fera, avec le danger de les voir un jour se rapprocher de lui, il n'aurait été qu'une cause de soupçons, d'agitation, que l'étendard d'un parti qui n'a que trop prouvé ses fureurs et son incapacité. Quel prince aurait voulu être son tuteur ? Que cent couronnes soient tombées sur la tête du duc d'Orléans et l'aient écrasé avant qu'il eût accepté cette fonction ! L'histoire de l'avenir n'est-elle pas écrite dans notre passé ? Une maladie, une simple indisposition, et la réputation du régent était à la merci des absolutistes et du parti prêtre ; et les idées de crime se répandaient avec effroi, comme pour faire croire sans cesse qu'une couronne valait bien un crime pour l'obtenir comme pour la conserver.

« Indépendamment de ces considérations, où donc sont nos lois de régence ? Après le massacre des citoyens, pendant que nos pieds glissaient encore sur le sang répandu, nous aurions abandonné le soin des blessés, oublié les souscriptions pour les parents des morts ; les pouvoirs de la société auraient négligé de régler le présent qui seul nous appartient, pour discuter où on placerait le berceau d'un enfant, les thèmes qu'on lui ferait faire, et les petits honneurs à lui rendre. C'eût été se faire siffler par le peuple dont l'instinct sûr sait pourquoi il a combattu, beaucoup mieux que ceux qui ne se croient pas peuple. La politique a ses nécessités, et c'est sous leur empire qu'il faut marcher aujourd'hui. Ni rois condamnés par leur âge et leurs préjugés à l'isolement, ni minorité ; le pouvoir est maintenant au sein de la société ; c'est là que doivent toujours se trouver ceux qui sont destinés à lui donner le mouvement. Le temps des fictions est passé ; si elles doivent revenir, laissez-leur le temps de se refaire. »

Nous n'en voyons pas la nécessité, ni M. Fiévée non plus. Toutes ces fictions de notre ordre politique s'appuyaient sur ce qu'on appelait *le principe monarchique, la prérogative royale.* « Heureusement, dit M. Fiévée, *le principe monarchique* a été conduit à nous montrer que sa dernière conséquence se tirait à coups de canon, et il a disparu au milieu de la fumée.

« A l'apparition des Ordonnances, ajoute-t-il, nous serions-nous portés vers le Parlement comme au temps de la Fronde, pour le supplier d'aller se jeter aux pieds du roi, afin de lui faire entendre la vérité, au moins pour la dernière fois, et de lui porter des propositions de conciliation? Nos cours royales sont composées d'hommes du pouvoir, et non d'hommes de pouvoir. D'ailleurs, notre confiance ne pouvait être là; trop de condamnations politiques nous en avaient avertis depuis le ministère du 8 août.

« Nous serions-nous portés vers l'Hôtel de ville pour exciter le zèle de nos échevins et nous mettre sous leur direction? Notre Hôtel de ville est l'hôtel du préfet: au lieu de nos magistrats, nous n'aurions encore trouvé là que des hommes du pouvoir; autant dans ce qu'on appelle nos mairies, que ne connaissent guère que ceux qui ont été s'y marier ou y demander des certificats. La Chambre des députés était fermée, la Chambre des pairs de même. Le peuple se groupa dans les rues, parce qu'il n'y avait que les rues qui appartinssent au peuple. Quand les soldats vinrent les lui disputer, l'action s'engagea : car encore faut-il que le peuple soit quelque part. Aucun despotisme ne peut parer à cet inconvénient. Deux jours sans direction, le peuple des rues agit de lui-même; tandis que le peuple des palais, des salons et des Chambres regardait l'action sans pouvoir comprendre comment la force qu'on avait toujours appelée brutale était devenue intelligente sans rien perdre de son énergie, au contraire. Là est ce qui paraît miraculeux, parce qu'on le voyait pour la première fois. Nous en indiquerons les causes, et l'étonnement fera place à une éternelle admiration.

« La première direction que le peuple reçut lui vint de ce qui a toujours servi à diriger les hommes armés, la confiance et un signe de reconnaissance. Voilà ce qu'apportèrent les élèves de l'École polytechnique. Dès qu'ils parurent, la confiance fut entière ; s'ils étaient là, c'est incontestablement parce qu'ils l'avaient voulu. A part même le courage et le talent dont ils ont fait preuve, leur vêtement uniforme était un point de ralliement, et mettait l'ordre à la place de la confusion. Ils commandaient, non parce qu'ils en avaient la capacité, on ne le savait pas encore, mais parce qu'on pouvait toujours les reconnaître au milieu de la foule et partout où ils se portaient.

« A l'époque de la vie où on n'est plus un enfant, où on ne sait pas encore positivement si on est un homme, le plus grand bonheur qu'on puisse éprouver est de rencontrer une occasion de tâter son courage. On n'ose pas se répondre à soi-même de la force de son âme, tant qu'on n'a point bravé un danger. Si l'âme ne faillit pas, on trouve dans un premier combat un plaisir qui va jusqu'à l'enivrement. Je ne sais quel jeune gentilhomme on plaignait d'avoir été blessé dans une partie de chasse, et qui répondit : « C'est toujours un coup de fusil. » Voilà ce qu'éprouvait la jeunesse parisienne de toutes les classes, qui, pendant deux jours et livrée à elle-même, harcela les militaires avec une tactique et une audace dont ceux qui n'en ont pas été les témoins n'auront jamais une juste idée. Nos soldats sont encore honteux d'avoir été battus par ceux que, entre militaires, on appelle des pékins. Ils se trompent, comme les hommes qui prennent encore le mot peuple dans le sens d'autrefois. Des deux côtés, le combat a été livré entre des citoyens, et quand des citoyens se battent entre eux, il ne peut y avoir de honte pour les vaincus.

« *La grande journée de juillet* a prouvé le besoin de changer notre langue politique, et de renoncer enfin à d'antiques expressions qui depuis longtemps n'ont plus de rapports avec notre ordre social. Parlera-t-on de la démocratie industrielle, de l'aristocratie territoriale, lorsque le plus grand propriétaire rural n'aurait pas pu disposer de quatre hommes, tandis que les industriels prétendus démocrates ont mis cinquante mille hommes sous les armes, par un seul acte de leur volonté? Ils ont fermé leurs ateliers, sachant d'autant mieux quel serait le résultat de cette mesure, qu'ils ne pouvaient douter que les ouvriers en avaient saisi l'intention.

« En effet, avec notre résistance légale, notre refus de payer l'impôt, dernier refuge des libertés, nous n'en restions pas moins isolés, et la lenteur du moyen ne produisant sur le travail qu'une diminution progressive, il était à craindre que ce qui vit d'un travail journalier tombât dans le découragement, et qu'un ministère d'un peu de capacité ne tournât contre nous des ressentiments naturels à la misère. La fermeture des ateliers décidait la question d'une manière prompte, sûre et avantageuse à ceux qu'elle provoquait à s'armer. Trois jours de combat, et les ateliers se rouvrirent avec la certitude d'une longue sécurité ; c'est ce que voulait un peuple qui craint le joug du besoin, mais qui a accepté la nécessité du travail depuis qu'il jouit d'un peu d'aisance et d'un peu d'instruction qui doivent tendre à s'accroître, dès que des habitudes nouvelles lui ont fait comprendre qu'il n'y a rien de plus moral que le travail pour ceux qui ont leur fortune à commencer, et que la vie publique pour ceux dont la fortune est faite. »

Après ce qui s'est passé dans les rues, l'auteur de la brochure comprend et indique très-bien ce qui doit se passer dans le gouvernement par rapport à la société. Il y a là plus d'un bon conseil, et nous invitons ceux qui peuvent en profiter à y réfléchir :

« Le 26 juillet, la position de la France était bien plus compliquée, bien plus extraordinaire que si le gouvernement et l'administration publique avaient disparu par un événement surnaturel. Des trois pouvoirs qui composent le gouvernement, le pouvoir qui dispose de l'armée déclarait la guerre à la société ; les deux autres pouvoirs étaient nuls par des causes que j'expliquerai ; et l'administration publique, depuis longtemps organisée pour nous priver de tout mouvement, restait partout menaçante. Pour se retrouver, la France devait donc combattre ; elle l'a fait, elle s'est sauvée elle-même ; et la conséquence forcée de cette nécessité était qu'il ne pouvait plus se trouver en France d'autre pouvoir, d'autre autorité que la France. Cela pouvait durer six mois, six ans, comme dans les temps d'ignorance : cela a duré trois jours, grâce à l'admirable éducation que notre nation est parvenue à se donner en défendant quinze années de suite ses libertés. Mais l'idée qu'on avait généralement des pouvoirs et de l'administration publique n'en reste pas moins affaiblie pour plus ou moins de temps. Il faut prendre son parti à cet égard, ne pas croire que les titres expriment ce qu'ils exprimaient, et qu'il y ait encore des prestiges dans l'ordre social. Tout ce qu'on tenterait par de petits moyens pour éluder cette vérité de fait ne servirait qu'à prolonger son dangereux empire. Il faut au contraire la concevoir dans toute son étendue, et se dire avec franchise :

« Tout mouvement qui affermit l'ordre social par ses propres forces met à découvert la faiblesse des pouvoirs. Par suite de cet affermissement, tout ce qui ne se fera pas par le gouvernement dans le sens de la nation qui s'est sauvée elle-même, se fera en dehors du gouvernement. »

2 septembre 1830.

DEUX RÉVOLUTIONS

I

DE LA FRANCE EN 1789 ET DE LA FRANCE EN 1830.

A une époque comme celle-ci, où la marche est libre, dégagée, où il ne s'agit point de renverser le mauvais, mais seulement de ne plus le reconstruire, où les passions ardentes et aveugles ont cédé à une raison calme, patiente et vigoureuse, il faut se garder des fausses analogies ; et, puisqu'on a tout loisir d'étudier le passé, de le comparer avec le présent et d'en tirer des leçons, puisque l'expérience est invoquée à chaque instant, il importe de ne point s'abuser sur ces réponses de l'histoire, et que le passé, au lieu de nous éclairer, ne nous embrouille pas.

A ceux qui, séduits par des ressemblances extérieures, ne voyaient dans notre révolution de 1830 que le pendant de celle de 1688, et n'en prétendaient guère tirer plus de conséquences, nous avons tâché de prouver que ces ressemblances assez piquantes ne jouaient qu'à la surface, n'apparaissaient que dans les hommes ou dans les mouvements des partis, mais qu'au fond les différences politiques étaient considérables. Aujourd'hui nous voudrions réfuter ceux qui s'alarment d'une comparaison superficielle de 1830 avec 1789; qui dirigent leur politique comme si de sombres catastrophes sociales étaient là toujours menaçantes devant eux ; et qui ne comprennent pas le moins du monde dans quelle acception véritable nous sommes revenus à 89, dans quel sens pacifique il est exact de dire que nous allons le continuer.

Si ce n'était de leur part qu'une erreur rationnelle, qu'une fausse vue historique, il serait encore bon mais peu urgent de les combattre. Le malheur est que cette fausse vue, cette erreur d'observation et de jugement, combinée chez beaucoup d'hommes publics avec les intérêts et l'amour-propre, peut avoir pour conséquences pratiques d'entraver le libre et prompt développement des principes émis en lumière en juillet. On dirait en effet, après ce qui s'est passé dans les rues de Paris pendant trois jours, qu'il n'y a plus qu'à accorder le moins de nouvelle liberté possible ; car chaque part de liberté nouvelle devant augmenter l'appétit démocratique, nous serions bientôt en proie au parti populaire ; la chambre des députés, qui se trouve précisément dans le cas de la

Constituante, serait vite dépassée par une Législative ; et Dieu sait ce qu'il adviendrait alors ; il n'y aurait plus qu'à se voiler la tête et à tendre le cou comme les Girondins, à moins d'oser être Montagnard : *Di meliora piis !*

Il y a, dans le moment, des gens qui disent ces choses et qui n'y croient guère : ce sont les ci-devant royalistes. Il y a des gens qui en ont peur réellement et qui se gardent bien de les dire autrement qu'à mots couverts. Mais, ce qui est très-plaisant, c'est qu'il y a quelques personnes aussi qui n'en croient ni n'en disent rien, et qui se conduisent pourtant tout comme si elles le croyaient. C'est à ces deux dernières classes que nous répondons surtout.

En 89, tout était à détruire, clergé d'État, noblesse à priviléges, monarchie prodigue et dévorante, parlements usurpateurs et stationnaires ; le tiers état, accablé d'humiliations et de charges, se ressaisissait de ses droits ; une philosophie hostile battait en brèche la religion ; une politique absolue, éprise de certaines formes, tendait à se réaliser dans les lois. La sagesse et le génie de l'Assemblée constituante firent tout ce qu'on pouvait en de telles conjonctures pour concilier et affermir, pour déblayer d'une main et fonder de l'autre, pour livrer à la nation rajeunie un vaste et solide édifice de liberté. On a fait grand bruit de quelques imprudences qu'elle commit, de quelques marques d'inexpérience qu'elle laissa échapper, du pouvoir trop borné qu'elle octroya au monarque, de la simplicité trop peu stable d'une Chambre unique, du désintéressement excessif qui lui fit renoncer pour ses membres à une réélection. Mais il y aurait aujourd'hui presque de la puérilité à rechercher sérieusement, dans ces circonstances secondaires, les causes du peu de durée de la Constitution de 91. Les vraies causes étaient dans la société même, non dans la Constitution. Quand l'Assemblée eût été moins sage, moins logique et moins rationnelle qu'elle n'a été, quand le parti Mounier et Lally eût pris le dessus par impossible et fait avorter les conséquences législatives du jeu de paume, qu'aurait-on gagné, je le demande? L'œuvre aurait-elle duré davantage? Aurait-elle eu même le temps de naître dans sa débilité? Non, cette admirable Assemblée fit bien; elle fut fidèle à son début, à sa mission, et il y eut un moment en 91 où presque toute la France crut que la Révolution était finie, comme Rabaut-Saint-Etienne lui-même le croyait. Mais ce ne put être que l'illusion d'un instant. Dans la destruction complète de l'ancien régime, trop d'intérêts et de croyances étaient blessés; dans le triomphe des idées nouvelles, trop d'enivrement de victoire et de vengeance gagnait et débordait de jour en jour. Ces passions violentes et fatales, même dans leur générosité; ces utopies politiques et sociales, filles du XVIIIe siècle, et qui étaient devenues le rêve des plus chauds et des plus nobles cœurs; ce prestige républicain, attaché à certaines maximes, à certaines formes de gouvernement; cette éducation de collége et de livres, toute romaine et spartiate, sans l'intelligence de ce qui diffère dans les temps modernes ; enfin la guerre au dehors qui excitait et commandait l'énergie en toutes choses : voilà les causes réelles qui renversèrent la Constitution de 91 et qui eussent renversé toute autre en sa place ; voilà, en y ajoutant les faits et les mille incidents qui survinrent, ce qui amena le 10 août, la Convention et la Montagne. Des passions semblables, quoique en sens inverse, des ressouvenirs terrifiants de 93, des réactions religieuses et monarchiques, un regret superstitieux de l'ancienne forme en haine du sang qui avait souillé la nouvelle, un sublime égarement de guerre et de conquête : voilà encore ce qu'il fallut pour renverser la Constitution de l'an III, moins brillante, moins hardie que celle de 91, mais aussi sincère, aussi consciencieuse, et d'une modération profonde, d'une graduation expérimentée dans toutes ses parties. Elle ne produisit que peu de bien ; elle n'empêcha que peu de mal, en raison des préjugés, des passions, des souvenirs flagrants qui s'agitaient dans la société. C'est donc la société avant tout qu'il convient d'examiner, les lendemains de révolution, pour voir si les principes de liberté et de justice sont possibles, applicables, et dans quelle mesure. Quand la société est morale, avancée, et se tient volontiers dans le bon sens et le travail, quand les passions et les haines publiques n'ont plus d'objet, les théories absolues et les prestiges quelconques peu de séduction, les conséquences les plus nombreuses et les plus vraies de la liberté n'ont aucun péril; car elles garantissent ce travail, exercent et développent ce bon sens, préviennent le retour des passions politiques, ou en dirigent le cours vers le bien général, et ferment la bouche aux théories des rêveurs. Mais ce n'était pas du tout l'état de la société en 95 ni en 91.

Si ce n'était pas l'état de la société en 1830; si après ce qui s'est passé durant ces trois jours fameux et tout ce qui en est sorti, il y avait encore dans le pays les mêmes éléments de passions et de désordres qu'aux deux époques précédentes, je craindrais fort que la méthode politique de nos trembleurs ne nous sauvât pas plus que la méthode expectante en médecine ne sauve un homme jeune et vigoureux qui a le délire au cerveau. Ils ne seraient probablement pas plus habiles que les illustres constituants, que les sages publicistes de l'an III, et ils échoueraient seulement avec beaucoup moins de dignité, de vertu et de grandeur.

Heureusement nous n'en sommes plus là, et l'aspect de la société semble fort rassurant. Nous n'avons plus rien d'essentiel à détruire. L'hostilité violente a disparu des doctrines; la philosophie accepte, comprend, explique autant qu'elle peut; l'histoire, sans aigreur ni colère, s'est accoutumée à étudier chaque peuple, chaque époque, selon ses conditions. Personne n'est dupe des formes politiques, ni esclave d'une dénomination de gouvernement ; chacun sait que telle monarchie comporte souvent bien plus de liberté que telle république. Les classes inférieures travaillent, sentent leur dignité, et reconnaissent pourtant la supériorité morale des autres classes. Une haine seule, une haine profonde, invétérée, une passion instinctive, débris vivace de toutes les autres passions politiques, remuait au cœur du peuple : c'était la haine des Bourbons, du drapeau blanc ramené par l'étranger, des jésuites. Cette haine s'était lentement grossie et avait sommeillé durant des années ; elle se tempérait de mépris, du sentiment de sa force, du respect pour les lois. Un jour les lois furent violées par d'autres que par le peuple ; et la haine du peuple éclata comme la foudre : après quoi, tout fut dit. C'était la dernière passion révolutionnaire. Qu'on m'en cite une autre aujourd'hui.

Que dans un état de société si calme et sensé, au milieu d'une modération si profonde et d'une intelligence si impartiale, on vienne maintenant conseiller à ceux qui demandent haut les conséquences politiques des événements de juillet, de ne pas pousser à l'anarchie ; qu'on leur vienne parler à l'oreille du 10 août et des excès républicains ; que, s'ils persistent, on signale leurs doctrines comme imprudentes et pernicieuses : c'est presque une moquerie ; c'est faire une étrange confusion des choses et des temps.

Au 14 juillet, l'orage populaire commençait ; toutes les haines amassées par l'ancien régime et descendues jusque des hauteurs du moyen âge débordaient à la fois, prêtes à entraîner dans leur cours, bastilles, palais, églises et châteaux : avant que ces haines, nourries durant des siècles, fussent taries, que ces passions implacables fussent étanchées, il fallait des monceaux de ruines, des torrents de sang ; il fallait de longs intervalles d'oubli, des révulsions puissantes ; il fallait surtout que rien ne restât debout du passé pour irriter les souvenirs. Au 28 juillet, l'orage populaire, qu'on croyait fini depuis quinze ans, avait encore un coup de tonnerre à lancer, et le plus solennel, le plus prophétique, dans un ciel presque serein. Charles X, son fils, et son petit-fils, sortirent de France à pas lents, et du passé contre lequel s'arma 89, il ne demeura plus un vestige.

C'est donc d'aujourd'hui seulement qu'à l'abri des passions et des haines, sans dangers de lutte ni d'irritation, peuvent se dérouler et s'appliquer les principes de 89 reconnus explicitement dans la charte nouvelle. En ce sens et dans la sphère politique, il est vrai de dire que notre époque doit reprendre et développer le mouvement de 89 : et cela est d'autant plus vrai qu'elle sera moins sujette aux mêmes crises passionnées, aux mêmes événements impétueux. Ces conditions favorables du *milieu ambiant* et des propriétés de la masse sur laquelle on opère, qu'avaient un peu trop négligées les Constituants, et auxquelles, dans toute leur prévoyance, ils n'auraient pu suppléer, nous les réunissons aujourd'hui : nous devons en profiter ; jamais en aucun siècle ni en aucun pays la disposition de la société n'a été aussi heureuse, et n'a permis une application aussi féconde des principes éternels de la raison humaine. Il n'y a nulle crainte et nul péril à continuer 89 par ce côté intelligent et pacifique, en y ajoutant tout ce qu'une expérience éclairée a pu donner depuis. Mais c'est ce que ne comprennent pas les hommes de transition, les hommes de restauration mitigée, qui dans les Chambres et dans les Conseils pèsent encore sur nous ; gens qui font les capables et les prudents ; sans physionomie, sans caractère décidé, à courte vue, égoïstes au fond, qui, la main sur le cœur, n'ont de sympathie réelle ni avec la Révolution de 89, ni avec celle de 1830 ; qui ne fléchiraient pas le genou devant nos grands vieillards politiques, et ne céderaient pas non plus un pouce de terrain à notre virile et patriotique jeunesse. A ces gens-là, tous les souvenirs historiques sont tournés en préjugés ; toute leur expérience s'est pétrifiée en fausses analogies ; les intérêts les ont achevés. Malgré leur ténacité connue, leur règne sera court ; il touche à sa fin, et, une fois qu'ils l'auront perdu, ils ne le retrouveront pas.

Ce qui nous fâche et nous étonne, c'est que des

jeunes hommes qui semblaient pleins d'âme et d'avenir, d'une intelligence étendue et exercée, plus propre sans doute à spéculer qu'à agir, s'étant imaginé de tout temps qu'ils auraient, dans une révolution, à jouer le rôle de Girondins, se figurent probablement que l'heure est venue, et, par une étrange illusion, s'arrêtent, non pas devant des échafauds à dresser (nous n'en sommes pas là encore, et on abolira peut-être la peine de mort en attendant), mais devant les conséquences à tirer de leurs idées politiques. Le cas est moins grave et moins irréparable que celui de l'autre Gironde; il n'est pas tout à fait aussi glorieux. Au reste, les conséquences des bonnes idées ne manquent pas; assez d'esprits logiques les déduiront; et, malgré les fausses vues, les indécisions et les intérêts qui viendront à la traverse, notre révolution pacifique d'aujourd'hui aura son cours, ainsi que l'autre révolution turbulente a eu le sien, il y a quarante ans.

20 septembre 1830.

DIDEROT

MÉMOIRES, CORRESPONDANCE ET OUVRAGES INÉDITS[1].

I

Il y a dans *Werther* un passage qui m'a toujours frappé par son admirable justesse : Werther compare l'homme de génie qui passe au milieu de son siècle, à un fleuve abondant, rapide, aux crues inégales, aux ondes parfois débordées ; sur chaque rive se trouvent d'honnêtes propriétaires, gens de prudence et de bon sens, qui, soigneux de leurs jardins potagers ou de leurs plates-bandes de tulipes, craignent toujours que le fleuve ne déborde au temps des grandes eaux et ne détruise leur petit bien-être ; ils s'entendent donc pour lui pratiquer des saignées à droite et à gauche, pour

1. On peut lire dans les *Portraits littéraires*, tome Iᵉʳ, pages 251 et 263, à l'article sur Diderot (1831), les notes concernant ces deux premiers articles du *Globe*. Le début même de celui-ci s'y trouve en partie reproduit.

lui creuser des fossés, des rigoles; et les plus habiles profitent même de ces eaux détournées pour arroser leur héritage, et s'en font des viviers et des étangs à leur fantaisie. Cette sorte de conjuration instinctive et intéressée de tous les hommes de bon sens et d'esprit contre l'homme d'un génie supérieur n'apparaît peut-être dans aucun cas particulier avec plus d'évidence que dans les relations de Diderot avec ses contemporains. On était dans un siècle d'analyse et de destruction, on s'inquiétait bien moins d'opposer aux idées en décadence des systèmes complets, réfléchis, désintéressés, dans lesquels les idées nouvelles de philosophie, de religion, de morale et de politique s'édifiassent selon l'ordre le plus général et le plus vrai, que de combattre et de renverser ce dont on ne voulait plus, ce à quoi on ne croyait plus, et ce qui pourtant subsistait toujours. En vain les grands esprits de l'époque, Montesquieu, Buffon, Rousseau, tentèrent de s'élever à de hautes théories morales ou scientifiques; ou bien ils s'égaraient dans de pleines chimères, dans des utopies de rêveurs sublimes, ou bien, infidèles à leur dessein, ils retombaient malgré eux, à tout moment, sous l'empire du fait, et le discutaient, le battaient en brèche, au lieu de rien construire. Voltaire seul comprit ce qui était et ce qui convenait, voulut tout ce qu'il fit et fit tout ce qu'il voulut. Il n'en fut pas ainsi de Diderot, qui, n'ayant pas cette tournure d'esprit critique, et ne pouvant prendre sur lui de s'isoler comme Buffon et Rousseau, demeura presque toute sa vie dans une position fausse, dans une distraction permanente, et dispersa ses immenses facultés sous toutes les formes et par tous les pores. Assez semblable au fleuve dont parle Werther, le courant principal, si profond, si abondant en lui-même, disparut presque au milieu de toutes les saignées et de tous les canaux par lesquels on le détourna. La gêne et le besoin, une singulière facilité de caractère, une excessive prodigalité de vie et de conversation, la camaraderie encyclopédique et philosophique, tout cela soutira continuellement le plus métaphysicien et le plus artiste des génies de cette époque. Grimm, dans sa *Correspondance littéraire;* d'Holbach, dans ses prédications d'athéisme; Raynal, dans son *Histoire des deux Indes*, détournèrent à leur profit plus d'une féconde artère de ce grand fleuve dont ils étaient riverains. Diderot, bon qu'il était par nature, prodigue parce qu'il se sentait opulent, tout à tous, se laissait aller à cette façon de vivre; content de produire des idées, et se souciant peu de leur usage, il se livrait à son penchant intellectuel et ne tarissait pas. Sa vie se passa de la sorte, à penser d'abord, à penser surtout et toujours, puis à parler de ses pensées, à les écrire à ses amis, à ses maîtresses; à les jeter dans des articles de journal, dans des articles d'encyclopédie, dans des romans imparfaits, dans des notes, dans des mémoires sur des points spéciaux; lui, le génie le plus synthétique de son siècle, il ne laissa pas de monument.

Ou plutôt ce monument existe, mais par fragments; et, comme un esprit unique et substantiel est empreint en tous ces fragments épars, le lecteur attentif, qui lit Diderot comme il convient, avec sympathie, amour et admiration, recompose aisément ce qui est jeté dans un désordre apparent, reconstruit ce qui est inachevé, et finit par embrasser d'un coup d'œil l'œuvre du grand homme, par saisir tous les traits de cette figure forte, bienveillante et hardie, colorée par le sourire, abstraite par le front, aux vastes tempes, au cœur chaud, la plus allemande de toutes nos têtes, et dans laquelle il entre du Göthe, du Kant et du Schiller tout ensemble.

Nulle part, pour qui veut étudier Diderot, il n'y a plus de facilité et de révélations intimes que dans la Correspondance qui est publiée pour la première fois aujourd'hui. Diderot écrit à mademoiselle Sophie Voland, sa maîtresse, celle à laquelle il fut le plus fidèle, et qui en était le plus digne. Il a déjà atteint l'âge de quarante-six ans; sa vie, ses opinions sur toutes choses et ses relations du monde sont fixées autant qu'elles le seront jamais. C'est un plaisir singulier de l'entendre librement discourir sur tout ce qu'il voit et ce qu'il sent, avec abandon, naïveté, complaisance, et quelquefois, s'il en a le temps; et si le caprice lui vient, avec art et curiosité. La vie, le sentiment de la réalité, y respirent; de frais paysages, l'intelligence poétique et symbolique de la nature, une conversation animée et sur tous les tons, l'existence sociale du xviii⁰ siècle dans toute sa délicatesse et sa liberté, des figures déjà connues et d'autres qui le sont du moment qu'il les peint, d'Holbach et le père Hoop, Grimm et Leroy, Galiani le cynique ; puis ces femmes qui entendent le mot pour rire et qui toutefois savent aimer plus et mieux qu'on ne prétend; la tendre et voluptueuse madame d'Épinay, la poitrine à demi nue, des boucles éparses sur la gorge et sur ses épaules, les autres retenues avec un cordon bleu qui lui serre le front, la bouche entr'ouverte aux paroles de Grimm, et les yeux chargés de langueurs; madame d'Houdetot, si charmante après boire, et qui s'enivrait si spirituellement à table avec le vin blanc que buvait son voisin; madame d'Aine, gaie, grasse et rieuse, toujours aux prises avec le père Hoop, et madame d'Holbach, si fine et si belle, au teint vermeil, coiffée en cheveux, avec une espèce d'habit de marmotte, d'un taffetas rouge couvert partout d'une gaze à travers la blancheur de laquelle on voyait percer çà et là la couleur de rose; et au milieu de tout ce monde une causerie si mélangée, parfois frivole, souvent souillée d'*agréables ordures*, et tout d'un coup redevenant si sublime; des entretiens d'art, de poésie, de philosophie et d'amour; la grandeur et la vanité de la gloire, le cœur humain et ses abîmes, les nations diverses et leurs mœurs, la nature et ce que peut être Dieu, l'espace et le temps, la mort et la vie; puis, plus au fond encore et plus avant dans l'âme de notre philosophe, l'amitié de Grimm et l'amour de Sophie ; cet amour chez Diderot, aussi vrai, aussi pur, aussi idéal par moments que l'amour dans le sens éthéré de Dante, de Pétrarque ou de notre Lamartine ; cet amour dominant et effaçant tout le reste, se complaisant en lui-même et en ses fraîches images ; laissant là plus d'une fois la philosophie, les salons et tous ces raffinements de la pensée et du bien-être, pour des souvenirs bourgeois de la maison paternelle, de la famille, du coin du feu de province ou du toit champêtre d'un bon curé, à peu près comme fera plus tard Werther amoureux de Charlotte : voilà, et avec mille autres accidents encore, ce qu'on rencontre à chaque ligne dans ces lettres délicieuses, véritable trésor retrouvé ; voilà ce qui émeut, pénètre et attendrit ; ce qui nous initie à l'intérieur le plus secret de Diderot, et nous le fait comprendre, aimer, à la façon qu'il aurait voulu, comme s'il était vivant, comme si nous l'avions pratiqué. Avant d'avoir lu ces lettres, et malgré notre goût bien vif pour tous ses autres ouvrages, il manquait quelque chose à l'idée que nous nous formions du grand homme ; de même qu'on ne comprendrait pas Mirabeau tout entier si l'on ne connaissait aussi ses lettres écrites à la Sophie qu'il aimait.

Ce serait pour nous une trop longue, quoique bien agréable tâche, de rechercher dans ces volumes et d'extraire tout ce qu'ils renferment d'idées et de sentiments par rapport à l'amour, à l'amitié, à la haute morale et à la profonde connaissance du cœur; au spiritualisme panthéistique, véritable doctrine de notre philosophe; à l'art, soit comme théorie, soit comme critique, soit enfin comme production et style. Il y a en effet de tout cela, et à foison. Et pour ne prendre ici que l'amour, quel homme l'a senti et ne sera touché jusqu'aux larmes des pensées suivantes, que nous détachons presque au hasard?

« Faisons en sorte, mon amie, que notre vie soit sans mensonge; plus je vous estimerai, plus vous me serez chère; plus je vous montrerai de vertus, plus vous m'aimerez... J'ai élevé dans mon cœur une statue que je ne voudrais jamais briser; quelle douleur si je me rendais coupable d'une action qui m'avilît à ses yeux! »

« Au milieu de cela, j'envoie quelquefois ma pensée aux lieux où vous êtes, et je me distrais... Avec vous, je sens, j'aime, j'écoute, je regarde, je caresse, j'ai une sorte d'existence que je préfère à toute autre. Il y a quatre ans que vous me parûtes belle; aujourd'hui je vous trouve plus belle encore; c'est la magie de la constance, la plus difficile et la plus rare de nos vertus... Mon amie, tout peut s'altérer au monde; tout, sans vous excepter; tout, excepté la passion que j'ai pour vous. »

« Oh! mon amie, ne faisons point de mal; aimons-nous pour nous rendre meilleurs; soyons-nous, comme nous l'avons toujours été, censeurs fidèles l'un à l'autre. »

« Je disais autrefois à une femme que j'aimais et en qui je découvrais des défauts (madame de Puisieux) : « Madame, prenez-y garde; vous vous défigurez dans mon cœur : il y a là une image à laquelle vous ne ressemblez plus. »

Dans une lettre, Diderot raconte comment il est tout occupé de la philosophie des Arabes, des Sarrasins et des Étrusques; puis il s'écrie avec un élan de tendresse incomparable : « J'ai vu toute la sagesse des nations,
« et j'ai pensé qu'elle ne valait pas la douce folie que
« m'inspire mon amie. J'ai entendu leurs discours su-
« blimes, et j'ai pensé qu'une parole de la bouche de
« mon amie porterait dans mon âme une émotion
« qu'ils ne me donneraient pas. Ils me peignaient la
« vertu, et leurs images m'échauffaient; mais j'aurais
« encore mieux aimé voir mon amie, la regarder en
« silence, et verser une larme que sa main aurait es-
« suyée ou que ses lèvres auraient recueillie. Ils cher-
« chaient à me décrier la volupté et son ivresse, parce
« qu'elle est passagère et trompeuse; et je brûlais de
« la trouver entre les bras de mon amie, parce qu'elle
« s'y renouvelle quand il lui plaît, et que son cœur est
« droit, et que ses caresses sont vraies. Ils me disaient :
« — Tu vieilliras; — et je répondais en moi-même : —
« Ses ans passeront avec les miens. — Vous mourrez
« tous deux; — et je disais : — Si mon amie meurt avant
« moi, je la pleurerai et je serai heureux en la pleu-
« rant. Elle fait mon bonheur aujourd'hui, demain elle

« fera mon bonheur, et après-demain, et après-demain
« encore et toujours, parce qu'elle ne changera pas,
« parce que les dieux lui ont donné le bon esprit, la
« droiture, la sensibilité, la franchise, la vertu, la vérité
« qui ne change point. Et je fermai l'oreille aux con-
« seils austères des philosophes; et je fis très-bien, n'est-
« ce pas, ma Sophie? »

Jamais puissances du cœur, jamais facultés aimantes ont-elles eu de plus saisissant langage, de plus irrésistibles accents de tendresse?

Et l'art chez Diderot! non pas seulement l'art théorique, l'art esthétique et raisonneur, mais l'art qui produit et qui excelle en créant; l'art qui se complaît aux détails, qui réalise en idéalisant, qui cisèle et qui peint : nous pourrions en citer vingt exemples tirés de ces lettres dont nous parlons. Il y a des portraits à la manière de Greuze, des paysages civilisés et galants dans le ton de Watteau, d'autres paysages frais, verdoyants, touffus et sincères qu'on croirait du Poussin. Je ne citerai ici en finissant qu'une espèce d'idylle, du genre de Théocrite et de Longus, comme André Chénier ou Paul-Louis Courier auraient pu la faire, ingénieuse, quelque peu lascive, d'une couleur étudiée, d'une grâce accomplie. Le héros est M. Leroy, homme d'esprit et philosophe, capitaine des chasses, amateur du sexe et ami de Diderot :

« Si vous saviez combien je l'aime, écrit ce dernier,
« vous sauriez aussi combien il m'a été doux de le voir.

« Il y avait près de trois mois que j'en avais besoin. Il
« avait passé tout ce temps à jouir d'une petite retraite
« qu'il s'est faite dans la forêt. Cette retraite s'appelle
« les Loges. Malheur aux paysannes innocentes et
« jeunes qui s'amuseront aux environs des Loges!
« Paysannes innocentes et jeunes, fuyez les Loges!
« C'est là que le satyre habite. Malheur à celle que le
« satyre aura rencontrée auprès de sa demeure! C'est
« en vain qu'elle tendra les mains au ciel et qu'elle
« appellera sa mère; le ciel ni sa mère ne l'entendront
« plus; ses cris seront perdus dans la forêt; personne
« ne viendra qui la délivre du satyre; et quand le sa-
« tyre l'aura surprise une fois aux environs de sa de-
« meure, elle y retournera pour être surprise encore.
« Si le hasard conduit encore les pas du satyre vers
« elle, elle s'enfuira comme auparavant, mais plus
« lentement, et peut-être retournera-t-elle la tête en
« fuyant; et quand le satyre l'atteindra, elle ne l'égra-
« tignera plus; elle dira qu'elle va crier, mais elle ne
« criera plus; elle n'appellera plus sa mère. Mais le
« satyre ne la cherchera pas longtemps; car il est plus
« inconstant encore que libertin : le bélier qui paît
« l'herbe qui croît autour de sa cabane n'est pas plus
« libertin; le vent qui agite la feuille de lierre qui la
« tapisse est moins changeant. Celles qu'il ne recher-
« chera plus et qui se seront amusées inutilement au-
« tour de sa cabane, et il y en aura beaucoup, s'en re-
« tourneront tristes et chagrines, en disant au dedans

« d'elles-mêmes : « O méchant satyre ! ô satyre incons-
« tant ! si je l'avais su ! » Et leurs compagnes qui verront
« leur tristesse leur en demanderont la cause, et elles
« ne la diront pas ; et les autres bergères innocentes
« et jeunes continueront de s'amuser autour de la ca-
« bane du satyre ; et lui de les surprendre, de les sur-
« prendre encore une fois, de ne les surprendre plus ;
« et elles de se taire. Voilà, mon ami, ce qu'on appelle
« une idylle que je vous fais, tandis que le satyre,
« l'oreille dressée, se réjouit à dire des contes aux
« femmes, etc. [1]. »

[1]. Georges Leroy, lieutenant des chasses du parc de Versailles, naturaliste spirituel et attentif, de l'école en tout (comme on vient de le voir) de La Fontaine, de Buffon et de quelques autres plus modernes, a laissé des *Lettres sur les animaux* très-intéressantes : elles ont été réimprimées en 1862 par l'éditeur Poulet-Malassis, avec une belle et savante Introduction du docteur Robinet. — Mais ce n'étaient pas seulement les tributaires du roi, dont le lieutenant des chasses avait la garde, qui entraient dans le domaine de son observation philosophique. Dans son article sur la *Relation inédite de la dernière maladie de Louis XV* (*Portraits littéraires*, tome III), M. Sainte-Beuve a dit en note (page 515) : « Ce que j'ai lu de plus favorable à Louis XV est dans un petit écrit intitulé : *Portraits historiques de Louis XV et de madame de Pompadour*, faisant partie des œuvres posthumes de Charles-Georges Leroy, *pour servir à l'histoire du siècle de Louis XV* (Paris, 1802). L'auteur, qui avait eu l'occasion de voir continuellement Louis XV dans ses chasses, parle de ce roi d'un ton de vérité plutôt bienveillante ; mais il insiste autant que personne sur sa timidité, sa défiance de lui-même, son impuissance totale de s'appliquer, et cette inertie, cette apathie incurable, qui ne fit que croître avec les années. » La *Nouvelle lettre de Junius*, publiée en 1872 chez Michel Lévy, fait penser (notamment page 10) à cet écrit posthume de Georges Leroy.

5 octobre 1830.

DIDEROT

MÉMOIRES, CORRESPONDANCE ET OUVRAGES INÉDITS.

II

Nous continuerons d'entretenir nos lecteurs de la Correspondance de Diderot avec mademoiselle Voland. En avançant dans cette intéressante lecture, nous trouvons Diderot qui prend de l'âge; et, il faut l'avouer, l'influence de l'âge se fait sentir plus d'une fois dans toute la portion amoureuse et galante du second volume; Diderot, vers la fin, a déjà cinquante-cinq ans, et mademoiselle Voland en a un peu plus de quarante-cinq. Il y a toujours sans doute beaucoup de tendresse et de douce intimité dans les lettres du philosophe à sa maîtresse; mais la passion éclatante, épurée, et par moments sublime, a disparu dans une causerie plus molle, plus patiente, plus désintéressée; les nouvelles, les anecdotes, les conversations sur toutes choses, s'y trouvent comme auparavant; une analyse ingénieuse et profonde du cœur y saisit toujours et y amuse; mais la verve de l'esprit supplée fréquemment à la flamme attiédie de la passion; un gracieux *commérage*, si l'on peut parler ainsi, occupe et remplit les heures de l'absence; on s'aime, on se le dit encore, on ne sera jamais las de se le dire; mais par malheur les cinquante ans sont là qui avertissent désagréablement le lecteur et le désenchantent sur le compte des amants; les amants eux-mêmes ne peuvent oublier ces fâcheux cinquante ans qui leur font l'absence moins douloureuse, la fidélité moins méritoire, et qui introduisent forcément dans l'expression de leurs sentiments les plus délicats, je ne sais quelle préoccupation sensuelle qui les ramène à la terre et les arrache aux divines extases de l'âme où s'égare et plane en toute confiance la prodigue jeunesse. De là bien des images peu séduisantes, bien des détails qu'on voudrait voiler; quelque chose de suranné qui ne ragoûte pas, quelque chose de railleur et de grivois qu'on n'attendait guère, et parfois même du cynisme qui offense. Que Diderot engraisse, que sa panse s'arrondisse, qu'il ait des indigestions et prenne médecine; que mademoiselle Voland elle-même *paie de quinze mauvais jours un petit verre de vin et une cuisse de perdrix de trop*, cela nous choque en eux pour longtemps et gâte à nos yeux bien des effusions encore vives et de fraîches réminiscences d'amour. Pour l'amour noble, idéal, comme pour la poésie, il n'y a que deux âges, jeunesse et vieillesse ; dans l'intervalle, quand l'amour profond et passionné existe, il faut qu'il se cache et se garde des témoins ; il intéresse malaisément un tiers ; il se complique de mille petitesses et misères du corps et de l'âme, d'obésité, d'ambition : on a peine à y croire, on ne peut l'admirer. Lamartine a dit, en parlant du souffle de la poésie :

> Ce vent qui sur nos âmes passe,
> Souffle à l'aurore ou souffle tard ;
> Il aime à jouer avec grâce
> Dans des cheveux qu'un myrte enlace
> Ou dans la barbe du vieillard.

Il en est pareillement de l'amour. Le juste et vertueux Booz trouvant Ruth endormie à ses pieds ; Anacréon montrant sa barbe argentée à la jeune Ionienne aussi blanche et aussi souple qu'un lis ; don Ruy Gomez de Sylva proposant à doña Sol son amour vrai, *profond*, *paternel*, *amical :* voilà les types uniques des vieillards qui peuvent aimer sans ridicule. Et encore on doit observer que ces types sont tous rejetés dans une époque antique, sous la tente du patriarche, sous les portiques corinthiens de la Grèce, dans le château castillan du moyen âge. De nos jours, et en habit bourgeois de mode plus ou moins récente, il serait à peu près impossible à un amour de plus de soixante ans d'intéresser sans faire sourire. M. Casimir Delavigne lui-même n'a pas vaincu cette difficulté dans l'*École des Vieillards*. Reste donc pour nous intéresser, pour exciter notre sympathie et nos larmes, l'amour jeune, c'est-à-dire l'amour depuis la première adolescence jusqu'aux derniers ans de la virilité, depuis Chérubin jusqu'à Othello. Entre ces limites, l'intérêt le plus gracieux, celui des jeunes filles et des jeunes gens qui n'ont pas encore aimé, est surtout pour l'amour jeune, adolescent, plein de pudeur et de mystère, pour le premier et le plus frais amour; l'admiration et la sympathie des âmes fortement remuées par les passions s'attachent de préférence à l'amour plus complet, plus sévère et aussi plus fatal, tel qu'il éclate souvent au milieu de la virilité ou même sur le déclin, résumant et consumant du dernier coup toutes les puissances de notre être. Nous trouvons cette sorte d'amour énergiquement exprimée dans une pièce de vers inédits adressée à un jeune homme qui se plaignait d'avoir passé l'âge d'aimer :

Va, si tu veux aimer, tu n'as point passé l'âge;
Si le calme te pèse, espère encor l'orage;
Ton printemps fut trop doux, attends les mois d'été;
Vienne, vienne l'ardeur de la virilité,
Et, sans plus t'exhaler en pleurs imaginaires,
Sous des torrents de feu, au milieu des tonnerres,
Le cœur par tous les points saignant, tu sentiras,
Au seuil de la beauté, sous ses pieds, dans ses bras,
Tout ce qu'avait d'heureux ton indolente peine
Au prix de cet excès de la souffrance humaine;
Car l'amour vrai, tardif, qui mûrit en son temps,
Vois-tu, n'est pas semblable à celui de vingt ans,
Que jette la jeunesse en sa première séve,

Au blond duvet, vermeil-et doré comme un rêve ;
C'est un amour profond, amer, désespéré,
C'est le dernier, l'unique ; on dit moins, *j'en mourrai ;*
On en meurt ; — un amour armé de jalousie,
Consumant tout, honneur et gloire et poésie ;
Sans douceurs et sans miel, capable de poison,
Et pour toute la vie égarant la raison.

L'amour de Diderot pour mademoiselle Voland fut un de ces amours de *l'été* de la vie, profonds, mûris, irrémédiables, et qui ne demanderaient que des obstacles pour devenir orageux. Mais les orages n'éclatèrent pas, parce que les obstacles furent à peu près nuls. On ignore comment Diderot fit la connaissance de mademoiselle Voland ; il la vit probablement dans quelque voyage qu'il fit aux environs de Langres, où elle demeurait avec sa mère. Cette mère, assez accommodante, malgré les épigrammes que Diderot lui adresse, n'opposa qu'une gêne assez légère à la bonne intelligence et aux projets des amants. Diderot, qui avait déjà aimé plus d'une fois et avec passion, mais qui avait fini par trouver à sa femme trop peu d'esprit, et à madame de Puisieux trop peu d'honneur, recueillit toute son âme, toute sa chaleur égarée de cœur et de vertu, toutes ses facultés surabondantes de sensibilité et de génie, pour les consacrer à tout jamais au seul être qu'il en jugeât digne. Mais, les années s'accumulant et aucun obstacle n'irritant plus son amour, hormis quelques contrariétés d'absence, il dut s'établir entre sa maîtresse et lui une intimité paisible et solide, une spèce de ménage en correspondance dans lequel les jeux d'espièglerie convenue et mille traits familiers de pointe galante ou grivoise effleuraient à peine à la surface cette constante et profonde affection. Après tout, comme Diderot, en écrivant à sa maîtresse, n'écrivait que pour elle, et songeait assez peu à son lecteur de 1830, il faut bien s'accommoder de bonne grâce à cette variation de tons qui se fait remarquer dans le cours de sa correspondance ; il y aura toujours assez d'endroits à relire et à admirer. Assez de qualités rapides de penseur et d'écrivain rachèteront toujours cette passion qui sommeille et se ralentit avec l'âge dans le bonheur et la sécurité.

Ce qui m'a le plus frappé dans ce second volume, comme différence avec le premier, c'est la spirituelle et subtile analyse, la poursuite infinie et déliée de certaines nuances de passions, de certains replis du cœur ; le récit délicat, l'explication malicieuse et vraie de plusieurs singularités de sentiments. Diderot, dans quelques-uns de ces endroits, se reproche de marcher sur les brisées de Marivaux ou de Crébillon fils ; mais il a bien autrement de profondeur, de réalité et de goût ; Crébillon fils toutefois, dans ses ouvrages, plus estimables qu'on ne le croit communément, a tracé plus d'une analyse de cœur ingénieuse et civilisée qui soutiendrait assez bien le parallèle avec quelques passages de Diderot. Celui-ci ressemble fort à l'auteur des *Égarements* ou des *Matines de Cythère*, quand il nous explique, page 66 du second volume, pourquoi les libertins sont si bien venus dans le monde, tout libertins qu'ils sont. Il le surpasse de beaucoup par le ton et la couleur, lorsque, parlant d'une femme de sa connaissance que mademoiselle Voland jugeait coquette, il dit : « Vous vous trompez; elle n'est point coquette; mais elle s'est aperçue que cet intérêt vrai ou simulé que les hommes protestent aux femmes, les rend plus vifs, plus ingénieux, plus affectionnés, plus gais ; que les heures se passent ainsi plus rapides et plus amusées; elle se prête seulement : c'est un essaim de papillons qu'elle assemble autour de sa tête, le soir elle secoue la poussière qui s'est détachée de leurs ailes, et il n'y paraît plus. »

C'est avec madame Legendre surtout que notre philosophe aime à *marivauder*, comme il dit, *à l'égal de la fée Taupe de Crébillon.* Cette belle raisonneuse de madame Legendre y prêtait assez; c'était la sœur de mademoiselle Voland, prudente, sérieuse, réfléchie, de réputation sévère, ne méritant pas mal le sobriquet d'*Uranie* qu'on lui avait donné. Elle avait un mari à qui elle était fidèle, ce qui ne l'empêchait pas de garder des soupirants qu'elle éludait. Était-ce insouciance, coquetterie, naïveté? cela intriguait fort notre philosophe, qui aimait beaucoup madame Legendre, et osait la railler de ce petit faible assez commun même chez les honnêtes femmes. Il lui en interprétait fort industrieusement les causes; il lui en déduisait fort au long les conséquences ; et elle de nier, de rire, et de s'obstiner toujours à demeurer fidèle à son mari tout en leurrant ses amants.

« J'allai samedi à Mouceaux avec l'ami Naigeon. A
« neuf heures j'étais chez madame Legendre. Elle re-
« venait du spectacle ; elle était morte de lassitude, et
« elle tombait de sommeil. Nous nous assîmes sur des
« chaises de paille dans l'antichambre de son fils, où
« nous n'avions qu'un quart d'heure à passer. Cependant
« elle dénouait ses rubans, elle détachait ses jupons, et
« nous y étions encore à une heure et demie du matin.
« Nous parlâmes beaucoup de M***, je lui prédis qu'a-
« vant trois mois elle en entendrait une déclaration en
« forme. « Vous vous trompez. — C'est vous-même.
« — Il est froid. — Il s'échauffera. — Personne n'est
« plus réservé. — D'accord ; mais voici son histoire : il
« croira vous estimer seulement, et il vous aimera. Il
« sera peut-être plus longtemps qu'un autre à démêler
« la nature de ses sentiments ; mais il la démêlera. Il
« voudra vaincre sa passion ; mais il n'y réussira pas ;
« il la renfermera longtemps, il se taira, il sera triste,
« mélancolique ; il souffrira ; mais il s'ennuiera de souf-
« frir ; il jettera des mots que vous n'entendrez point,
« parce qu'ils ne seront pas clairs. Il en jettera de plus
« clairs que vous n'entendrez pas davantage ; et l'im-
« patience et le moment amèneront une scène, je ne
« sais quelle, peut-être des larmes, peut-être une main
« prise et dévorée, peut-être une chute aux genoux,

« et puis des propos troublés, interrompus de votre
« part, de la sienne. — Le beau roman! comme votre
« tête va et arrange! — Mais, si j'avais introduit un pa-
« reil personnage dans un roman, et que je lui eusse
« fait tenir cette conduite, comment le trouveriez-vous?
« — Vrai. — Et pourquoi dans le roman, sinon parce
« qu'il l'est en nature? — Laissez-moi en repos; vous
« m'embarrassez. — Mais savez-vous qu'avant cela,
« peut-être me prendra-t-il pour confident? — Cela ne
« se peut; mais si cela était, que lui diriez-vous? — Ce
« que je lui dirais? ce qu'Horace disait à un ami qui
« était devenu amoureux de son esclave : « Il est beau,
« il est adroit, il a des mœurs, de l'esprit, des connais-
« sances, c'est un enfant parfait de tous points; mais
« je vous en préviens, il est un peu fuyard... » Et puis
« voilà des éclats de rire, la lassitude qui s'oublie, le
« sommeil qui s'en va et la nuit qui se passe à cau-
« ser. »

Il y a encore une autre conversation où il lui explique
toute la valeur de ce mot *je vous aime;* c'est un petit
chef-d'œuvre d'analyse morale exquise, assaisonnée
d'épigrammes et nuancée de volupté. Les lecteurs curieux de ces sortes de cas particuliers trouveront, pages
299 et 319, un petit roman métaphysique où toutes les
finesses de l'amour-propre et de la coquetterie, toutes
les jalousies et les délicatesses de l'amitié, sont en jeu
et luttent pour ou contre un sentiment profond, sincère
et désespéré c'est presque un pendant à l'histoire d'une

Jeune Grecque moderne, par l'abbé Prévost; c'est une rareté précieuse, comme M. de Stendhal en a réuni plus d'une dans son livre de *l'Amour*.

Mais Diderot, dans ce volume, n'est pas tellement occupé d'anecdotes et d'analyses piquantes, qu'il ne trouve encore, chemin faisant, d'occasions pour le sublime. Nous n'en citerons qu'un seul exemple : « Cet autre moine-ci était un galant homme, d'un esprit assez leste et point du tout enfroqué. On parla de l'amour paternel. Je lui dis que c'était une des plus puissantes affections de l'homme. « Un cœur paternel, repris-je ; « non, il n'y a que ceux qui ont été pères qui sachent « ce que c'est; c'est un secret heureusement ignoré « même des enfants. » Puis continuant, j'ajoutai : « Les premières années que je passai à Paris avaient « été fort peu réglées; ma conduite suffisait de reste « pour irriter mon père, sans qu'il fût besoin de la lui « exagérer. Cependant la calomnie n'y avait pas man- « qué. On lui avait dit... que ne lui avait-on pas dit ? L'oc- « casion d'aller le voir se présenta. Je ne balançai point. « Je partis plein de confiance dans sa bonté. Je pensais « qu'il me verrait, que je me jetterais entre ses bras, que « nous pleurerions tous les deux, et que tout serait ou- « blié. Je pensai juste. » Là je m'arrêtai, et je demandai à mon religieux s'il savait combien il y avait d'ici chez moi. « Soixante lieues, mon père, et s'il y en avait cent, « croyez-vous que j'aurais trouvé mon père moins in- « dulgent et moins tendre ? — Au contraire. — Et s'il y en

« avait eu mille? — Ah! comment maltraiter un enfant
« qui revient de si loin? — Et s'il avait été dans la lune,
« dans Jupiter, dans Saturne?... » En disant ces derniers mots, j'avais les yeux tournés au ciel ; et mon religieux, les yeux baissés, méditait sur mon apologue[1]. »

[1]. Un dernier mot sur Diderot. La note suivante a été dictée par M. Sainte-Beuve, en 1864 ou 1865, en réponse à une consultation que son secrétaire avait été chargé de lui demander :

« On parle beaucoup de la statue de Voltaire et elle se fera. Il paraît qu'à Langres on ne peut venir à bout d'en élever une à Diderot. Mais pourquoi à Langres? Diderot appartient à la France. La vraie place d'une statue de Diderot est à Paris, au seuil et près du péristyle du palais des Beaux-Arts. On y verrait le grand et chaleureux amateur qui, le premier, a fondé la critique d'art en France, dans le négligé flottant de son costume, le cou nu, le front inspiré et annonçant du geste cette conquête nouvelle que l'imagination et la science du critique sauront se faire dans le monde de l'art. Nous soumettons cette idée à quelque jeune artiste pour l'exécution ; et quant à la pensée même, nous ne craignons pas de la proposer au zèle éclairé de ceux qui président chez nous à l'administration des Beaux-Arts. La statue de Diderot, ainsi conçue, ne saurait trouver que des approbateurs. »

11 octobre 1830.

ESPOIR ET VOEU
DU MOUVEMENT LITTÉRAIRE
ET POÉTIQUE
APRÈS LA RÉVOLUTION DE 1830 [1].

A chaque grande révolution politique et sociale, l'art, qui est un des côtés principaux de chaque société, change, se modifie, et subit à son tour une révolution, non pas dans son principe tout à fait intérieur et propre, qui est éternel, mais dans ses conditions d'existence et ses manières d'expression, dans

1. Juillet 1830 étant venu interrompre d'un coup le développement de poésie et de critique auquel tant de jeunes esprits se confiaient de plus en plus, nous qui acceptions cette révolution tout entière et qui la jugions alors d'une bien autre portée qu'on n'a vu depuis, nous tâchions, dès les premiers moments, de remettre l'art en accord avec les destinées nouvelles que nous supposions à la société, et de le rallier à elle dans une direction agrandie et encourageante. En reproduisant cet article au milieu du volume à l'endroit où la continuité de vues et de système cesse ou du moins fléchit, nous voulons indiquer de quelle manière nous concevions alors la transformation de l'école romantique et critique de la Restauration : mais les programmes en divers genres ont eu tort. Notre pauvre article est demeuré une arche de pont sans suite, la tentative littéraire ayant été à fond compromise dans la médiocre issue du

ses rapports avec les objets et les phénomènes d'alentour, dans la nature diverse des idées, des sentiments dont il s'empreint, des inspirations auxquelles il puise. La révolution de 1830 a trouvé l'art en France à un certain état de développement qu'elle est venue du premier abord troubler et suspendre ; mais cette perturbation ne peut être que passagère : les destinées de l'art ne sont pas un accident qu'un autre accident supprime ; elles vont reprendre leur cours selon une pente nouvelle et se creuser un autre lit à travers la société plus magnifique et plus fertile. Seulement bien des questions se présentent : l'art aura-t-il gagné à ce changement de toutes choses, ne court-il pas risque de se diviser, de s'amaigrir en une multitude de courants et de canaux, dès qu'il se mêlera davantage à cette société tout industrielle et démocratique ? et n'est-il pas à craindre encore, s'il veut rester isolé, sur une lisière à part, et choisir des lieux peu fréquentés pour s'y épandre et s'y contenir, qu'il ne s'amoncèle en lacs obscurs, sacrés, silencieux, où nul n'ira s'abreuver ? ou bien mêlé à tout sans s'y confondre, ramené à pleins flots sur le terrain commun et poussé

mouvement politique; au lieu d'arriver d'une rive à l'autre avec essor, concert et déploiement, affermi, chaque poëte, chaque auteur s'y est poussé comme il a pu, individuellement, et moyennant toutes sortes de mécomptes, de tâtonnements, de concession à la vogue et de démentis au passé. Le morceau que nous reproduisons exprimait, si l'on veut bien y prendre garde, nos vœux et nos conseils à ce sujet presque autant que nos illusions. (*Critiques et Portraits littéraires*, 1841.)

vers un terme immense et inconnu, réfléchissant avec harmonie dans ses eaux les spectacles et les formes de ses rivages, deviendra-t-il dorénavant plus profond, plus large que jamais, surtout moins inaccessible? Nous n'essaierons pas ici d'aborder ces mystères d'avenir dans toute leur vague étendue, nous y reviendrons souvent par quelques points ; aujourd'hui, nous bornant à ce qui concerne le mouvement littéraire et poétique proprement dit, nous tâcherons de montrer dans quel sens nous concevons le changement inévitable que l'art va subir et pour lequel il est mûr. On saisira en quels termes nouveaux nous pensons que la question poétique et littéraire doit se poser pour l'artiste aussi bien que pour le critique.

Au XVIIIe siècle, l'art était tombé, comme on sait, dans une fâcheuse décadence, ou plutôt l'art n'existait plus en soi et d'une vie indépendante ; il n'avait plus de personnalité. Le talent se mettait au service de certaines idées religieuses ou philosophiques qui avaient besoin d'en combattre et d'en détruire d'autres. L'esprit et ce qu'on appelait le *goût* survivaient toujours et foisonnaient à l'envi ; mais c'étaient comme des fleurs légères jetées sur des armes, comme des paillettes au fourreau de soie des épées. Le génie, la plupart du temps, n'était lui-même qu'un moyen ; il se subordonnait à des haines, à des déclamations, à un tactique philosophique reçue et imposée ; il se rabaissait à une œuvre de tous les jours, utile, mais simplement destructive. Nous savons quelles exceptions on peut nous opposer. Diderot s'élevait à de hautes théories, et atteignait plus d'une fois dans ses méditations au principe éternel de l'art; mais il échouait trop souvent dans l'exécution. Rousseau nous semble un admirable et savant écrivain, un vigoureux philosophe, plutôt qu'un grand poëte; Voltaire, comme artiste, ne triomphe plus que dans la moquerie, c'est-à-dire dans un genre de poésie qui est antipoétique par excellence. Beaumarchais, plus qu'eux tous, subit, par accès brillants, le pur caprice du génie. André Chénier et Bernardin de Saint-Pierre, seuls, demeurent tout à fait à part : vrais et chastes poëtes, artistes exquis et délicats, aimant le beau en lui-même, l'adorant sans autre but que de l'adorer, le cultivant avec mollesse, innocence et une ingénuité curieuse, ils étonnent et consolent à l'extrémité de ce siècle, comme des amis qu'on n'attend pas; ils gardent discrètement et sauvent dans leur sein les dons les plus charmants de la Muse, aux approches de la tourmente sociale.

Pendant tout le cours violent de la Révolution française, l'art se tut; il existait moins que jamais à part; sa personnalité était comme abimée et anéantie en présence des incomparables événements qui consternaient ou emportaient les âmes. Pourtant il était impossible que le contre-coup de cette ruine sociale ne retentît pas tôt ou tard dans la poésie, et qu'elle aussi n'accomplît pas sa révolution. Cette révolution commença bientôt en effet ; mais elle se fit d'abord un peu à part, et hors de la voie commune de la société ; elle se prépara sur les hauteurs et ne descendit pas du premier jour dans la grande route que suivait cette société rajeunie. Tandis que la France, encore tout éperdue des secousses de sa Révolution religieuse et politique, s'occupait d'en développer ou d'en restreindre les conséquences, et, avant d'avoir recouvré son sang-froid, tâchait de faire la part des bienfaits et celle des erreurs ; tandis que, saisie d'une enivrante fièvre de combats, elle se précipitait à travers l'Europe et dépensait son surcroît d'énergie par des victoires, la révolution dans l'art se préparait au dedans, peu comprise, inaperçue ou moquée à l'origine, mais réelle, croissante, irrésistible. Deux grands génies que nous aimons à citer ensemble et à embrasser dans une égale admiration, M. de Chateaubriand et madame de Staël ouvrirent cette révolution au début, par des côtés assez éloignés, et selon des directions un peu différentes, mais qui ont fini par converger et se confondre. Madame de Staël, dès 1796, avait un sentiment profond et consolant de l'humanité libre, de la société régénérée ; elle était poussée vers l'avenir par une sorte d'aspiration vague et confuse, mais puissante ; elle gardait du passé un souvenir triste et intelligent ; mais elle se sentait la force de s'en détacher et de lui dire adieu pour se confier au courant des choses et au mouvement du progrès, sous l'œil de la Providence. Toutes ces impressions d'une âme sympathique avec l'esprit nouveau des temps, cette croyance à une philosophie plus réelle et plus humaine, cette liberté morale reconquise, cette spontanéité reconnue, cette confiance accordée aux facultés les plus glorieuses et les plus désintéressées de notre être, toutes ces qualités et ces vues de madame de Staël, en passant dans les livres d'art qu'elle composa, leur donnèrent un tour unique, une originalité vraiment moderne, des trésors de chaleur, d'émotion et de vie, une portée immense quoique parfois hors de mesure avec la réalité. Ce qu'il y avait de démesuré et de vaguement instinctif dans son œuvre d'art empêcha madame de Staël d'être comprise alors et d'être appréciée à sa valeur comme artiste et poëte. M. de Chateaubriand, plus fort, plus grand homme, et sachant mieux à quoi se prendre, frappa bien davantage ; lorsqu'il commença pourtant, il était moins que madame de Staël en harmonie avec l'esprit progressif et les destinées futures de la société, mais il s'adressait à une disposition plus actuelle et plus saisissable ; il s'était fait l'organe éclatant de tout ce parti nombreux que la réaction de 1800 ramenait vivement aux souvenirs et aux regrets du passé, aux magnificences du culte, aux prestiges de la vieille monarchie. Il fut donc populaire jusqu'à un certain point, populaire dans les châteaux, dans le clergé, au sein des familles pieuses ; sa renommée considérable tenait beaucoup à l'espèce de religion sentimentale et poétique qu'il célébrait avec génie, à l'opposition courageuse dont on lui savait gré, à la défaveur impériale qu'il avait osé encourir. La renommée de madame de Staël était due également à l'opposition politique, à la persécution qui la rendait intéressante, et à la philosophie sentimentale qui était en vogue alors dans tout un certain monde ; l'art n'entrait presque pour rien dans leur gloire ; à ce titre d'artistes, on était disposé plutôt à les railler. La révolution qu'ils préparaient de ce côté n'était pas descendue encore ; elle avait, pour cela, quelque chose de trop particulier à la nature de ces deux grands génies et de trop artificiel par rapport à la société. Quand M. de Chateaubriand, bien autrement artiste que madame de Staël, voulait s'enfermer dans l'art pur, il composait son poëme des *Martyrs*, qui ressemble si peu au monde dans lequel il vivait, qui se détache si complétement des affections et des sympathies contemporaines ; véritable épopée alexandrine, brillante, érudite, désintéressée ; hymne auguste né du loisir, de l'imagination, de l'étude, et consacrant un passé accompli ; groupe harmonieux en marbre de Carrare restitué par le plus savant ciseau moderne sur un monument des jours anciens. On ne comprit pas *les Martyrs*, on n'aurait pas compris alors *l'Aveugle* d'André Chénier. La société, d'après l'organisation factice qu'elle contractait sous l'empire, n'était pas capable d'accueillir la révolution de l'art, et l'art pur n'avait rien de mieux à faire que de se tenir encore quelque temps en dehors de cette société, qui, réactionnaire à la presque unanimité en littérature, trouvait une ample distraction aux bulletins de la grande armée dans les feuilletons de Geoffroy et dans les vers sémillants de l'abbé Delille.

La Restauration prit la France sur ces entrefaites ; les trois ou quatre premières années en furent peu littéraires ; les factions politiques, les débats orageux et hostiles, les luttes renaissantes de l'ancien régime et de la Révolution tuèrent toute cette frêle poésie delillienne ; mais ce n'est guère qu'en 1819 qu'on voit une poésie nouvelle éclore sur les hauteurs de la société, dans les endroits les plus abrités du souffle populaire et les moins battus de la foule. Cette poésie reçut tout à fait à sa naissance les rayons du génie catholique, chevaleresque et monarchique de M. de Chateaubriand. Aristocrate d'origine et d'inclination, mais indépendante de nature, loyale et *cavalière* à la façon de Montrose et de Sombreuil, elle se retourna vers le passé, l'adora, le chanta avec amour, et s'efforça dans son illusion de le retrouver et de le transporter au sein du présent ; le moyen âge fut sa passion, elle en pénétra les beautés, elle en idéalisa les grandeurs ; elle eut le tort de croire qu'il se pouvait reproduire en partie par ses beaux endroits, et en cela elle fut abusée par les fictions de droit divin et d'aristocratie prétendue essentielle qui recouvraient d'un faux lustre le fond démocratique de la société moderne. Ces jeunes poëtes pourtant n'étaient pas étrangers du tout à cette société dont ils méconnaissaient alors l'impulsion profonde et invincible; ils avaient prise sur elle, dans un certain cercle, parce qu'ils s'adressaient à des passions qui étaient encore flagrantes, à des sympathies rétrogrades qu'une classe d'élite partageait avec eux. Les vagues émotions religieuses et les rêveries de cœur qu'ils savaient communiquer aux âmes, et qui étaient comme une maladie sociale de ces dernières années, leur conciliaient bien des suffrages de jeunes gens et de femmes que la couleur féodale ou monarchique, isolée du reste, n'aurait pu séduire. Toute cette période rétrograde et militante de l'école de poésie dite *romantique* se prolonge jusqu'en 1824, et se termine après la guerre d'Espagne et lors de la brusque retraite de M. de Chateaubriand. A cette époque la fougue politique et les illusions honorables des jeunes poëtes se dissipèrent; ils comprirent que la monarchie restaurée, avec ses misérables ruses d'agiotage et ses intrigues obscures de congrégation, n'était pas tout à fait semblable à l'idéal qu'ils avaient rêvé et pour lequel ils auraient combattu; ils se retirèrent dès ce moment du tourbillon où ils s'étaient égarés; et, spectateurs impartiaux, ne s'irritant plus de l'esprit libéral qui soufflait alentour, ils s'enfermèrent de préférence dans l'art désintéressé : pour eux une nouvelle période commença, qui vient de finir en 1830.

Dans *le Vieillard et le jeune homme*, de M. Ballanche, le jeune homme, qui, plein de nobles et de sincères affections, repousse d'abord le temps présent, comme incomplet et aride, qui résiste aux destinées sociales encore incertaines, et se réfugie de désespoir dans un passé chimérique; ce jeune homme, type fidèle de bien des âmes tendres de notre âge, finit par se réconcilier avec cette société nouvelle mieux comprise, et par reconnaître, à la voix du vieillard initiateur, c'est-à-dire à la voix de la philosophie et de l'expérience, que nous sommes dans une ère de crise et de renouvellement, que ce présent qui le choque, c'est une démolition qui s'achève, une ruine qui devient plus ruine encore; que le passé finit de mourir, et que cette harmonie qu'il regrette dans les idées et dans les choses ne peut se retrouver qu'en avançant. C'est à peu près aussi ce qui arriva aux poëtes dont nous parlons. Libéraux de fait et de nature, même quand leurs opinions inclinaient en arrière, gens de caprice et d'indépendance, ils avaient en eux une sympathie toute créée et préexistante avec le mouvement futur de la société. Seulement ils voulaient l'harmonie, et comme la société d'alors n'était rien moins qu'harmonique, ils s'en prirent longtemps à l'esprit de révolution qui venait la troubler. Puis, plus tard, quand ils sentirent que cet esprit de révolution était la vie même et l'avenir de l'humanité, ils se réconcilièrent avec lui, et ils espérèrent, ainsi que beaucoup de gens honnêtes à cette époque, que la dynastie restaurée ferait sa paix avec le jeune siècle; qu'on touchait à une période de progrès paisible; et que *la Monarchie selon la Charte* ne serait pas un poëme de plus par l'illustre auteur des *Martyrs*.

Ils se trompaient; mais leur erreur, honorable dans son principe, ne resta pas stérile dans ses résultats. Ils s'enfermèrent dans l'art, croyant que l'heure d'accomplir sa révolution était venue; ils s'animèrent de cet enthousiasme qui seul pousse au grand, et firent beaucoup, en s'imaginant qu'ils pouvaient davantage.

Grâce à eux, à leurs théories et à leurs travaux, l'art, qui ne se mêla pas encore au mouvement général de la société, acquit du moins, pendant cette retraite en commun, une conscience distincte et profonde de sa personnalité; il s'éprouva lui-même, reconnut sa valeur, et trempa son instrument. Qu'il y eût bien des inconvénients dans cette manière un peu absolue d'envisager et de pratiquer l'art, de l'isoler du monde, des passions politiques et religieuses contemporaines, de le faire, avant tout, impartial, amusant, coloré, industrieux; qu'il y eût là dedans une extrême préoccupation individuelle, une prédilection trop amoureuse pour la forme, je n'essaierai pas de le nier, quoiqu'on ait exagéré beaucoup trop ces inconvénients. On a pu plaisanter fort agréablement sur le *Cénacle* littéraire; et, certes, il faut le laisser parmi les souvenirs de la Restauration, où il avait bien le droit de figurer à distance respectueuse du canapé politique. Mais ce qu'il serait injuste de contester, c'est le développement mémorable de l'art durant ces dernières années, son affranchissement de tout servage, sa royauté intérieure bien établie et reconnue, ses conquêtes heureuses sur plusieurs points non jusque-là touchés de la réalité et de la vie, son interprétation intime de la nature, et son vol d'aigle au-dessus des plus hautes sommités de l'histoire.

Pourtant, avouons-le, il n'est pas devenu populaire encore; son mouvement n'embrasse ni ne reproduit tout le mouvement social qui gagne et s'étend de jour en jour. Redescendu avec regret des hauteurs du moyen âge, il s'était trop habitué à considérer la terrasse commode de la Restauration comme une sorte de terrasse royale de Saint-Germain, comme un paisible et riant plateau où l'on pouvait rêver et chanter sous des ombrages, se promener ou s'asseoir à loisir sans essuyer la chaleur du jour et la poussière; et il se contentait de voir, de temps à autre, le peuple et le gros de la société se presser confusément au bas, dans la grande route commune, où, à part le nom bien cher de Béranger, ne retentissait aucun nom de vrai poëte.

Aujourd'hui que la Restauration n'est plus, que la terrasse si laborieusement construite a croulé, et que peuple et poëtes vont marcher ensemble, une période nouvelle s'ouvre pour la poésie; l'art est désormais sur le pied commun, dans l'arène avec tous, côte à côte avec l'infatigable humanité. Heureusement, il a vie et jeunesse; il a confiance en lui-même, il sait ce qu'il vaut, et qu'il y a place pour sa royauté, même au sein des nations républicaines. L'art se souvient du passé qu'il a aimé, qu'il a compris, et dont il s'est détaché avec larmes; mais c'est vers l'avenir que tendent désormais ses vœux et ses efforts; sûr de lui-même, intelligent du passé, il est armé et muni au complet pour son lointain pèlerinage. Les destinées presque infinies de la société régénérée, le tourment religieux et obscur qui l'agite, l'émancipation absolue à laquelle elle aspire, tout invite l'art à s'unir étroitement à elle, à la charmer durant le voyage, à la soutenir contre l'ennui en se faisant l'écho harmonieux, l'organe prophétique de ses sombres et douteuses pensées. La mission, l'œuvre de l'art aujourd'hui, c'est vraiment l'épopée humaine; c'est de traduire sous mille formes, et dans le drame, et dans l'ode, et dans le roman, et dans l'*élégie*, — oui, même dans l'*élégie* redevenue solennelle et primitive au milieu de ses propres et personnelles émotions, — c'est de réfléchir et de *rayonner* sans cesse en mille couleurs le sentiment de l'humanité progressive, de la retrouver telle déjà, dans sa lenteur, au fond des spectacles philosophiques du passé, de l'atteindre et de la suivre à travers les âges, de l'encadrer avec ses passions dans une nature harmonique et animée, de lui donner pour dôme un ciel souverain, vaste, intelligent, où la lumière s'aperçoive toujours dans les intervalles des ombres.

4 novembre 1830.

VIE, POÉSIES ET PENSÉES
DE JOSEPH DELORME

Deuxième édition.

Voici un petit livre qui a fait quelque bruit en son temps, et dont on a parlé durant cinq ou six mois en 1829, si je ne me trompe. C'était sous le ministère Martignac, en pleine Restauration et dans l'âge d'or si court de cette époque ennuyeuse et ennuyée. En ce temps-là tout pauvre jeune homme qui avait un cœur, une ambition et de vastes pensées, manquait d'air, s'étiolait dans son galetas et mourait de lente asphyxie. La génération surtout qui était venue trop tard pour participer à l'effervescence politique et s'embraser à l'illusion révolutionnaire évanouie vers 1824; cette génération étouffée, qui était au collége durant la plus belle ardeur de la Charbonnerie; qui manquait la classe, le jour où l'on chassait Manuel, et qui, à son premier pas dans le monde, trouvant tout obstrué, allait se ronger dans la solitude ou se rétrécir dans les coteries ; cette génération cadette, dont Bories et ses compagnons furent les aînés, intelligente, ouverte, passionnée sans but, amoureuse indifféremment de Napoléon et de la République, de madame de Staël et de madame Roland, folle de René et des lettres de Mirabeau à Sophie, emportant sous le bras Diderot à la classe de rhétorique et Béranger à la classe de philosophie; noble et chaleureuse jeunesse, qui se consuma trop longtemps dans des idées sans suite, dans des causeries sans résultat, dans d'interminables analyses; dont les plus pressés s'affadirent si vite aux tièdes clartés des bougies, et s'énervèrent chaque soir dans l'embrasure de quelque fenêtre d'un salon doctrinaire ; cette génération-là surtout a souffert profondément, et a ressenti jusque dans la moelle de ses os la consomption de l'ennui et le mal rêveur. Joseph Delorme en était; il en avait les désirs, les rêves, les passions refoulées, le besoin d'arriver, l'impuissance d'atteindre, l'orgueil intérieur et le découragement amer ; il fut de ceux que les protections d'alors n'apprivoisèrent pas, et qui aimèrent mieux se ronger que s'attiédir. Il se plongea dans la solitude du cœur, et, persuadé qu'il n'y avait rien à faire au dehors, il s'abîma en lui-même ; de là une maladie incurable et singulière qu'il a pris soin d'observer avec une attention presque cruelle, et qu'avant de mourir il nous a racontée en vers et en prose, jusque dans ses détails les plus secrets. Cela scandalisa fort les salons et parut misérable et ignoble. Rien de plus vrai ; mais à qui la faute ? On objecta Werther, René, Byron, Adolphe, toutes les grandes douleurs philosophiques et aristocratiques, qui avaient su concilier la rêverie et la confidence avec un certain bon goût littéraire et un certain décorum de bonne compagnie. Mais ce pauvre diable de Joseph Delorme n'avait pas le choix des douleurs : ces nobles doléances ne lui allaient guère ; il n'aimait pas une dame polonaise, comme Adolphe ; il n'était pas pair du royaume, comme Byron ; il n'avait pas de château, d'aïeux en Bretagne comme René ; Werther était bien autrement philosophe que lui, bien plus avant que lui, plongé dans le sein de l'être et de la nature. Lamartine avait eu son Elvire, ses lacs de Côme, sa baie de Naples et la brise d'Ischia. Pour Joseph, il n'avait pas ainsi toutes ses aises pour rêver, ni toutes ses ressources pour peindre ; il avait fait pour tout voyage celui d'Amiens à Paris, et peut-être encore quelque excursion à Rouen pendant les vacances de l'École de médecine ; il vivait dans un faubourg, ne connaissait d'arbres que ceux de son boulevard, de fleurs que celles qui poussaient dans les fentes des pavés de sa cour, de femmes que les fantômes de ses rêves ou les héroïnes des romans qu'il avait lus. Il était gauche, timide, gueux et fier. Il s'acharnait à ses maux et se les racontait à lui-même sans pudeur ; parfois, à force de sincérité, il allait à l'incroyable et analysait avec une sorte de frénésie ses plus étranges hallucinations ; je ne rappellerai que cette fameuse pièce des *Rayons jaunes* dont on s'est tant moqué et avec tant de raison; il avait la jaunisse ce jour-là, et il la donna à sa poésie. Diderot a dit quelque part : « Une « seule qualité physique peut conduire l'esprit qui s'en « occupe à une infinité de choses diverses. Prenons une « couleur, le jaune, par exemple : l'or est jaune, la soie « est jaune, le souci est jaune, la bile est jaune, la lu- « mière est jaune, la paille est jaune ; à combien d'autres « fils ce fil ne répond-il pas?... Le fou ne s'aperçoit pas « qu'il en change. Il tient un brin de paille jaune et lui- « sante à la main, et il crie qu'il a saisi un rayon du soleil ! » Joseph Delorme a fait comme ce fou ; il faut le plaindre d'avoir été amené là. En politique, bien que passionné pour la liberté et pour la France, il était tombé dans une sorte d'apathie ; on avait tant répété autour de lui et dans les deux ou trois journaux qu'il lisait sous les arcades de l'Odéon tous les matins, que l'abîme des révolutions était fermé, qu'à la fin il l'avait cru et en avait pris son parti, bien qu'un peu à contre-cœur. Les trésors d'activité, les torrents d'amour dont il ne savait que faire, s'aigrissaient en lui ou débordaient à tout propos ; il avait des envies fréquentes de se sacrifier, de se dévouer ; — pour qui? pour quoi? — c'est ce qui l'inquiétait assez peu, pourvu qu'il eût à se dévouer et à se sacrifier. Il regrettait le vent et les tempêtes, n'importe de quel côté! il s'écriait :

Que ne puis-je en mourant servir à quelque chose?
C'eût bien été ma place en ces jours désastreux,
Où des bourreaux sanglants se dévoraient entre eux;

Le juste par sa mort proteste et se retire.
Que j'eusse alors, tout fier, porté comme au martyre,
Après Roland, Charlotte et le poëte André,
Ma tête radieuse à l'échafaud sacré !
Même aujourd'hui, qu'après les tempêtes civiles,
La Concorde au front d'or rit d'en haut sur nos villes,
Et qu'il n'est ni couteau, ni balle à recevoir
Pour le roi, pour le peuple, enfin pour un devoir ;
Si du moins, en secret, des dévoûments intimes
Pouvaient aux mains du sort échanger les victimes,
Et si, comme autrefois, l'homme obtenait des cieux
De racheter les jours des êtres précieux !
Oh ! mes amis si chers ! etc..

Si Joseph Delorme avait vécu jusqu'à la fin de juillet 1830 ; si, au lieu d'être à Paris ces jours-là, il s'était trouvé quelque part à la campagne, en rêverie, à Amiens ou à Rouen ; s'il n'avait pu accourir à temps pour recevoir, comme son ami Farcy, une balle, une seule, entre toutes celles qui sifflaient en ces jours sublimes, j'aime à me figurer quel eût été le dépit de l'honnête jeune homme et son surcroît de mauvaise humeur.

Mais revenons ; ce Joseph, qui se consumait ainsi sans foi, sans croyances, sans action ; cet individu malade qui suivait son petit sentier loin de la société et des hommes, avait commencé vers la fin de sa vie à renaître à une sympathie plus bienveillante, et à chercher les regards consolants de quelques amis poëtes ; c'est ce qu'il fit de mieux et de plus profitable pour lui ; son cœur se dilata à leur côté ; son talent s'échauffa aux rayons du leur, et il dut à l'un d'eux surtout, au plus grand, au plus cher, le peu qu'il nous a laissé. La critique moqueuse de notre époque s'est égayée là-dessus ; cette critique pousse de toutes ses forces à l'individualisme, croyant produire ainsi l'originalité, et elle ne peut apercevoir la moindre apparence d'association et de bien sans tâcher malicieusement de les ronger, de les dissoudre. Joseph la méprisa et par moments s'irrita contre elle ; par malheur, l'association romantique, formulée par la Restauration, était trop restreinte elle-même, trop artificielle et trop peu mêlée au mouvement profond de la société ; le *Cénacle* n'était après tout qu'un salon ; il s'est dissous après une certaine durée, pour se refondre, nous l'espérons, en quelque chose de plus social et de plus grand. Les individus illustres sont assurés de retrouver leur place dans cette prochaine association de l'art vers laquelle convergent rapidement toutes les destinées de notre avenir ; Victor Hugo y fournira une phase de plus, une période nouvelle de son génie ; Alfred de Vigny, merveilleux poëte, y marchera d'un pied plus ferme sur cette terre dont il a été jusqu'ici trop dédaigneux. Quant à ce pauvre Joseph, il ne verra rien de tout cela ; il n'était pas de force d'ailleurs à traverser ces diverses crises ; il s'était trop amolli dans ses propres larmes. Sans doute vers la fin de sa carrière il en était venu à chérir ses amis et à reconnaître Dieu ; mais c'était chez lui amitié domestique et religion presque mystique ; c'était une tendresse de solitaire pour quelques êtres absents et un mouvement de piété monacale vers le Dieu intérieur. Il aurait eu bien à faire pour arriver de là à l'intelligence et à l'amour de l'humanité progressive et à une communion pratique de l'âme individuelle avec Dieu se révélant par l'humanité [1].

1. Il nous a paru piquant — et utile à la biographie de M. Sainte-Beuve — de rapprocher de ce jugement écrit par lui-même sur ses premières Poésies un autre article que nous ne pouvons donner comme de lui, et que nous trouvons dans la *Revue des Deux Mondes*, sur les *Pensées d'Août*, à la date du 1er novembre 1837. C'était l'année de leur publication. Nous prenons la liberté de reproduire cette page en entier. Le talent et le caractère de M. Sainte-Beuve y sont appréciés à leur haute et juste valeur :

« La publication des *Pensées d'Août* a donné lieu, dans la presse, contre M. Sainte-Beuve, à une malveillance qui nous étonne et nous afflige. Qu'on éprouve plus ou moins de sympathie pour une tentative, peut-être hasardée, de rénovation poétique, nous le concevons sans peine. Moins que tous autres, nous voudrions poser des limites à l'indépendance de ceux que le public veut bien accepter comme juges en matière de goût : nous-mêmes, nous avons été des premiers à discuter, avec une sévérité peut-être minutieuse, le système de versification adopté par notre collaborateur. Mais pouvons-nous subir en silence, et comme critiques littéraires, ces attaques que certains journaux ne se lassent pas de renouveler, ces inconvenantes parodies, ces citations tronquées, ces images malignement séparées du cadre où elles peuvent recevoir la lumière ? N'a-t-on pas même profité du départ, depuis longtemps résolu, de M. Sainte-Beuve (*pour Lausanne, où il commença son cours sur Port-Royal cette année même*), pour insinuer qu'il s'expatriait par dépit ? Le résultat probable de cette animosité sera d'appeler sur les *Pensées d'Août* une attention plus scrupuleuse. Or, M. Sainte-Beuve n'aurait qu'à se féliciter de voir prolonger, pour lui, l'épreuve qui décide du sort des livres. Ses vers sont de ceux qui exigent du lecteur le recueillement, on pourrait même dire une sorte de préparation sympathique. Pourquoi ne chercherait-on pas à saisir le point de vue pour les tableaux poétiques, comme pour ceux qu'on trace sur la toile ? Qui veut comprendre un poëte, doit le suivre dans l'ordre d'idées où son instinct le place de préférence : avant de juger son expression, il faut étudier les aspects qu'il a su découvrir, hors des voies battues par la foule. M. Sainte-Beuve, dont la sensibilité est vraie et profonde, a cru que des émotions neuves ne pouvaient, pour ainsi dire, prendre consistance que dans un moule poétique tout nouveau. Une entreprise comme la sienne devient respectable par ses dangers mêmes : elle est toujours intéressante et utile, quel qu'en soit le succès, et il est triste qu'au lieu d'en faire sortir une controverse instructive, on n'y ait trouvé, en général, qu'un prétexte de misérable taquinerie. Au surplus, il nous semble que ceux qui poursuivent M. Sainte-Beuve de leurs hostilités, jouent, sans s'en douter, un mauvais jeu. On s'étonnera, à la fin, de cette persévérance à ternir une belle réputation, dont les titres, incontestés jusqu'ici, sont l'élévation du sentiment, le culte fervent de l'art, une haute probité critique, une pureté de goût littéraire que les ménagements d'une bienveillance instinctive ne peuvent altérer, et surtout ce désintéressement, cette indépendance qui s'effarouchent, à tort selon nous, des distinctions les plus méritées [*]; et comme d'ailleurs M. Sainte-Beuve, qui ne parle ordinairement que des œuvres importantes, n'a pas souvent occasion de blesser personnellement les écrivains qui l'attaquent aujourd'hui, le public en sera réduit à se demander si la sympathie acquise à notre collaborateur ne serait pas, pour ceux qui ne se servent du feuilleton que dans l'intérêt de leurs passions, une critique permanente dont ils ont besoin de se venger. »

[*] Voir, à ce sujet, dans *Souvenirs et Indiscrétions*, pages 198 et 203, ce qui se rapporte à cette année même et aux années suivantes dans une *Note confidentielle* de M. Sainte-Beuve, adressée en 1848 à M. Jean Reynaud.

7 décembre 1830.

HOFFMANN

CONTES NOCTURNES.

« Ne penses-tu pas que la connaissance ou le pres-
« sentiment du merveilleux est accordé à quelques-uns
« comme un sens particulier? Pour moi, il me semble
« que ces hommes, doués d'une seconde vue, sont
« assez semblables à ces chauves-souris en qui le sa-
« vant anatomiste Spallanzani a découvert un sixième
« sens plus accompli à lui seul que tous les autres...
« Ce sixième sens, si admirable, consiste à sentir dans
« chaque objet, dans chaque personne, dans chaque
« événement, le côté excentrique pour lequel nous ne
« trouvons point de comparaison dans la vie commune
« et que nous nous plaisons à nommer le merveilleux...
« Je sais quelqu'un en qui cet esprit de vision semble
« une chose toute naturelle. De là vient qu'il court
« des journées entières après des inconnus qui ont
« quelque chose de singulier dans leur marche, dans

« leur costume, dans leur ton et dans leur regard ;
« qu'il réfléchit avec profondeur sur une circonstance
« contée légèrement et que personne ne trouve digne
« d'attention ; qu'il rapproche des choses complète-
« ment antipodiques et qu'il en tire des comparaisons
« extravagantes et inouïes. »

« Lélio s'écria à haute voix : « Arrêtez, c'est là no-
« tre Théodore. Voyez, il semble avoir quelque chose
« de tout particulier dans l'esprit, à en juger par la
« manière dont il regarde le bleu du ciel. »

C'est là Hoffmann, et lui-même nous a donné la clef de son génie. En un temps où on est las de toutes les sensations et où il semble qu'on ait épuisé les manières les plus ordinaires de peindre et d'émouvoir, en un temps où les larges sentiers de la nature et de la vie sont battus, et où les troupeaux d'imitateurs qui se précipitent sur les traces des maîtres ne savent que soulever des flots de poussière suffocante, lorsqu'on avait tout lieu de croire que le tour du monde était achevé dans l'art, et qu'il restait beaucoup à transformer et à remanier sans doute, mais rien de bien nouveau à découvrir, Hoffmann s'en est venu qui, aux limites des choses visibles et sur la lisière de l'univers réel, a trouvé je ne sais quel coin obscur, mystérieux et jusque-là inaperçu, dans lequel il nous a appris à discerner des reflets particuliers de la lumière d'ici-bas, des ombres étranges projetées et des rouages subtils, et tout un revers imprévu des perspectives naturelles et des destinées humaines auxquelles nous étions le plus accoutumés. Dans ses meilleurs contes, là où il se montre réellement inventeur et original, il sait, par les rapprochements fortuits les plus saisissants, par une combinaison presque surnaturelle de circonstances à la rigueur possibles, exciter et caresser tous les penchants superstitieux de notre esprit, sans choquer trop violemment notre bon sens obstiné ; ce qu'il nous raconte alors peut sans doute s'expliquer par des moyens humains, et n'exige pas à toute force l'intervention d'un principe supérieur ; mais, bien que notre bon sens ne soit pas évidemment réduit au silence, et qu'il puisse toujours se flatter de trouver au bout du compte le mot de l'énigme, il y a quelque chose en nous qui rejette involontairement cette explication pénible et vulgaire, et qui s'attache de préférence à la solution mystérieuse dont le leurre nous est de loin offert comme derrière un nuage. C'est dans ce mélange habile, dans cette mesure discrète de merveilleux et de réel que consiste une grande partie du secret d'Hoffmann pour ébranler et émouvoir ; je l'aime bien mieux et le trouve bien plus original en ces sortes de compositions, dont *la Cour d'Artus* est le chef-d'œuvre, que dans les égarements capricieux d'un fantastique effréné, et les rêveries incohérentes d'une demi-ivresse. Le sauvage de l'Amérique, dont les sens ont été exercés dès l'enfance, excelle à saisir à travers l'immensité des forêts mille traces invisibles pour nous, à distinguer dans l'espace des bruits qui n'arrivent pas à nos oreilles; sa pénétration est presque de la magie; on est tenté de croire à une divination d'inspiré. Hoffmann, dans ses bons contes, ne fait pas autre chose que ce sauvage; observateur silencieux dans ce *désert d'hommes* où il est jeté, il recueille les traces éparses, les bruits flottants, les signes imperceptibles, et l'on est tout surpris, et parfois l'on frissonne de le voir arriver par des chemins non frayés à des issues extraordinaires. Il semble avoir découvert dans l'art quelque chose d'analogue à ce que Mesmer a trouvé en médecine; il a, sinon le premier, du moins avec plus d'évidence qu'aucun autre, dégagé et mis à nu le magnétisme en poésie. Jusqu'à quel point s'étend cette conquête nouvelle de l'art; jusqu'à quel degré est-il possible de la féconder; et contient-elle en elle-même un art tout nouveau dont nous entrevoyons à peine les promesses, ou bien doit-elle éternellement demeurer à l'état de vague et de nuageux? c'est ce que nous ne saurions décider en aucune manière; mais que la conquête existe, que la limite de l'art et des effets qu'il produit ait été reculée, c'est ce qui nous paraît hors de doute dans un cas comme dans l'autre, et ce qui le paraîtra à tous les lecteurs intelligents d'Hoffmann, comme à tous les observateurs impartiaux du magnétisme animal.

Les phénomènes singuliers et subtils dans lesquels se complaît le génie d'Hoffmann, lorsqu'il ne les tire pas d'un concours plus ou moins romanesque d'événements tout extérieurs, et lorsque la nature humaine et l'âme sont sur le premier plan, se rapportent plus particulièrement, comme on peut le penser, à ces âmes sensibles et maladives, à ces natures fébriles et souffrantes, qui peuvent en général se comprendre sous le nom d'*artistes* : ce sont elles qui font le sujet le plus fréquent et le plus heureux de ses expériences. Aussi personne jusqu'ici, ni critique, ni poëte, n'a-t-il senti et expliqué à l'égal d'Hoffmann ce que c'est qu'un artiste. Il sait l'artiste à fond, sous toutes ses formes, dans toutes ses applications, dans ses pensées les plus secrètes, dans ses procédés les plus spéciaux, et dans ce qu'il fait et dans ce qu'il ne fera jamais, et dans ses rêves et dans son impuissance, et dans la dépravation de ses facultés aigries, et dans le triomphe de son génie harmonieux, et dans le néant de son œuvre, et dans le sublime de ses misères. Poëtes, peintres, musiciens, il nous les révèle sous des aspects mobiles et bizarres qui portent toutefois sur un fond éternel. Zacharias Werner, Berthold, Kreisler, vous tous artistes de nos jours, au génie inquiet, à l'œil effaré, que l'air du siècle ronge; inconsolables sous l'oppression terrestre, amoureux à la folie de ce qui n'est plus, aspirant sans savoir à ce qui n'est pas encore; mystiques sans foi, génies sans œuvre, âmes sans organe; comme il vous a connus, comme il vous a aimés ! comme il aurait voulu vous ouvrir des espaces sereins où vous eussiez respiré plus librement! Cœurs ulcérés, comme il aurait voulu vous retremper au sein d'une nature active, aimante et pleine de voix et de parfums; vous ravir dans des musiques bénies parmi des anges de lumière et de bonté; vous enchanter ici-bas par des images pudiques et des apparitions gracieuses auxquelles pourtant vous n'auriez pas dû trop toucher, de peur de les flétrir et de vous dégoûter avant le temps! Hélas! il a connu mieux que personne le mal de ce siècle; il en a souffert lui-même et c'est pour cela qu'il l'a si bien exprimé. Plus d'une fois, au milieu de joyeux compagnons, et autour du punch bleuâtre, il lui est revenu d'amères pensées, des regrets du cloître et de la vie des vieux temps, et comme il l'a dit lui-même, *un amour inouï, un désir effréné pour un objet qu'il n'aurait pu définir;* plus d'une fois son cœur a battu d'une émotion douloureuse en voyant à l'horizon des cités germaniques planer *ces magnifiques monuments qui racontent comme des langues éloquentes l'éclat, la pieuse persévérance, et la grandeur réelle des âges passés.* Aussi, dès qu'il se borne à peindre l'art et les artistes dans ce moyen âge, où il y avait du moins harmonie et stabilité pour les âmes, quelque chose de calme, de doré et de solennel succède aux délirantes émotions qu'il tirait des désordres du présent; depuis l'atelier de maître Martin le tonnelier, qui est un artiste, jusqu'à la cour du digne landgrave de Thuringe, où se réunissent autour de la jeune comtesse Mathilde, luth et harpe en main, les sept grands maîtres du chant, partout dans cet ordre établi, on sent que le talent n'est plus égaré au hasard, et que l'œuvre de chacun s'accomplit paisiblement; s'il y a lutte encore par instants dans l'âme de l'artiste, le bon et pieux génie finit du moins par triompher, et celui qui a reçu un don en naissant ne demeure pas inévitablement en proie au tumulte de son cœur.

Outre *les Maîtres chanteurs* qui respirent, disons-nous, un parfum exquis du moyen âge, on trouvera dans la nouvelle livraison d'Hoffmann un joli conte, intitulé *Maître Jean Wacht*, et surtout un autre intitulé *le Botaniste*. On sait qu'Hoffmann n'excelle pas moins à peindre les manies et à saisir les ridicules des originaux, qu'à sonder les plaies invisibles des âmes égarées. Le bon Eugène, étudiant en botanique, est un de ces êtres innocents et simples que Dieu ne met au monde que pour une chose, et qu'il marque d'une bosse au front; hors de la serre de son professeur Ignace Helms, il ne voit ni ne soupçonne rien. Mais le brave professeur vient de mourir, laissant une respectable veuve de soixante-quatre ans, et une petite nièce de quatorze, et lorsque Eugène se met, dès le matin qui suit l'enterrement, à contempler comme à l'ordinaire le *galanthus nivalis* et l'*amaryllis reginæ*, il est interrompu par la bonne veuve, qui l'avertit en rougissant qu'il faudra bien, pour éviter les malins caquets, ne plus continuer de loger ensemble sous le même toit. Eugène est si simple qu'il a peine à comprendre; et quand il a compris, la douleurs de ne plus coucher près de la serre chérie et de ses fleurs favorites est telle, qu'il trouve plus facile d'épouser la veuve de son professeur, que de quitter la maison. Le voilà donc successeur en titre du professeur, héritier de la robe de chambre à fleurs et coiffé d'un grand bonnet vert de toile d'indienne, sur le devant duquel brille un *lilium bulbiferum;* quant à sa bonne moitié, il est bien convenu d'avance qu'elle ne lui servira que de mère, et se contentera de le dorloter comme son enfant, de lui apprêter chaque matin sa pipe et son moka. Malgré les représentations de ses amis et les sarcasmes des autres étudiants, le bon Eugène se condamne à cette vie par amour pour la botanique, et cela dure quelque temps sans encombre; mais enfin la nature se déclare; une lente consomption s'empare du pauvre jeune homme qui s'en aperçoit à peine, puis qui tâche violemment de s'y soustraire. Comment le mal augmente, quel remède on y trouve, et par quels degrés Eugène en vient à changer sa vieille et bonne moitié, qui se résigne d'elle-même au divorce, contre la petite nièce de quatorze ans qui a fini par en avoir seize, c'est ce que le lecteur ne manquera pas de lire tout au long dans Hoffmann avec plus d'un sourire entremêlé d'attendrissement.

FIN DU TOME PREMIE

www.ingramcontent.com/pod-product-compliance
Lightning Source LLC
Chambersburg PA
CBHW050915230426

43666CB00010B/2171